Stefan Lange
Drei Monate und ein Tag

Bibliografische Information Der Deutschen Bibliothek
Die Deutsche Bibliothek verzeichnet diese Publikation in der
Deutschen Nationalbibliografie; detaillierte bibliografische Daten
sind im Internet über http://dnb.ddb.de abrufbar.

Umschlagbild:
Waldstück bei Kümmertshausen
Szene aus einem Stierkampf

Die erste Auflage dieses Buches erschien 1998 im Snayder-Verlag, Paderborn

Stefan Lange, »Drei Monate und ein Tag«
© 2009 der vorliegenden Ausgabe: Edition Octopus
Die Edition Octopus erscheint im
Verlagshaus Monsenstein und Vannerdat OHG, Münster
www.edition-octopus.de
© 2009 Stefan Lange

Alle Rechte vorbehalten
Gestaltung des Umschlagbildes: Publica-Press
Druck und Bindung: MV-Verlag

ISBN 978-3-86582-450-9

Stefan Lange
Drei Monate und ein Tag
Ein Bericht

Vorwort und Danksagung

Schreiben war für mich Befreiung und ein wesentlicher Baustein, aus einer schweren Lebenskrise herauszufinden. Das Schreiben gab meinen Gefühlen eine Stimme, und damit wurden sie für mich verständlich. Das vorliegende Buch erschien 1998 in der Erstauflage unter gleichem Titel im Snayder-Verlag. Bis zur Veröffentlichung war es ein weiter Weg. Die Anfänge reichen zurück in die Zeit um den August 1994. Das Schreiben begleitete mich anschließend an verschiedenen Orten: Münster, Rosas und St. Moritz. Im Juli 1996 hatte ich das Manuskript fertiggestellt. Der Unterstützung und dem Einwirken von Freunden und Bekannten aus meinem Umfeld war es zu verdanken, daß dieses Buch überhaupt entstanden ist. Daher danke ich besonders:

Bernhard Rokossa
Annette Fabrice
David Fehrenkötter
Frieda Meier
Andreas Steiner
Josip Oreskovic
&
meinem Bruder Andreas (†)

Mein Dank gilt auch Günter Voß vom Snayder-Verlag, der damals den Mut hatte, dieses Buch zu veröffentlichen. Nach vielen positiven Leserreaktionen, die mich bis heute erreichen, habe ich mich entschlossen, mein Buch fast unverändert wieder auflegen zu lassen. Der Text ist nach den alten Rechtschreiberegeln verfaßt – ich liebe das scharfe ß – was dem Leseerlebnis hoffentlich nicht abträglich ist.

Weiteren großen Dank schulde ich Heidi Lanz für das Korrekturlesen, Annette und Josip für den Umschlagtext, Peter Göldi und Thomas Brosch von der Publica-Press Heiden AG für die Gestaltung des Titelbildes.

Für die Erlaubnis zum Abdruck von Texten anderer Künstler und Schriftsteller danke ich Ulrike Schulz für ihren literarischen Beitrag, dem Suhrkamp Verlag, Frankfurt, für »Magie der Liebe« von Hermann Hesse, der EMI Music Publishing Germany GmbH & Co. KG, Hamburg und der Sony Entertainment Holdings GmbH, Berlin für Auszüge aus dem Titel »Ohne Dich« der Gruppe Selig, Text und Musik Christian Neander und Jan Plewka (© 1994) und der BMG Music Publishing Germany, Berlin für Auszüge aus dem Titel »Streets of Philadelphia« von Bruce Springsteen (© 1994).

Ascona, Februar 2009

für Andrea

»ein Platz in meinem Herzen wird dir immer sicher sein«

*¿Sentías que te quería
que sin ti
todo lo perdería...?*

I. Teil

Sterben
Ist eine Kunst, wie alles
Ich kann es besonders schön.

Sylvia Plath (aus Madame Lazarus)

Ich spürte Kälte. Als ich meine Augen aufschlug, befand ich mich in einem düsteren, grenzenlosen Raum, den eine bedrohliche Finsternis erfüllte. Ich war allein. Eine innere Stimme befahl mir aufzustehen und vorwärtszugehen, mich auf die Suche nach etwas zu begeben, das mir Wärme und innere Ruhe geben sollte.

Nachdem sich meine Augen ein wenig an die Dunkelheit gewöhnt hatten, erkannte ich Gänge, die von diesem Raum wegführten. Ich machte mich auf den Weg und stapfte in das Dunkel hinein. Ich hatte Angst. In diesem Labyrinth aus Gängen und Öffnungen, die in andere Räume führten, begegnete ich niemandem. Ich hatte keine rechte Vorstellung, wonach ich eigentlich suchen sollte. Ich wußte nur, daß es etwas Großes und Tiefes sein mußte. Ich passierte Kreuzungen, von denen sich weitere Gänge verzweigten. Welchen Weg sollte ich nehmen? Ich ließ mich von meinem Gefühl leiten.

Nach einer Weile des Umherirrens in einem Gang gelangte ich an eine Öffnung. Ich blieb stehen und schaute in das Dunkel hinter dieser Öffnung. Ein Sog, genährt aus einem süßen Verlangen, ließ mich in diesen Raum eintreten. Das zunächst angenehme Gefühl wich einem aufsteigenden Gefühl der Beklemmung.

Ich wollte fliehen. Es gelang mir nicht, den Ausgang zu erreichen, so sehr ich mich auch bemühte; es war so, als würde ich unter Wasser laufen. Verzweifelt strampelte ich und wurde fast ohnmächtig vor Angst. Mit letzter Kraft erreichte ich den Ausgang und konnte dem Sog entkommen.

Dieses Spiel wiederholte sich mehrfach. Auf der Suche nach Wärme betrat ich verschiedene Räume, in denen ich jedoch nicht das fand, wonach ich mich sehnte. Ich durchlief verschiedene Gefühlsstadien. Manchmal fühlte ich mich gedemütigt, dann war ich starr vor Schreck, empfand Schuld oder verfiel in Selbstzweifel.

Nach einiger Zeit begegnete ich anderen Menschen. Sie schienen nervös und unruhig. Waren auch sie auf der Suche? Sie liefen seltsam gehetzt. Ich wollte sie fragen, doch niemand schenkte mir Beachtung, so sehr ich auch versuchte, mich bemerkbar zu machen. Ich konnte nicht glauben, daß Menschen, die mir so nah waren, mich nicht sahen.

Sie kamen mir irgendwie bekannt vor, wie Bezugspersonen aus meiner Vorzeit. Sie würdigten mich nicht eines Blickes, so als wollten sie mit ihrer Gleichgültigkeit zum Ausdruck bringen, daß ich nichts zählte und wertlos war.

Später entdeckte ich eine Frau, die eine Zuneigung in mir weckte, doch auch sie schaute mich nur stumpf und starr an. Aus ihren Blicken sprach tiefe Verachtung.

Mir wurde bewußt, daß mich niemand liebte. Von allen Menschen war ich unweigerlich getrennt. Ein zerstörerischer Schmerz über längst Vergangenes nagte an mir. Mein Verlangen, an das imaginäre Ziel zu kommen, wurde immer verzweifelter. Gefühle von Scham und Wut stiegen in mir auf, die mich vorwärts trieben.

Nach einer Spanne, die ich nicht in Stunden oder Tagen ausdrücken konnte, da ich keinerlei Zeitgefühl hatte, nach langem Gehen in dunklen Gängen, kam ich an eine Öffnung, aus der ein starkes Licht in den Gang drang. Es war ein glühender Schein, der in mir eine verlangende Neugierde weckte. Interessiert näherte ich mich diesem Gluthaufen. Wohlbehagen stieg in mir auf, und ich glaubte, gefunden zu haben, wonach ich suchte.

Die Glut hatte menschliche Züge, und ich konnte auf unerklärliche Weise mit ihr kommunizieren. Von ihr ging ein Gefühl des Vertrauens aus. Sie lächelte und verlegen lächelte ich zurück. In mir regte sich das Gefühl, mich neben dieser sonderbaren Erscheinung niederzulassen. Von der langen Suche war ich müde und erschöpft, zweifelte aber. Die Glut lud mich ein, mich ihr hinzugeben. So, als habe die Glut meine Zweifel erraten, fragte sie mich, wovor ich Angst hätte. Ich wollte mich gerade abwenden als die Glut sagte: »Vertrau mir, ich werde dich nicht enttäuschen.« Immer wieder sprach sie weich und freundlich diesen Satz. Ich entschloß mich zu bleiben und spürte ein Vertrauen in mir, das langsam aber stetig wuchs. Die Gefühle des Wohlbefindens und der Ruhe gewannen an Kraft und Raum, und ich war überglücklich, eine Quelle des Glücks gefunden zu haben. Erschöpft aber selig fiel ich in einen lang ersehnten tiefen Schlaf.

Als ich wieder erwachte, war die Glut verschwunden. Nur ein Häufchen verbrannter Asche lag an der Stelle, von der der Schein ausgegangen war. Erschreckt fuhr ich hoch. Ich drehte mich um, doch wohin ich auch blickte, nirgends war die Glut auszumachen. Ich rief nach ihr, doch meine Stimme verhallte ungehört. Was war geschehen? Warum hatte sich dieser Schein verflüchtigt? Ich schrie immer verzweifelter, doch nichts geschah.

Langsam zeichneten sich rings um mich herum Mauern ab, in denen es keine Öffnungen gab. Ein unsichtbarer Ring legte sich um meine Brust. Das Atmen fiel mir zusehends schwerer, und meine Angst wurde immer stärker. Die Raumtemperatur fiel rapide ab. Ein Zittern durchzog meinen Körper. Ich ließ mich auf den Boden fallen, strampelte und schrie. Es half nichts.

Die Kälte breitete sich immer stärker aus, bis der Kälteschmerz meinen ganzen Körper durchdrungen hatte. Meine Kräfte schwanden. Ich erfror.

Dienstag, 18. Oktober 1994

Ich spürte Wärme. Langsam erwachte ich aus diesem Traum, der mir seltsam bekannt vorkam und öffnete die Augen. Ein heller Strahl der Morgensonne bahnte sich einen Weg durch die bis auf einen kleinen Spalt geschlossenen Gardinen auf mein Gesicht. In dem Strahl tanzten feine Staubteilchen. Ich beobachtete eine Zeitlang ihren Tanz. Irgendwie erinnerte mich diese Szene an die vergangenen Monate meines Lebens. Wieviele Gedanken hatte ich in der letzten Zeit beleuchtet, Gedanken, die wie Luftblasen in meinen Gehirnwindungen aufgetaucht waren, nach oben gestiegen, kurz beleuchtet und dann wieder verworfen worden waren?

Ich stand auf und machte mir einen Kaffee. Dann schob ich die Gardinen beiseite, öffnete das Fenster und ließ die klare Luft dieses Tages in mein Zimmer. Ich stand am Fenster und schaute, eine Zigarette rauchend, dem Treiben auf der Straße zu.

Ich betrachtete die Menschen, die im gegenüberliegenden Universitätsgebäude ihren Geschäften nachgingen. Autos fuhren durch die Straße und versuchten, einen der wenigen Parkplätze zu ergattern. Auf dem Gehweg bahnten sich Studenten ihren Weg durch die Menschenmenge und wahllos abgestellten Fahrräder. Es könnte ein ganz normaler Tag in meinem Leben sein.

Die Sonne gleißte aus einem wolkenlos blauen Himmel. Es roch nach Herbst. Ich atmete die Luft, in der der Geruch von Laub und Erde lag, tief ein. Für einen kurzen Moment spürte ich das intensive Gefühl zu leben. Selten hatte ich es so klar und deutlich empfunden wie an diesem Morgen. Ich verdrängte diesen Gedanken mit aller Kraft.

Bei einer Tasse Kaffee ließ ich den Blick durch mein kleines Zimmer wandern. Alles war aufgeräumt, sorgfältig geputzt. So sollten sie es vorfinden. Gemocht hatte ich es schon, dieses kleine Zwölf-Quadratmeter-Reich, in das ich vor vier Jahren eingezogen war. Es hatte den Vorteil, daß es mitten in der Stadt lag und sehr preiswert war. Hier hatte ich gelebt, gelernt, gefeiert, geschlafen und gelitten. Das Zimmer hatte mir immer das Gefühl einer Ersatzgeborgenheit vermittelt. Heute würde ich es verlassen und nicht mehr zurückkommen, denn mein Reiseziel war das totale Nichts.

Ich wusch mich sorgfältig und musterte mein Gesicht im Spiegel. Das Gegenüber zeigte sich blaß, ausdruckslos und stumm. Vor einigen Monaten war dies noch ganz anders gewesen. Lebensfreude hatte aus dem Glanz meiner Augen gesprochen, ein stetes Lächeln hatte mir auf den Lippen gelegen, weil ich alles bejaht und geglaubt hatte, eine göttliche Spur im Leben gefunden zu haben. Nun, die Zeiten hatten sich gewandelt. Die Vergangenheit war vergebens gewesen, eine Zukunft würde es nicht geben, auf jeden Fall nicht für mich.

Am Vortag hatte ich noch *Der kleine Prinz* von Saint-Exupéry gelesen und war zu einer traurigen Erkenntnis gelangt. Nach meiner Interpretation zog es der kleine Prinz vor, diese Welt zu verlassen, um als Stern am Himmel zu leuchten, da es unter den Menschen keine wahre Liebe gab. Nachdem ich das Buch gelesen hatte, bin ich zu José gegangen, der in einer südamerikanischen Kneipe gleich um die Ecke kellnerte, um mit ihm, wie sooft, über den Sinn des Lebens zu philosophieren. Ich erzählte ihm von diesem Märchen und wollte es ihm zum Abschied schenken, obwohl er keine Ahnung hatte, daß es mein Abschiedsgeschenk war.

Ich packte meine Sachen zusammen und lugte vorsichtig in den Vorflur unserer Wohngemeinschaft hinaus. Nichts rührte sich. Martin, der als freier Mitarbeiter bei einer Zeitung arbeitete, hatte das Haus sicher schon früh am Morgen verlassen, sein Bruder Daniel, der Nachtwachen in einem Altersheim schob, schlief noch und Samira, die einzige weibliche Mitbewohnerin, hatten wir schon seit Tagen nicht mehr gesehen. Ich stellte meine Reisetasche in das Treppenhaus und lauschte für einen kurzen Moment. Ich wollte vermeiden, daß mir die Vermieter, die das Erdgeschoß bewohnten, im Treppenhaus begegneten. Keine Fragen, wohin die Reise gehen sollte. Daniel hatte ich gesagt, daß ich für ein paar Tage nach Holland fahren würde.

Ich holte den Mietwagen, den ich tags zuvor an der Universitätsbibliothek abgestellt hatte, und parkte so vor dem Haus, daß die Vermieter, die oft am Küchenfenster saßen, ihn nicht sehen konnten. Hastig lud ich das Gepäck ein und fuhr los. Zunächst gab ich das als Geschenk eingepackte Buch für José im *Coco Loco* ab. Dann fuhr ich zur Mensa am Aasee, um mich für die lange Fahrt zu stärken.

Wie üblich zur Mittagszeit, war die Mensa mit Studenten überfüllt. Ich setzte mich auf einen freien Platz an den langen Tischen und aß in aller Ruhe mein Schnitzel. Die Gespräche meiner Tischnachbarn drehten sich um Professoren, Hausarbeiten und Kommilitonen. Ob sie wohl bemerkt hatten, daß neben ihnen ein Mensch saß, der mit allem abgeschlossen hatte?

Nach dem Essen begab ich mich auf die Reise Richtung Süden. Am Autobahnkreuz Münster-Süd nahm ich die Autobahn in Richtung Frankfurt. Ich schaute noch einmal zurück. War das wirklich alles gewesen? Vielleicht nicht, aber es reichte, um abzutreten. Ich schob eine Kassette ein, die mit einem einzigen Lied bespielt war. *Unserem Lied*. Nie hätte ich gedacht, daß mich ein Lied mit seinem Text so vereinnahmen würde. Es war *Streets of Philadelphia* von Bruce Springsteen. Obwohl er über das Thema AIDS sang, paßte der Text in weiten Teilen auf die letzten Tage meines Lebens.

Noch einmal stellte ich mir die Frage, wann dieser Haß, diese Lähmung, die mich wie eine schleichende Krankheit durchdrang, begonnen hatte. Vielleicht war ich ja schon verloren, bevor ich geboren wurde und hatte seitdem den Tod immer in mir getragen, oder begann alles mit einer Reise nach Sevilla?

Ostersonntag, 3. April 1994

Ich stand am offenen Fenster und ließ die Sonne auf mein Gesicht scheinen. Ich atmete die frische Luft ein, in der es nach Frühling roch. Sonne! Wie sehr hatte ich den Sonnenschein in den vergangenen trüben Monaten vermißt. Gleich würde das Taxi vorfahren, das mich zum Bahnhof bringen sollte.

Heute nacht würde ich in Sevilla, das für die kommenden drei Monate mein Zuhause sein sollte, einschlafen. Allein bei diesem Gedanken überkam mich pochende Vorfreude. In einer Broschüre über Sevilla hieß es: Sevilla inspiriert dich zu träumen. Seit Monaten hatte ich diesen Tag herbeigesehnt und träumte schon im Vorfeld, wie ich über Sevillas Straßen schlenderte. In Sevilla würde ich einen von der Handelskammer ausgerichteten Wirtschaftsspanischkurs besuchen, den eine Privatschule durchführte.

Zur Einstimmung hatte ich mir ein bißchen Wissen über Sevilla angelesen. Sie galt als die schönste Stadt Spaniens. Interessant fand ich die Tatsache, daß sich in dieser Stadt zwei Kulturen trafen. Einst war sie maurische Königsstadt, bevor sie von den Christen zurückerobert wurde. Noch heute fand man die alten Spuren, die ihr einen mystischen Reiz verliehen.

Die im Prospekt versprochenen Sonnentage mit täglich über elf Stunden Sonnenschein und den hohen Temperaturen im Frühling und Sommer gaben ihr den Beinamen, die heißeste Hauptstadt Europas zu sein. Nach so vielen Regentagen in Münster klang das verlockend.

Den Bewohnern von Sevilla wurde eine besondere Lebenskunst nachgesagt. Trotz der Armut empfanden sie Lebensfreude. Und genau dieser Widerspruch war zum Symbol der spanischen Lebensart geworden. Dazu paßten Flamenco, Stierkämpfer und schwarzhaarige Tänzerinnen, die Kastagnetten klappern ließen.

Aber das war es nicht allein, was mich magisch an diesen Ort zog. Diese Lebensart bedeutete mir viel mehr, da sie etwas mir Eigenes ansprach. Gerade die Lebenslust im Spannungsfeld zwischen Melancholie und Euphorie entsprach meinem Naturell. Ich konnte mühelos von der Heiterkeit oder Geselligkeit in den süßen Schmerz der Melancholie wechseln und mich ihm ganz hingeben. Und diese Fröhlichkeit, die von Herzen kam, gemischt mit der frommen Lust am Leiden, fand man konzentriert an dem Punkt, der Sevilla hieß.

Das Taxi brachte mich zum Hauptbahnhof. Ich würde den Zug nach Düsseldorf nehmen, um weiter nach Madrid zu fliegen. Lange vor Ankunft des Zuges, stand ich auf dem Bahnsteig und ersehnte dessen Einfahrt. Ich war froh, alleine zu sein. Ich hatte keine Lust auf eine große Abschiedsszene mit dem ewig gleichen Junge-komm-bald-wieder-Geheul. Meinen Abschied hatte ich schon am Gründonnerstag im *Coco Loco* gefeiert, um mich bei lateinamerikanischen Klängen ein wenig auf spanische Zeiten einzustimmen. Viele waren gekommen, aber besonders hatte ich mich über den Besuch von Christian gefreut, mit dem mich eine lange Freundschaft seit der gemeinsamen Lehrzeit verband. Er brachte seinen Bruder Joachim und dessen Frau, eine Schweizerin, mit. Sie würden bald von Warendorf nach Zürich umziehen und so ergab sich ein doppelter Anlaß, Abschied zu feiern.

Am meisten würde ich meinen Freund Mate vermissen. Freunde wurden wir erst im vergangenen Sommer, obwohl wir uns vom Sehen her viel länger kannten. Gelegentlich hatten wir uns im *Coco Loco* getroffen, aber nie ein Wort gewechselt, sondern uns immer nur abschätzend beäugt.

An einem warmen Sommerabend ergab es sich, daß ich ihn alleine an der Theke sitzend fand. Er sah traurig und in sich gekehrt aus. Ich setzte mich einfach auf einen freien Platz neben ihm. Nach einiger Zeit erfuhr ich den Grund seiner Traurigkeit. Seine Freundin hatte ihn überraschend nach einer zweijährigen Beziehung wegen eines anderen verlassen. Jemandem hinterhertrauern, Verletztheit und Selbstmitleid kannte ich aus vergangenen Tagen nur allzu gut. So begann unsere Freundschaft und ich war erstaunt, wie ähnlich manchmal unsere Gedanken in bezug auf die Liebe, die Sehnsucht und das Leid waren. Bei

Mate hatte ich den Eindruck, auch ohne viele Worte verstanden zu werden. Das machte ihn als Freund so wertvoll für mich.

Im gleichen Sommer lernten wir noch zwei Sprachschülerinnen kennen: Mate verliebte sich in eine Italienerin namens Claudia und ich in eine Spanierin namens Constanza. Beide mit C, wie wir feststellten. Nachdem sie in ihre Heimat zurückgekehrt waren, trafen wir uns oft, um beim Bier das Leid der Trennung und die Sehnsucht zu vergessen. Oft saßen wir auch in meinem kleinen Zimmer und hörten gemeinsam die Lieder an, die den Schmerz der Liebe glorifizierten. Einmal ließen wir heißes Kerzenwachs auf unsere Hände tropfen, um so das Leid fühlbar zu machen. Wir lachten und tranken Unmengen von Altbier. Irgendwie war das eine verrückte und unbeschwerte Zeit, auf die ich, zumindest für die nächsten drei Monate, verzichten mußte.

Kurz vor vier Uhr nachmittags hob die Lufthansamaschine in Düsseldorf ab. Die Anspannung der letzten Monate fiel schlagartig von mir ab. Im Sommer des vergangenen Jahres hatte ich mein Diplom in Betriebswirtschaftslehre bestanden. Ich hatte immer vom Erfolg geträumt, einer Karriere oder anderen Vorstellungen, die man mit einem Diplom verband. Aber als ich die Urkunde in meinen Händen hielt, wußte ich nicht so recht, wohin mich mein Berufsweg führen sollte.

Seit meiner Kindheit wußte ich immer, was ich nicht wollte, konnte aber selten meine Bedürfnisse klar äußern. Das belastete mich weit bis ins Erwachsenenalter.

Mein Freund Reinhard, ein wortgewandter Germanist, der mir beim Formulieren der Bewerbungen half, bemängelte häufig, daß ich nicht ganz hinter der Sache stand. So ganz Unrecht hatte er damit nicht, obwohl ich es nicht zugeben wollte. Ich war nie überzeugt davon, daß ich mich in das Arbeitssystem der meisten Firmen einleben könnte. Meiner Meinung nach wurde ein neuer Menschentyp im Management gebraucht, der in seiner binären Denkstruktur rigoros Entscheidungen traf. Gefühle hatten in der Geschäftswelt keinen Platz. Genauso wie es die Massenproduktion und den Trend zur Standardisierung der Produkte gab, verlangte es nach dem Einheitsmanager.

Dieser Gleichschaltungszwang reichte bis in die Gefühlswelt hinein.

Man sollte nett, tolerant, erfolgsorientiert sein und mit jedem reibungslos auskommen. Natürlich wurde diese Tatsache in den Stellenanzeigen, in denen Einheitsgesichter mit ihrem Einheitslächeln erschienen, verschwiegen. Da redeten sie von Personalverantwortung, aber eigentlich ging es ihnen nur um Leistung und Durchsetzungsvermögen beim Verfolgen ökonomischer Ziele. Das Geschwätz von der Verantwortung gegenüber dem Mitarbeiter entsprang den kranken Gehirnen irgendwelcher Personalmanager. Wenn der Erfolg ausblieb, würde Druck folgen, da so ein Mensch in seiner Ausbildungsphase ein teures Investitionsobjekt darstellte. Bestenfalls kümmerten sich um die Versager noch die Betriebspsychologen.

Die Zwänge, die ich mit einer Topkarriere verband, drückten mich immer an die Wand. Die Geschäftswelt war vom darwinistischen Gesetz beherrscht. Nur der Stärkere überlebte auf Dauer, Schwächere blieben auf der Strecke. Aber es gab keine Einzelkämpfer mehr, denn mittlerweile wurde alles von der Gruppe erledigt. Ich war von der Idee des Gruppendenkens angewidert. Alles mußte harmonisch entschieden werden. Nur die Gruppe zählte, die Gruppe entschied und genau dieser Gruppenterror war mir bereits in Japan aufgefallen. 1991 hatte ich die Gelegenheit, ein viermonatiges Praktikum für eine deutsche Firma in Tokio abzuleisten, und den japanischen *way of work* kennenzulernen. Japan galt als das Ursprungsland der Gruppenarbeit. Die Folge war eine Gesellschaft, in der die Individualität auf der Strecke blieb, und bald fänden wir japanisches Gruppendenken überall in der Geschäftswelt.

Mich langweilten solche Visionen, genauso wie mich diese Manager mit ihrem zwanghaften Verhalten anwiderten. Sie erledigten ihre Arbeit, ihre Freizeit und sonstigen Wichtigkeiten ohne es eigentlich zu wollen und begingen den Fehler, Lifestyle mit Lebensqualität zu verwechseln. Am deutlichsten wurde mir diese Tatsache bewußt, wenn ich einen alten Kollegen aus der Lehrzeit in unregelmäßigen Abständen wiedertraf. Er schmückte sich gern mit Dunhill-Feuerzeugen oder sonstigen Prestigeobjekten. Sein altersschwacher BMW hatte bei jeder Begegnung einige PS mehr und sein Konto füllte sich mit Tausenden von irgendwelchen fiktiven Gehaltserhöhungen. Jeden noch so winzigen Modetrend konnte man bei ihm schon auf einhundert Meter Entfernung erkennen, wenn er sich im Halbjahresrhythmus ein neues Outfit zugelegt hatte. Er war perfekt im Nachäffen des Erfolgsmenschen, aber noch perfekter im Sich-selbst-Bescheissen.

Jetzt war ich heilfroh, dem Bewerbungsdruck für eine gewisse Zeit entkommen zu sein. Früher, wenn man Studienkollegen traf, wurde man zuerst nach der Anzahl der Semester oder bestandenen Prüfungen befragt, nach dem Abschluß maß man sich an der Anzahl zurückgesandter Bewerbungsunterlagen. Aber meine Zeit hier in Münster war vorbei, so wie immer irgendeine Zeit vorbei war. Schulzeit, Lehrzeit und schließlich das Studium. Ich spürte die Notwendigkeit einer örtlichen Veränderung.

Vielleicht könnte mir der Sprachkurs als Sprungbrett für eine Beschäftigung in Spanien dienen. Ich hatte die Hoffnung, eine andere Managementkultur vorzufinden. In Spanien pflegte man neben der Arbeit auch noch andere Werte, denn nicht umsonst hieß es, der Deutsche lebe, um zu arbeiten, während der Spanier arbeite, um zu leben. Allerdings machte mir Andalusien, das eine Arbeitslosenquote von über dreißig Prozent aufzuweisen hatte, nicht gerade Mut auf einen ausreichend gut dotierten Job.

Nach dem Diplom hatte ich aushilfsweise für mehrere Firmen gearbeitet, um mir das Geld für den Sevilla-Aufenthalt zu verdienen, zuletzt im Lager eines Bekleidungsunternehmens; die reinste Knochenarbeit. Aber die Mühen waren nun, da ich mich auf dem Flug befand, vergessen. Mit Sevilla erfüllte ich mir einen Traum, der aus der Liebe zur spanischen Sprache und dem Land herrührte.

Der Bus, den ich vom Flughafen in Madrid nahm, brachte mich zu der *Plaza de Colón*. Von dort aus nahm ich ein Taxi zum Bahnhof, da ich von Madrid aus mit dem Zug nach Sevilla reisen würde.

Vor zwei Jahren, als ich begonnen hatte, spanisch zu lernen, hielt ich mich schon einmal für vier Wochen in Madrid auf. Ich erkannte die Gegend um die *Calle de Serrano* und die *Plaza de Colón* recht gut wieder, da ich hier in unmittelbarer Nähe gewohnt hatte. Schon damals war ich von Madrid begeistert: Der Sommer in der Stadt, die breiten *avenidas* und die vielen historischen Sehenswürdigkeiten. Vier Wochen waren natürlich zu kurz, um die Stadt genauer zu erkunden. Aber ich hatte *mein* Madrid entdeckt, indem ich bestimmte Orte regelmäßig aufsuchte. Auf diese Art und Weise fühlte ich mich in der Fremde heimischer. Meinen Milchkaffee hatte ich immer nach der Schule in der Bar bei mir um die Ecke getrunken, und die Hausaufgaben hatte ich auf den Stufen des Denkmals *Alfonso XII* im Retiropark erledigt. Ich war gespannt darauf, welche Plätze in Sevilla auf mich warteten, um von mir entdeckt zu werden.

Es war abends gegen sieben Uhr, als ich den Atocha-Bahnhof betrat. Bis zur Abfahrt des Zuges blieben mir noch zwei Stunden. Ich hätte auch einen Direktflug von Frankfurt nach Sevilla buchen können, aber ich flog nur bis Madrid, einzig um in den Genuß einer Zugfahrt mit dem neuen Hochgeschwindigkeitszug AVE, dem Pendant zum französischen TGV, zu kommen.

Ich ging hinaus auf den Bahnsteig und schaute mir diese schönen Expreßzüge schon einmal an. Ich streichelte vorsichtig die blauweiße Außenhaut. Ich liebte Züge. Seit meiner frühesten Kindheit übten Züge eine besondere Faszination auf mich aus. Ein Besuch bei meinen Großeltern, die in Süddeutschland gelebt hatten, war für mich die reinste Freude gewesen. Hinter dem Garten verlief eine Eisenbahnstrecke. Die erste Aufgabe, die ich mir gestellt hatte, war, zum Bahnhof zu laufen, um den Fahrplan der Züge zu notieren. Immer, wenn ein Zug vorbeigerauscht ist, lief ich zum Bahndamm hoch und hatte ihm sehnsüchtig nachgeschaut. Ich wollte keinen Zug verpassen. Ich war richtig vernarrt in meine Züge, weil sie ein Fortbewegungsmittel waren. Züge symbolisierten für mich das Wegfahren. In meinen Phantasiereisen, die ich mit ihnen unternommen hatte, versuchte ich, dem Gebrüll und dem Jähzorn meines Vaters zu entkommen. Seit jeher war ich ein Reisender gewesen, auf der Suche nach einem Ort, an dem es Liebe und Geborgenheit gab.

Kurz vor Mitternacht erreichte der AVE Sevilla. Dieser Zug fuhr eigentlich nicht ein, er schwebte mit kaum spürbarer Verzögerung ein, ganz dem Anlaß angemessen. Fast andächtig betrat ich den Bahnsteig und als ich die großen Lettern *Estación de Santa Justa* erblickte, überkam mich ein seliges Gefühl. Endlich angekommen!

    Wenig später setzte mich das Taxi vor einem alten sevillanischen Bürgerhaus, der schuleigenen Residenz, in der *Calle Sor Angela de la Cruz* ab. Nachdem ich die Formalitäten erledigt hatte, half mir der Nachtportier, mein schweres Gepäck die steilen Stufen heraufzuschleppen. Meine Unterkunft befand sich als einziges Zimmer neben der Küche auf der Dachterrasse, die anderen lagen in den beiden Etagen darunter. Das Zimmer war einfach ausgestattet und verfügte über eine eigene Dusche und Toilette, einen Luxus, den ich mir für den längeren Aufenthalt gönnte. Erschöpft von der Reise und der Gepäckschlepperei, legte ich mich schlafen.

Ostermontag, 4. April 1994

Etwas verschlafen quälte ich mich am frühen Morgen aus dem Bett. Der Gedanke, daß mein Unterricht an einem Feiertag begann, wo sie zu Hause wahrscheinlich noch in ihren Federn lagen, erfüllte mich nicht gerade mit Frohsinn. In Spanien war Ostermontag ein regulärer Werktag. Ich trat auf die riesige Dachterrasse hinaus und schaute mich um. Die Sonne stand eine Handbreit über dem Horizont. Es versprach ein sonniger Tag zu werden. Bereits um diese Uhrzeit war es wärmer als bei meiner Abreise aus Deutschland.

Von der Dachterrasse aus genoß man einen Blick über die Dächer von Sevilla. Über einem Gewimmel aus Fernsehantennen thronte der fast einhundert Meter hohe Turm der *Giralda*, einst maurisches Minarett, der heute als Glockenturm der Kathedrale dient. Nach Westen konnte man den Panoramaturm des ehemaligen Expogeländes erkennen.

Da ich noch keine Lebensmittel eingekauft hatte, beschloß ich, früher von der Residenz wegzugehen und in einer Bar zu frühstücken. Der Unterricht sollte erst um halb zehn beginnen. Den Weg fand ich spielend, da ich ihn schon zuvor im Geiste mit Hilfe des von der Schule zugesandten Informationsmaterials zurückgelegt hatte. Die Residenz befand sich im Stadtteil *Centro* und die Schule in einer Seitenstraße der *Alameda*, der einstigen Flaniermeile Sevillas. Das bedeutete einen etwa zehnminütigen Fußmarsch.

Daß Sevilla die schönste Stadt Spaniens sein sollte, konnte man von dieser Ecke nicht unbedingt behaupten. Die Häuser wirkten alt und teilweise baufällig. An einigen bröckelte der Putz von den Wänden. Den Charme vergangener Zeiten konnte man nur erahnen. Ich kreuzte die *Alameda* und fand direkt an der Einbiegung, an der sich unsere Schule befand, eine kleine Bar. Beim Betreten drang mir der Duft von Milchkaffee und Schinken in die Nase. Die Luft war geschwängert vom Rauch starker Ducados-Zigaretten. Die Kaffeemaschine entfachte einen Höllenlärm beim Aufschäumen der Milch. In einer Ecke lief der Fernseher. Draußen tranken Sevillanos auf dem Weg zur Arbeit ihren *cortado* im Stehen. Der Lärm in der Bar, die Gerüche und das ganze Szenario drumherum vermittelten mir erst den Eindruck, wirklich in Spanien angekommen zu sein. Ich genoß meinen Milchkaffee bevor ich mich auf den Weg zum Unterricht machte.

Die Schule befand sich ebenfalls in einem schön renovierten Bürgerhaus, ähnlich der Residenz. Zunächst mußte ich die Formalitäten erledigen, bevor mir ein Klassenraum zugewiesen wurde. Die erste Unterrichtsstunde galt dem gegenseitigen Kennenlernen. Zu meiner Überraschung bestand der Kurs lediglich aus vier Schülern: James, einem jungen Texaner, und Maurice, einem Franzosen, beide hatten die Schule bereits seit einigen Wochen besucht, dann gab es noch Philippe, einen aus Genf stammenden Schweizer, und mich. Juan, frischgebackener Absolvent der wirtschaftswissenschaftlichen Fakultät der Universität von Sevilla, war verantwortlich für den Wirtschaftsteil des Kurses. Er erläuterte uns den Aufbau und die Ziele des Unterrichts. Als wir uns dann an die Bearbeitung eines Textes aus dem Wirtschaftsteil der Zeitung *El País* machten, beschlichen mich erste Zweifel, ob ich die Prüfung bestehen könnte. Für diesen Kursus waren Oberstufenkenntnisse der spanischen Sprache Voraussetzung. Bestenfalls reichte mein Wissen aber für die Mittelstufe aus. Ich galt als sehr sprachbegabt, was das Imitieren der Aussprache betraf, mußte mir aber das Vokabular und die Grammatik mühsam aneignen. Mit dem exzessiven Gebrauch des Konjunktivs hatte ich so meine Mühen, und es gab noch andere grammatikalische Raffinessen, die meine ganze Aufmerksamkeit erfordern würden. Mein Eindruck nach dem ersten Schultag war, daß meine Mitschüler über ein wesentlich höheres Niveau verfügten, da sie sich gewandter ausdrücken konnten.

Als ich vom Einkauf zurück in die Residenz kam, herrschte auf der Dachterrasse und in der Küche reges Treiben. Gruppen von Schülern hockten zusammen oder kochten gemeinsam ihr Mittagessen.

Bereits an diesem Nachmittag machte ich die Bekanntschaft mit den Menschen, die mich für die nächste Zeit begleiten sollten. Als erstes lernte ich Nastassia und ihre Zimmergenossin Janet kennen. Beide waren Holländerinnen, obwohl Nastassia mit ihren schwarzen Locken und dem dunklen Teint auch als reinrassige Spanierin durchgegangen wäre. Sie war die Tochter einer Andalusierin und eines Niederländers. Auch sie waren erst tags zuvor in der Residenz eingetroffen. Sie luden mich ein, mit ihnen zu essen und wir verplauderten den Nachmittag. Später lernte ich Georg kennen, einen deutschen Medizinstudenten, der mir gleich durch sein lautes Lachen aufgefallen war. Er war ein drahtiger, gutaussehender Kerl, der etwas Lausbubenhaftes an sich hatte. Man erkannte an dem rollend gesprochenen R, daß er Bayer war.

Am späteren Nachmittag, während ich ausgiebig die Sonne auf der Dachterrasse genoß, lernte ich noch Brian und Andrew, Engländer und Amerikaner, und Siri, eine strohblonde Dänin kennen. Sie hielten sich bereits seit längerem in Sevilla auf, und fast alle blieben bis Ende Mai oder Juni in Sevilla, was insofern angenehm war, als daß man doch ein paar vertraute Gesichter in der Atmosphäre des häufigen Wechsels von Schülern kannte. Wir fragten uns nach dem Grund des Aufenthaltes in Spanien, und so bot sich allerhand Gesprächsstoff.

April – Mai 1994

Franziska lernte ich in der ersten Woche kennen. Ich traf sie in der Bar an der *Alameda*, wo ich am ersten Schultag mein Frühstück eingenommen hatte. Dorthin gingen viele Schüler in der Pause oder nach dem Unterricht, um sich bei einem Kaffee zu sonnen oder zu plaudern. Franziska saß zufällig an meinem Tisch und beschwerte sich über das Niveau ihres Kurses. Für den dreiwöchigen Aufenthalt war ihr das stupide Wiederholen der Grammatik nicht ausreichend genug. Als sie erfuhr, daß ich einen Wirtschaftsspanischkurs besuchte, regte sich ihr Interesse und so erweiterte sich tags darauf unsere Gruppe um eine Schülerin. Franziska, eine in der Schweiz geborene Deutsche, studierte Wirtschaftspolitik in Wien. Sie war eine attraktive Erscheinung und obwohl wir heftig flirteten, hatte ich kein körperliches Interesse an ihr. Über unsere Bekanntschaft legte sich schnell eine seltsame Intimität. Man verstand sich, ohne viele Worte zu verlieren, egal über welches Thema wir miteinander sprachen. Wir lernten gemeinsam oder stürzten uns mit den anderen in das sevillanische Nachtleben, das selten vor zehn Uhr abends erwachte.

Ausgangspunkt der meisten Streifzüge war die Bar *sopa de ganso*, in der man viele Sprachschüler und Einheimische traf. Dann ging es meist in das Viertel rund um die *Plaza Alfalfa* oder zu den kleinen Bars auf dem gleichnamigen Platz vor der El Salvador-Kirche. Auf den Stufen zur Kirche und dem Platz drängten sich gutgekleidete Sevillanos, Schüler, Studenten, Artisten oder junge und hübsche Sevillanerinnen, die in hautengen Jeans vorbeistöckelten. Noch am späten Abend war es sommerlich warm, und auf dem Platz herrschte ein immenser Lärm. Man trank Bier oder *tinto de verano*, ein Mixgetränk aus jungem Rotwein und Lemon. Die Abende ließen Andrew, Brian und ich in einer Bar, die vierundzwanzig Stunden am Tag geöffnet hatte und nur einen Steinwurf von der Residenz entfernt lag, ausklingen.

Andere Male zog es mich in das Viertel rund um die *Giralda*. Wenn sich der Abend gemächlich über die Stadt legte, wurde dieser Turm von einer Schar kreischender Vögel umschwärmt. In den engen Gassen, die wie ein Labyrinth wirkten, drängelten sich Gruppen von Menschen oder Paare turtelten auf ihrem Weg von einer Bar zur nächsten.

Ich würde mir Zeit nehmen, die Schönheit Sevillas zu entdecken. Auf den Straßen traf man immer wieder Trauben von Touristen, überwiegend Amerikaner oder Japaner. Ich verachtete ein wenig diese Billigtouristen, die versuchten, Sevilla im Handstreich zu erobern. Sevillas Schönheit mußte man entdecken. Obwohl ich nicht sonderlich auf dem Gebiet der Kunst und Kultur bewandert war, hatte Sevilla so etwas wie Tradition, die man an vielen Ecken spürte. Die Stadt war reich an kulturellen Sehenswürdigkeiten. Ich war nicht hierher gekommen, um auf dem Pfad der Mauren zu wandeln, aber das Betrachten der Bauwerke löste geheimnisvolle Empfindungen in mir aus.

In Sevilla schrieb Cervantes seinen Don Quijote, der mir zu schwierig zu lesen war. Wenn es einen spanischen Poeten gab, den ich schätzte, dann war es García Lorca: Der Dichter der unerfüllten Liebe. Die Liebe war etwas, mit dem Sevilla untrennbar verbunden war. Auf der Straße begegnete man vielen Liebespärchen, die Menschen schienen stets ein Lächeln auf den Lippen zu haben, so als gäbe es nichts anderes als die Lust an der Liebe und dem Leben. Und auch im Tanz und im Gesang drückten sie die Liebe und Leidenschaft aus. Ich hatte den Eindruck, daß es hier in Sevilla etwas leichter und lockerer zuging als anderswo auf der Welt.

Ich feierte meinen neunundzwanzigsten Geburtstag. Zusammen mit meiner Gang und anderen Schülern zogen wir von der Residenz zu der Bar *Aula Magna*, die mir von Lolo, Nastassias Freund, empfohlen worden war. Sie lag an einem winzigen Platz im Santa Cruz-Viertel. Es herrschte eine fröhliche und ausgelassene Stimmung, und die Party wurde für alle ein Vergnügen. Ich stand hinter dem Tresen und schenkte Bier aus, denn mit unserer Gruppe von fünfundzwanzig Personen waren wir heute Abend fast die einzigen Gäste in dieser kleinen Bar.

An manchen Geburtstagen wagte ich einen melancholischen Rückblick. Ich reflektierte über Vergangenes und ersann Zukünftiges. Mir wurde bewußt, daß sich die Zeit in Sevilla irgendwann dem Ende zuneigen und danach etwas Neues beginnen würde: Der Ernst des Lebens. Noch kurz vor meiner Abreise nach Spanien hatte ich ungefähr vierzig Bewerbungen auf Stellenangebote versandt, die mein Interesse geweckt hatten. Meist waren es Bewerbungen um internationale Traineeprogramme. Sicher war ich mir dennoch nicht. Ich verdrängte den Gedanken, daß mich etwas aus dieser Geborgenheit hier herausreißen könnte. Ich war nicht überglücklich, aber dennoch zufrieden.

Am achtzehnten April begann die Zeit der *feria*, dem kulturellen Höhepunkt Sevillas, neben den berühmten Osterprozessionen. Die *feria* war ein gigantisches Volksfest, das seinen Ursprung in einer Handelsmesse hatte. Während dieser sechs Tage war Sevilla wie verwandelt. Ich hatte den Eindruck, daß die ganze Stadt tanzte und feierte. Auf einem fast drei Quadratkilometer großen Areal befanden sich Kirmesattraktionen und die sogenannten *casetas*. Das waren Zelte, in denen die Sevillanos für eine Woche lebten, kochten, tanzten und feierten. Reiche hatten ihre eigene *caseta*, andere schlossen sich mit mehreren Kompagnons zusammen oder griffen auf die großen *casetas* der Gewerkschaften und anderer Institutionen zurück. Die *feria* war übervölkert von Besuchern, und Lärm und Gesang drang aus den Zelten. Die Gassen trugen Namen von berühmten Stierkämpfern und waren nachts erleuchtet von tausenden rot-weißen Lampions. Tagsüber ritten *caballeros* mit ihren Pferden durch die Gassen und zeigten stolz ihre Braut, die hinter ihnen saß. Das Pferd gehörte hier genauso zum Alltagsbild wie der Stier. Überall sah man Frauen im Rüschenkleid. Sie wirkten mit von Korkenzieherlocken eingerahmten Gesichtern wie Nachbildungen der Carmen.

Wir zogen von *caseta* zu *caseta*, um die Sevillanos beim Tanzen und Feiern zu erleben. Ich hatte extra für diesen Anlaß einen Tanzkurs besucht, um die Grundschritte des *sevillanas* zu erlernen; ein traditioneller Tanz, den bereits kleine Kinder beherrschten. Wenn ich die Menschen beim Tanzen beobachtete und ihre Schritte und Bewegungen für diesen ausdrucksvollen Tanz nachahmte, fühlte ich mich nicht nur als stummer Beobachter, sondern war ihnen auf sonderliche Weise verbunden, obwohl ich wußte, daß ich nicht zu ihnen gehörte, daß ich fremd war. Trotz dieses Umstandes fühlte ich mich hier wohler als zu Hause.

Die Tage verliefen stets im gleichen Rhythmus: Morgens Unterricht, am Nachmittag lernen und abends dann die *marcha*, so nannte man das Ausgehen. Mit Georg, Brian und Andrew verstand ich mich prächtig, und bei Franziska hatte ich den Eindruck, daß wir uns schon länger kannten.

Eines Abends, wir zogen durch das Triana-Viertel, philosophierten wir über das Thema Liebe und Freundschaft. Darüber hatte ich so meine *eigenen* Ansichten. Ich war der Meinung, daß es die Liebe, das starke Gefühl, nur im Film gab, zumindest bezog ich daher so manche Einstellungen. Ich könnte mit meinem Los eigentlich zufrieden sein. Ich hatte immer eine materielle Sicherheit in meinem Leben genossen und etwas erreicht, wovon manch einer träumen mochte. Aber ich wurde das Gefühl nicht los, daß mir etwas fehlte. Bei mir herrschte eine gewisse emotionale Lücke. Liebe und Geborgenheit hatte ich seit meiner Kindheit entbehrt. Ich denke, daß man mir nur das Mindeste hatte mitgeben können, um das Säuglingsalter zu überleben und später gefühlsmäßig nicht vollends zu verdursten. In späteren Beziehungen konnte ich nie das nachholen, was ich entbehrt hatte. Die erste Freundin hatte ich, da ich glaubte, eine Freundin haben zu müssen, die zweite Beziehung war eigentlich mehr körperlicher Natur, weil ich mein Nachholbedürfnis an Zärtlichkeiten stillen wollte, und darauf folgten unbedeutende Liebeleien. Wirklich nahe war mir nie jemand gekommen. Sicher wäre es schön, eine Freundin zu haben, mit der ich mich auf körperlicher und geistiger Ebene austauschen könnte, der ich vertrauen, an die ich glauben könnte, die mich stützte, wenn ich wieder einmal in abgrundtiefer Traurigkeit versank, die mich motivierte und belebte. So einen Menschen gab es in meiner Vorstellung nicht. Ich hatte viele Macken im Leben abbekommen, und oft wurde ich das Gefühl nicht los, daß ich zu schwierig sei. Es herrschte manchmal eine Widersprüchlichkeit in meinem Denken und Handeln, mein Temperament war sprunghaft und unberechenbar. In mir lebten eigentlich zwei Seelen. Auf der einen Seite konnte ich eine Frohnatur sein, dann trieb wieder abgrundtiefer Haß nach oben. Vielleicht war es diesem Antrieb zu verdanken, weiter nach der wahren Liebe zu suchen. Es dauerte jeweils eine Zeitlang, bis die Enttäuschung, wieder nicht die Richtige gefunden zu haben, verdaut wurde. Dann suchte ich trotzig weiter und hoffte, die *Eine* irgendwann einmal finden zu können. Ein ewiger Traum in mir.

Meine Überzeugung, nicht liebenswürdig zu sein, wurde auch genährt durch die negativen Erfahrungen, die ich gemacht hatte. Ich hatte Angst vor der Nähe, denn zu oft wurde mein Innerstes verletzt, und ich wollte die schlafenden Schmerzen nicht wecken. Die Vorstellung, mich völlig gehen zu lassen, mich im Anderen zu verlieren, löste Unbehagen in mir aus. Könnte jemand meine ganze Persönlichkeit akzeptieren?

Ich hatte immer wieder von dem Wunder der Liebe gehört, das auf Menschen persönlichkeitsverändernd wirkte. Ich verfügte über ein nicht gerade ausgeprägtes Selbstwertgefühl, glaubte aber dennoch, daß die Richtige in der Lage wäre, mich aus meiner Isolation zu befreien. Eigentlich zog ich es vor, allein zu bleiben, bevor ich mich verletzen oder zurückweisen ließ. Im Grunde genommen war ich schüchtern, eine Tatsache, die mir bei meinem selbstbewußten Auftreten niemand so recht glauben mochte.

Sicher hatte ich mich schon einmal verliebt, Gefühle von Sehnsucht waren mir nicht unbekannt, aber manchmal beging ich auch den Fehler, eine harmlose Verliebtheit mit der großen Liebe zu verwechseln. In Constanza hatte ich einen Menschen gefunden, der sich sehr um mich bemühte. Vielleicht war ich damals gar nicht in sie verliebt gewesen, aber ich wollte es sein, da ich jemandem nahe sein wollte. Bei ihr empfand ich erstmals das Gefühl, wie es war, wenn jemand zu mir hielt und sich Sorgen machte. Aber wie das Schicksal es wollte, aus unseren Plänen, gemeinsam ein längere Zeit in Spanien zu verleben, wurde nichts. Sie hatte einen Freund, zu dem es sie hinzog.

Im Austausch mit anderen beleuchtete ich eher die negative Seite des Gefühlsspektrums. Sehnsucht, Eifersucht und schmerzliches Verlassenwerden waren die Themen. Sicher war ich nicht unbeliebt. Ich hatte Freunde, und ich war in meinem Leben auch interessanten Frauen begegnet, aber am Ende wurden wir immer nur gute Freunde. Ich haßte es.

Nach und nach hatte sich bei mir die Erkenntnis durchgesetzt, daß ich die Liebe eines Menschen nicht verdient hatte, daß ich über kurz oder lang alleine bleiben würde, ein Los, mit dem ich mich seit langem abgefunden hatte.

Ende April trat Franziska die Heimreise an, und ich versprach, mit ihr in Kontakt zu bleiben.

Das darauffolgende letzte Aprilwochenende verbrachte ich mit Brian und Andrew in Nerja, einem kleinen Touristenort an der *Costa del Sol.* Wir fuhren mit Brians Auto über die Autobahn nach Málaga und nahmen von dort aus die Küstenstraße nach Nerja. Mit Musik und heruntergedrehten Fenstern ließen wir uns den heißen Wind durch die Haare fahren. Wir badeten, tranken Bier, genossen die Sonne und hatten gemeinsam viel Spaß.

Brian kannte den Ort, da er hier im Vorjahr eine Sprachschule besucht hatte. So hatten wir einen guten Führer für unsere abendlichen Streifzüge. Es tat gut, einmal für ein paar Tage aus Sevilla herauszukommen.

Die gute Laune wurde an diesem Sonntag, dem 1. Mai, getrübt. Brian, begeisterter Formel 1-Fan, betrauerte den Tod seines Idols Ayrton Senna, der sein Leben beim großen Preis von San Marino in Imola ließ. Wir philosophierten über das Leben und den Tod und waren uns darüber einig, daß der Tod den Menschen, die bereits zu Lebzeiten Legenden waren, noch eine zusätzliche Mystik verlieh.

Obwohl der Montag noch schulfrei war, beschlossen wir, bereits am Sonntagabend nach Hause zu fahren. Ich wollte den freien Tag für die Wiederholung des Stoffes nutzen, zudem türmten sich in meinem Zimmer Berge von Hausarbeiten. Wir ließen das schöne Wochenende, mittlerweile hatte sich Brians Laune wieder gebessert, in unserer Vierundzwanzigstundenbar ausklingen, ein wenig zu heftig und viel zu lang, denn erst gegen fünf Uhr morgens torkelte ich ins Bett.

Montag, 2. Mai 1994

Ich wurde von Georgs lautem Lachen geweckt. Ich drehte mich müde in meinem Bett um und schaute auf den Wecker. Dreizehn Uhr. Der Tag flutete durch die Jalousien meines Fensters und schnitt schwarzweiße Streifen an die Wand. Mit dem Licht kroch auch die Hitze ins Zimmer.

Ich stand auf und spürte ein Druckgefühl im Magen. Ein starker Durst machte sich breit, der Kopf hämmerte wie wild. Ich ging zur Küche, mich leicht wankend im Schatten haltend. Georg saß mit einem blonden Geschöpf an einem Tisch draußen vor der Küche. Verkatert grüßte ich, als ich die Küche betrat.

»Hi Georg, moin Siri.«

Sofort böllerte Georg mit seinem schallenden Lachen los, während ich meinen Durst in kräftigen Zügen mit eisgekühlter Cola löschte.

»He, Stefan, das ist doch nicht Siri. Komm mal her, wir haben einen Neuzugang!«

Schon wieder jemand Neues! Fast jede Woche mußte man sich in der Residenz an neue Gesichter gewöhnen. Ich trat mit zusammengekniffenen Augen auf die Terrasse, um mich vor der gleißenden Sonne zu schützen und ließ mich in einen Stuhl fallen.

»Das ist Susanne«, sagte Georg.

Es dauerte eine Weile, bis ich mich an die Helligkeit gewöhnt hatte. Ich musterte sie. Ihr hübscher Mund war mir gleich aufgefallen. Das glatte blonde Haar reichte ihr bis zu den Schultern. Es war sonnengebleicht und der gebräunte Teint verriet, daß sie bereits ausgiebig Sonne genossen hatte.

»Angenehm, Stefan«, brachte ich müde hervor.

Ich fischte mir, ohne sie zu fragen, eine ihrer Fortuna Zigaretten, zündete sie an und blies den gräulichen Qualm in den wolkenlosen Himmel. Susanne erinnerte mich an jemanden, nur kam mir nicht in den Sinn, wer das sein könnte. Wir redeten über Belanglosigkeiten, über die Schule und die Bewohner der Residenz. Aber ich hörte nur mit halbem Ohr zu; ich war zu sehr mit dem dröhnenden Kopfschmerz beschäftigt.

»Woher kommst du denn?« fragte ich, um ein wenig Interesse zu bekunden.

»Aus der Schweiz.«

»Oh Gott!« entfuhr es mir und sie schaute mich verdutzt an.

»Wie so denn das?« fragte sie.

»Nun, Schweizer haben bei mir gleich dreitausend Minuspunkte.«

Georg lachte auf, und ich versuchte sie zu beruhigen, daß dies nur ein Scherz sei. Leider war ich nach der durchzechten Nacht zu keiner sinnigen Konversation fähig. Georg fragte nach meinem Wochenende, und ich erzählte ihm ausführlich von dem Spaß, den Brian, Andrew und ich gehabt hatten. Nach einiger Zeit stand Susanne auf und verabschiedete sich mit einem »bis später«. Kaum war sie verschwunden, beugte sich Georg vor und flüsterte mir zu, wie toll sie sei, und daß es immer dasselbe wäre, kaum hatte er eine Freundin, liefen ihm die tollsten Frauen über den Weg. Georg war seit zwei Wochen mit einer Sevillanerin, einem echten Heißblut, wie er meinte, zusammen. Ich dachte kurz über seine Worte nach. Ich fand, daß Susanne eine attraktive Erscheinung war, aber so umwerfend fand ich sie nun auch nicht. Rein äußerlich erinnerte sie mich ein wenig an die Schauspielerin Goldie Hawn zu ihren besten Zeiten.

An Hausaufgaben war angesichts der Hitze nicht zu denken. Ich beschloß erst einmal in die Stadt zu gehen, um meine trinkbaren Vorräte aufzufüllen.

Ich lief zum Kaufhaus *corte inglés*. Die Weißglut der Sonne wirkte wie ein Vorschlaghammer. Ein stinkheißer Nachmittag. Es mochten gut und gerne fünfunddreißig Grad sein. Ich lief im Schatten, den mir die Häuser boten. Mir war schwindelig, die Hitze lastete drückend über der Stadt. Es regte sich nicht der Hauch eines Luftzuges.

Nachdem ich mich mit Wasser und Cola bepackt hatte, ging ich zu Brian. Seit kurzem wohnte er zusammen mit Andrew in einem Appartement in der Nähe der Residenz. Die im Erdgeschoß liegende

Wohnung hatte den Vorteil, auch am Nachmittag angenehm kühl zu sein. Ich holte Brian aus den Federn, der mich benommen mit einem »oh tío« begrüßte. Wir verplauderten den Nachmittag bei Kaffee und Zigaretten, bis es sich draußen etwas abgekühlt hatte.

Mein schlechtes Gewissen, noch nichts für die Schule getan zu haben, bewog mich, zur Residenz zurückzukehren. Auf der Terrasse tummelten sich allerhand neue Gesichter. Ich ging zunächst in die Küche und bereitete mir einen Kaffee. Als ich mein Zimmer betrat, war an Schularbeiten nicht zu denken. Die Hitze des Tages hatte sich in dem kleinen Raum angestaut. Ich ging auf die Terrasse und setzte mich zu Georg an den Tisch, der mit freiem Oberkörper und einem über dem Kopf zusammengebundenen Handtuch in der Sonne saß und lernte.

Es geschah an diesem warmen Spätnachmittag. Die Sonne neigte sich dem Horizont entgegen und tauchte die Szenerie in orangefarbenes Licht.

Ich erblickte Susanne, die zusammen mit zwei Frauen auf einer Holzbank am Ende der Terrasse hockte. Sie hob ihre Sonnenbrille und schaute herüber. In diesem kurzen Blick, der eine Ewigkeit zu dauern schien, lag eine ganze Wahrheit, eine Welt, die ich bereits zu kennen glaubte. Wie ein Déjà-vu-Erlebnis, das mich zusammenzucken ließ. Meinte sie wirklich mich? Auffällig drehte ich mich zuerst nach links, nach rechts und richtete dann den Finger auf mich, so als wollte ich sie fragen, ob ihr Blick mir galt. Sie deutete meine Gestik richtig, lächelte, hob die Hand, winkte mir zu und schuf somit eine Verbindung. Ein wunderbares Kribbeln durchzog meinen ganzen Körper. Dieser Blick und das Lächeln hatten mich einfach umgehauen. Ich wollte Georg gerade von diesem berauschenden Erlebnis erzählen, doch er winkte ab. Er war ins Lernen vertieft und murmelte unablässig Vokabeln vor sich hin. »Streber«, dachte ich.

So erging es mir immer, wenn ich jemandem begegnete, dessen Blick mich fesselte, oder dessen Lächeln geheimnisvolle Empfindungen in mir auslöste. Ich wollte nicht nur wissen, wie dieser Mensch hieß, woher er kam, sondern ich wollte wissen, was er dachte oder fühlte, wie er liebte und ob er ein Geheimnis in sich trug. Das, was aus diesem Blick geboren wurde, war die Neugierde, mehr über Susanne in Erfahrung zu bringen.

Ein kleiner Junge, der offenbar zu den beiden anderen Frauen gehörte, spielte mit einem Plastikball. Ich stand auf und kickte ein bißchen mit ihm. Georgs Lerndrang war augenblicklich verflogen, und so spielten wir uns den Ball zur Freude des Kleinen zu. Durch Georgs Fehlberechnung zwischen Ein- und Ausfallwinkel klatschte der Ball von der der Küche gegenüberliegenden Hauswand über die Balustrade in den Innenhof. Während Georg den Ball zurückholte, nutzte ich die Gelegenheit, mich neben Susanne auf die Bank zu setzen.

»Kann man bei dir überhaupt auf einen positiven Kontostand kommen?« fragte sie mit hochgezogenen Augenbrauen. Ich schaute Susanne verdutzt an und wunderte mich, daß sie sich noch an die blödsinnige Kontostandsnummer vom Mittag erinnern konnte.

»Ja, das ist möglich. Aber dafür mußt du dich schon ein wenig anstrengen.«

Susanne drehte den Kopf zur Seite und blinzelte mich an. Sie hatte Grübchen, wenn ein Lächeln ihren Mund umspielte. Ich war wie verzaubert. Meinen ersten Eindruck vom Vormittag mußte ich revidieren. Selten hatte ich ein so strahlendes und wunderbares Geschöpf gesehen. Sie hatte grüne Augen. Wir tauschten Belanglosigkeiten über die Herkunft und anderes Wissenswertes aus. Susanne trank Weißwein und aß dazu Oliven. Als sie mir eine Olive anbot, belohnte ich Susanne mit einem Pluspunkt. Sie dankte es mir mit einem zufriedenen Lächeln. Aber ich hörte ihr nur mit halbem Ohr zu. Susanne hatte mich in ihren Bann gezogen. Unsere Gesten und Blicke tauschten Botschaften aus, die nur für uns bestimmt waren. Es war nicht nur harmloses Geplauder, denn das, was tiefer in meine Bewußtseinsebene eindrang, waren Fragen, die ich Susanne stellte. Ist es schön, mit dir zusammen zu sein, bist du jemand, der mich aus meiner Isolation retten kann? Stillschweigend erhielt ich Antworten darauf. Viele solcher Fragen schoß ich in ihre Richtung ab, während wir heftig miteinander flirteten. Über uns legte sich ein Hauch von Vertrautheit.

Janet kam auf die Dachterrasse. Ausgerechnet jetzt! Ich hatte ihr versprochen, sie mit Nastassia zum Bahnhof zu begleiten. Eigentlich hätte Janet bereits seit zwei Tagen in Holland sein müssen, doch ein Dieb hatte ihre gesamte Barschaft gestohlen, weswegen sich ihre Abreise verzögert hatte. Ich verfluchte den Dieb. Mir blieb nichts anderes übrig, als mein Versprechen einzulösen. Widerwillig ließ ich Susanne alleine.

Die Abfahrt des Zuges verzögerte sich. Ich war seltsam aufgewühlt und nervös. Diese Unruhe ließ mich nicht los. Ich war mir sicher, daß noch etwas anderes dahinter steckte, was aber nicht deutlich genug an die Oberfläche gelangte. War es Angst? Einige Male war ich dem Problem begegnet, daß ich meine Stabilität verlor, wenn mich jemand faszinierte. Ich wußte nur, daß es mich zu Susanne zurückzog, eine Macht, die niederzukämpfen sinnlos gewesen wäre. Während Nastassia vorschlug, einen gemütlichen Bummel vom Bahnhof zur Residenz zu machen, bestand ich auf einem Taxi. Ich durfte keine Zeit verlieren.

Als ich wieder auf der Dachterrasse erschien, saß niemand mehr auf den Bänken. Ich traf Susanne in der Küche beim Abwaschen.

»Heute schon was vor? Ich könnte dir Sevilla bei Nacht zeigen.«

Sie musterte mich.

»Nein danke. Ich bin müde und außerdem muß ich noch Aufgaben erledigen.«

Ich ließ mir die Enttäuschung nicht anmerken und verabschiedete mich. Als ich versuchte, in meinem Zimmer einige Hausaufgaben zu erledigen, konnte ich keinen klaren Gedanken fassen. Das lag aber nicht an der Wärme. Ich hatte nur Susanne vor Augen, ihre Blicke, ihr Lächeln. Nach einer Stunde gab ich entnervt auf. Ich wollte zur Küche gehen, um etwas zu trinken. Durch die Glaspyramide, die als Lichthof für das Treppenhaus diente, drang ein Lichtschein aus einem geöffneten Zimmer hinaus auf die Balustrade. Susanne bewohnte das Zimmer Nummer sechsundzwanzig. Es war ihr Zimmer. Ich vernahm Georgs Stimme, der mit Dolores, seiner Freundin, am Geländer in der zweiten Etage stand. Er bewohnte das Zimmer nebenan. Eine gute Gelegenheit, mich in ein Gespräch einzumischen, um einen Vorwand zu haben, zufällig vor Susannes Zimmer herumzulungern. Ich gesellte mich zu den beiden und lugte durch die halbgeöffnete Tür in Susannes Zimmer. Es stand leer. Wenig später kam sie von der Etagentoilette zurück. Leichtfertigerweise stelle ich Susanne Dolores als meine zukünftige Freundin vor. Ich sprach spanisch, und Susanne, die noch keine Sprachkenntnisse hatte, wußte nicht genau, worum es ging, sie ahnte aber, daß ich über sie sprach. Kurz darauf zogen sich Georg und Dolores in ihr Zimmer zurück. Nervös und unbeholfen stand ich vor Susanne. Was sollte ich ihr sagen? Ich wollte nicht, daß sie ging. Ich haßte dieses Herumgerede um den heißen Brei. Da war es wieder, das mulmige Gefühl, wenn jemand mein Interesse auf sich zog. Ich lud sie einfach zu meiner spätabendlichen Philosophiestunde ein. So nannte ich die Stunden, die ich nachts unter klarem Sternenhimmel bei einer Zigarette auf der Dachterrasse verbrachte, während ich allein über alles Mögliche sinnierte.

»Mal schau´n«, war ihre knappe Antwort.

Das genügte mir, zumindest hatte ich mir eine realistische Chance bewahrt. Mühsam erledigte ich die wichtigsten Hausaufgaben für den nächsten Tag. Später setzte ich mich dann auf die Dachterrasse und wartete. Ich hörte Susannes Stimme. Sie saß mit den beiden Frauen vom Nachmittag im Innenhof und unterhielt sich angeregt. Als gegen Mitternacht die Stimmen verstummten, lauschte ich gespannt. Schließlich erschien Susanne auf der Dachterrasse. Mein Herz tat einen Luftsprung vor Freude, aber ich versuchte, ruhig und abgeklärt zu wirken. Wir unterhielten uns über das Sprachenlernen und andere Kulturen und Gebräuche. Ich berichtete von meinen Erfahrungen aus Japan und wußte einige witzige Anekdoten zu berichten. Dachte ich, mit Japan einen besonderen Aufhänger zu haben, wurde ich schnell eines Besseren belehrt. Susanne erzählte von längeren Reisen durch Thailand, Indonesien, Indien und Nepal, Länder, in denen sie teilweise über Monate gelebt hatte. Dies erlaubte ihr ein spezieller Arbeitsvertrag, den sie mit ihrem Arbeitgeber geschlossen hatte. Ich bewunderte so viel Mut und Abenteuerlust aber gleichzeitig machte es mich stutzig. Ich hatte einmal vom Reisefieber gelesen, das in einen Reisezwang ausartete. Den konnte ich bei mir selbst feststellen. Oft hatte ich den Eindruck, aus dem Alltäglichen und Gewohnten ausbrechen zu müssen. Vielleicht war Sevilla, obwohl ein Wunschaufenthalt, auch ein Weg, dem Bewerbungsdruck und der Realität ein Stück weit zu entkommen. Ich fragte Susanne, wovor sie eigentlich weglaufe. Es war, als habe diese Frage eingeschlagen. Verwundert zog Susanne die Augenbrauen hoch und setzte eine nachdenkliche Miene auf. Die Frage schien sie zu beschäftigen und erst nach einer Weile kam ein kleinlautes »ich weiß nicht« hervor. Die Unterhaltung geriet ins Stocken. Ich wechselte das Thema, aber irgend etwas schien die Frage bei Susanne ausgelöst zu haben.

Kurz vor eins verabschiedete sie sich, nicht ohne eine Verabredung für den folgenden Abend mit mir getroffen zu haben. Ich schlug zehn vor zehn vor, weil es mir gerade so in den Sinn gekommen war. Ich blieb noch eine Weile auf der Dachterrasse sitzen und dachte über Susanne nach. Was war das für ein Mensch, der solche Empfindungen in mir auslöste, und welches Geheimnis barg er in sich? Ein interessanter Fall, der meine Neugierde auf sie steigerte.

Dienstag, 3. Mai 1994

Heute morgen sah ich Susanne nur in der Pause. Ich erinnerte sie kurz an unsere Verabredung. Susanne lächelte hintergründig. Brian fragte mich nach dem Unterrichtsschluß, ob wir nicht am Abend ausgehen sollten. Als ich ihm sagte, daß ich bereits verabredet war, entfuhr ihm ein langgezogenes »hey tío«.

Ich war gutgelaunt und erledigte meine Aufgaben am Nachmittag. Es gab viel nachzuholen, aber ich war erstaunt, welches Pensum ich bis zum Abend absolviert hatte.

Um neun Uhr machte ich mich für den Ausgang zurecht. Ich duschte ausgiebig und rasierte mich gründlich. Eitel war ich schon, wenn es darum ging, einen guten Eindruck beim anderen Geschlecht zu hinterlassen. Pünktlich um zehn vor zehn stand ich geschniegelt und gestriegelt vor ihrer Zimmertür. Mein Herz schlug schneller als sonst. Ich klopfte vorsichtig, aber nichts rührte sich. Kein Lichtschimmer drang unter der Zimmertür hervor. Ob Susanne wohl schlief? Ich klopfte erneut.

»Susanne?«

Hatte sie unsere Verabredung vergessen und war bereits ausgegangen? Deutlich spürte ich eine Enttäuschung in mir hochkriechen. Resigniert stieg ich die Treppen herab. Möglich, daß Susanne ja doch kein näheres Interesse an mir hatte. Ich verfluchte meine Einbildungskraft. Ich wollte gerade die große schmiedeeiserne Eingangstür aufziehen, als ich hinter mir ihre Stimme hörte.

»Hey, Stefan, warte mal schnell!«

Sie führte ein Telefongespräch. Wie ein Stromschlag durchzuckte mich die Freude darüber, daß Susanne noch nicht ausgegangen war. Ich zeigte auf meine Uhr und wollte ihr damit andeuten, daß sie eigentlich schon viel zu spät dran war. Mit Gesten versuchte mir Susanne klarzumachen, daß ich mich gedulden sollte. Nach dem Telefonat entschuldigte sie sich für die Verspätung, rannte wie von der Tarantel gestochen nach oben, um sich umzuziehen und stand wenig später mit einer Unschuldsmiene vor mir. Wir gingen ins *sopa de ganso*. Andrew und Brian saßen mit anderen Schülern an einem großen Tisch. Ich stellte Susanne vor.

Mein Interesse galt allein ihr. Während wir uns unterhielten, studierte ich ihr Gesicht und ihren Körper. Ich sinnierte über ihren Charme, dachte daran, wie es wohl wäre, wenn meine Lippen die ihren berühren würden, erst langsam, dann immer leidenschaftlicher. Die Anziehungskraft, die Susanne auf mich ausübte, war magisch. Mich schauderte und deutlich regte sich ein Widerstand in mir, aber der Sog hatte etwas verführerisch Starkes an sich. So ein Geschöpf lief garantiert nicht alleine unter Gottes Sonne herum. Bestimmt hatte sie einen Freund. Dennoch widerstrebte mir der Gedanke, daß es noch einen anderen gab, mit dem sie Gemeinsames teilte.

»Nun, gleich wirst du mir erzählen, daß du einen Freund hast«, stellte ich irgendwann zusammenhanglos fest. Sie nickte. Verdammt! »Aus und vorbei, kein weiteres Interesse«, dachte ich. Obwohl ich diese Antwort erahnt hatte, traf sie mich wie ein Hammerschlag. Ich überspielte meine Enttäuschung.

»Danke, das war's. Ich gebe dir zehntausend Minuspunkte und wir kündigen ihnen hiermit das Konto.«

Sie lachte, ergriff meinen Oberarm und fixierte mich mit ihrem Blick auf eine Art und Weise, die bittend wirkte.

»Dann baggere mich doch mal an!«

Mir verschlug es fast die Sprache. Ich wußte, daß sie es ernst meinte, aber in diesen Worten lag kein Zwang. Es klang eher wie eine Einladung.

Kurz vor Mitternacht verließen wir das Lokal und gingen schweigend die wenigen Meter zur Residenz. Was sollte ich jetzt tun? Frauen mit Freund waren eigentlich ein Tabu für mich. Schon einmal hatte ich die leidvolle Erfahrung gemacht, daß eine Frau nach einer kurzen Romanze zurück in ihre Gewohnheit gekehrt war. Der Zwiespalt zwischen Wollen und Sich-Wehren rief den Gedanken in mir wach, daß das Ganze hier etwas mit einem Wagnis zu tun hatte.

Ich ging wie üblich auf die Dachterrasse, um noch eine Zigarette zu rauchen. Susanne begleitete mich. Ich stammelte irgend etwas vor mich hin.

Du Trottel! Alle Zeichen standen auf Angriff, doch ich kam mir vor wie ein Autofahrer an einer grünen Ampel, der den ersten Gang nicht reinkriegte. Ich entschuldigte mich und holte in der Küche ein Bier. Lange hielt ich die kühle Dose an meine Stirn, in der Hoffnung, daß sich meine Unruhe legen würde. Was sollte ich jetzt tun? Ach, wenn nur Mate hier wäre, dann könnte ich ihn fragen. Imaginär saß Mate in der Küche und trieb mich an: »Los ran, du Idiot! Sie will dich und du willst sie. Stefan, es ist auch dein Urlaub. Nimm sie dir, was hast du denn zu verlieren?!«

Ich setzte mich wieder neben Susanne, und wir tranken das Bier. Der Kloß war nicht mehr nur im Hals, sondern im ganzen Körper zu spüren. Ich war wie gelähmt.

»Du erwartest von mir, daß ich dich küsse, nicht wahr?«

Sie nickte und lächelte dabei. Ich beugte mich langsam vor und kam so nah vor ihr Gesicht, daß ich abwechselnd ihre Augen fixierte. Mann, sie hat doch einen Freund! Ich wartete nur darauf, daß sie plötzlich aufschreckte, sich dieser Tatsache bewußt wurde und fluchtartig das Weite suchte. Susanne holte mich aus meinen zweifelnden Gedanken.

»Was studierst du?«

Ich sah ihr hübsches Gesicht mit dem halbgeöffneten Mund, in den ich gleich hineinzufallen drohte. Mein Puls lag schätzungsweise bei einhundertvierzig.

Vorsichtig berührten sich unsere Lippen. Ganz weich und sanft. Leise Schauer rieselten in mir herab, so als sei ich in ein elektromagnetisches Feld geraten.

»Haben Schweizerinnen keine Zunge?«

»He, he, du gehst ja ganz schön ran«, hauchte sie, als sich unsere Lippen wieder trafen. Ich schloß die Augen, um mich dem Kuß ganz hinzugeben. Ich war unendlich froh, den Sprung ins kalte Wasser gewagt zu haben, und fühlte mich wie ein Fisch in seinem Element. Es folgte eine lange Serie von Küssen, zunächst weich, dann immer fordernder und verlangender. Ich ließ meine Hände über ihren Körper gleiten, spürte ihre üppigen Brüste und ihr Herz, wie es rasend pochte. Ich vermied die Frage nach ihrem Freund.

Nachdem sie zu Bett gegangen war, blieb ich noch eine Weile auf der Terrasse sitzen und blickte in den sternklaren Himmel. Noch vor zwei Tagen hätte ich nicht daran geglaubt, daß es einen Menschen gäbe, zu dem ich mich hingezogen fühlte; vielmehr dachte ich, daß ich dazu verdammt wäre, so einsam wie der Mond meine Bahnen zu ziehen. Tausende von Theorien hätte ich vom Stapel gelassen, und nun war Susanne – mir nichts, dir nichts – in mein Leben getreten.

Anja, meine beste Freundin, hatte sich vor meiner Abreise nach Sevilla brieflich von mir verabschiedet. Sie hatte mir Glück und Erfolg gewünscht und vor allem, daß all meine Träume in Erfüllung gehen sollten. Hatte sie geahnt, daß es ein Traum von mir war, jemanden zu finden, der mein Interesse wachrief? War es nicht das, wonach ich die ganze Zeit gesucht hatte? Selig schlief in dieser Nacht ein.

Mittwoch, 4. Mai 1994

Ich stand sehr früh auf. Obwohl ich wenig geschlafen hatte, war ich hellwach. Es war, als strömten ungeahnte Energien durch meinen Körper. Eine unbestimmte Kraft zog mich geradezu aus dem Bett.

Selbst die Putzfrau wunderte sich, als ich bereits um viertel vor neun am Morgen fertig angezogen in der Sitzecke der Eingangshalle wartete. Langsam erwachte die Residenz zum Leben. Türen klapperten, Toilettenspülungen rauschten und Duschen liefen.

Kurz nach neun kam Susanne eiligen Schrittes die Treppen heruntergelaufen. Mit einem Lächeln kam Susanne auf mich zu und fiel mir in die Arme. Ich war glücklich, hatte ich doch befürchtet, sie hätte es sich nachts noch anders überlegt.

Sonnenschein und Vogelgezwitscher begleiteten uns auf dem Schulweg. Was für ein herrlicher Tag! Irgendwie lag Musik in der Luft. An welchem Ort sonst hätte es mich erwischen können, wenn nicht in Sevilla? Ich dachte an all die Opern, die Sevilla zu ihrem Schauplatz hatten: Mozarts *Hochzeit des Figaro*, Beethovens *Fidelio*, Rossinis *Barbier von Sevilla* und natürlich Bizets *Carmen*. So nach dem Motto, die Liebe verleiht dir Flügel, damit du fliegen kannst, und manchmal endet sie auch tödlich, sinnierte ich vor mich hin.

Dieses Kribbeln im Bauch war berauschend, als wir Hand in Hand zur Schule gingen. Ich mußte mich immer wieder von der Schwerkraft überzeugen. Ich hüpfte und tanzte. An diesem Morgen sah die Welt farbiger aus, selbst die alten Häuser wirkten nicht mehr so trostlos. Dieses Gefühl hätte ich am liebsten jubelnd jedem verkündet, der mir auf dem Weg entgegenkam.

Selbst Juan I, so hieß der Studienleiter, der für die grammatische Ausbildung zuständig war und nicht mit dem Wirtschafts-Juan zu verwechseln war, bemerkte einen wundersamen Wandel in mir, so als stünde die Botschaft auf meiner Stirn geschrieben. Ich hatte Mühe, mich zu konzentrieren, so sehr ersehnte ich die Pause herbei. Brian gratulierte mir zu meinem guten Geschmack. Er quittierte meine Wahl mit einem Lob.

Nach dem Unterricht kauften Susanne und ich Lebensmittel ein, kochten und erledigten nach dem Essen gemeinsam Hausaufgaben auf der Dachterrasse. Ich konnte kaum den Blick von Susanne abwenden. Mir war fast schwindelig vor Glück.

Donnerstag, 5. Mai 1994

Ich lernte Renate, Susannes Klassenkameradin, kennen. Susanne brachte sie zur Residenz mit, und wir aßen gemeinsam zu Mittag. Renate schien das dringende Bedürfnis zu haben, Anschluß zu finden. Sie schien bereits in der Pause ein Auge auf Brian geworfen zu haben, denn sie erkundigte sich wiederholt nach ihm.

Abends gingen wir alle zusammen aus. Renate klebte an uns wie eine Klette. Sie fragte ständig, was wir noch vorhatten. Wir schlenderten über die *Plaza del Salvador* und genossen den sommerlichen Abend.

Später spürten Susanne und ich das Verlangen, alleine zu sein. Während die anderen noch weiterzogen, gingen wir nach Barschluß zurück zur Residenz.

In meinem Zimmer ließen wir uns dann gehen. Küsse, Umarmungen, die immer leidenschaftlicher wurden. Ich hatte Lust auf körperliche Nähe.

»Hast Du Lust, mit mir zu schlafen?«

Die Frage schlug wie eine Granate in die traute Zweisamkeit ein. Sicher machte ihr verführerischer Körper Lust auf mehr, aber mit diesem Tempo hatte ich nicht gerechnet. Ich war ein wenig überrascht, daß Susanne diese Frage stellte. Normalerweise war ich es gewohnt, das Spiel zu dominieren. Leise Zweifel beschlichen mich. Dachte sie überhaupt an ihren Freund? Das ganze Szenario hatte etwas Unmoralisches an sich. Vielleicht sollte ich erst später mit Susanne schlafen, wenn ich sie näher kannte.

Ich willigte ein. Obwohl wir beide sehr erregt waren, klappte es nicht. Seltsamerweise belastete es mich nicht sonderlich, und sie gab mir auf eine behutsame Art und Weise zu verstehen, daß ich mich nicht als Versager zu fühlen brauchte. Ich dankte es ihr.

Susanne erkundigte sich, wann ich das letzte Mal guten Sex genossen hatte. Ich mußte lange in meinen Erinnerungen kramen. Es war Jahre her, was sie mir nicht so recht glauben mochte. Nun, ein erfülltes

Liebesleben, in dem zwei Menschen wie gleichberechtigte Partner dastehen, hatte ich noch nicht kennengelernt. Es war immer ein Spiel für mich, in dem es um Beherrschbarkeit ging, aber sich so richtig gehen lassen, das war mir noch nie passiert.

Ich erkundigte mich, wann sie den Wunsch verspürt hatte, mit mir zusammensein zu wollen. Es war, ähnlich wie bei mir, die erste Begegnung, die dieses Verlangen ausgelöst hatte. Empfanden wir gleich?

Nachdenklich schlief ich in meinem Zimmer ein, nachdem sich Susanne verabschiedet hatte.

Freitag, 6. Mai 1994

Den ganzen Tag hindurch begleiteten mich Zweifel. Wer war sie, was wollte sie von mir, wenn sie bereits in einer Beziehung lebte, und was erwartete ich von ihr?

Ich sah Susanne erst am späten Nachmittag. Ich begegnete ihr auf der *Sor Angela de la Cruz*, als ich in Richtung Hauptstraße zum Kiosk lief. Susanne lächelte schon von weitem. Ein wenig verlegen wegen der letzten Nacht, war ich schon. Sie bemerkte meine Unsicherheit, hob ihre Sonnenbrille, küßte mich auf die Nase und sagte: »Es ist doch nicht so schlimm, dann versuchen wir es heute nacht eben noch einmal.«

Es klang, als sei es das Normalste der Welt, ohne jede Komplikation. Was für ein Mensch. Susanne schien heiter und lebensfroh zu sein, ein Kind der Sonne.

Abends lösten wir uns früh von der Gruppe und gingen zur Residenz zurück. Susanne bewohnte ein Doppelzimmer, und so zog ich kurzerhand bei ihr ein. Wir legten einfach die Matratzen nebeneinander auf den Boden und schufen dadurch eine große Spielwiese. Wir stimmten uns ein, küßten, streichelten und umarmten uns.

Plötzlich ließ Susanne von mir ab.

»Stefan, was ist denn mit dir los?«

Ich begriff nicht, was sie meinte. Ich mußte ziemlich verwundert drein geschaut haben.

»Ich spüre einen Widerstand gegen mich«, sagte sie mit ernster Stimme.

»Ich verstehe nicht, was du meinst, ehrlich.«

»Doch, ich spüre es ganz deutlich, sag mir, was du hast.«

Hatte sie meine Unsicherheit bemerkt? Wie konnte das sein? Ich war ein Meister des Schauspiels und in der Lage, mich gut in Gegenwart anderer zu verstellen. Nie würde ein Außenstehender bemerken, was in mir vorging, wenn ich es nicht wollte. Ich hatte lediglich ein wenig an Susanne gezweifelt, wie konnte sie derart feine Schwingungen spüren?

Ich fühlte mich ertappt und hatte den Eindruck, sie wisse mehr als ich, so als habe sie mit einer Art Röntgenblick in mein Inneres geschaut. Die Beklemmung, die ich anfangs spürte, steigerte sich zur Angst. Ich fühlte mich allein und hilflos gegenüber Susanne. Mittlerweile hatte sie sich aufgerichtet und schaute mich an. Nie zuvor hatte mich jemand mit so durchdringendem Blick angeschaut.

»Sag es mir bitte, Stefan, was ist mit dir los?«

Was sollte ich Susanne sagen? Sie wartete auf eine plausible Antwort, ein Verharmlosen oder Beschwichtigen war unmöglich geworden. Ich fühlte mich von Susanne in die Enge getrieben. Die seit Tagen empfundenen widersprüchlichen Gefühle drängten nach oben. Es war etwas, was in grauer Vorzeit lag, ein Schmerz über nie Gehabtes, etwas, was unwiederbringlich verlorengegangen war. Ich wollte die Erinnerung an das Leid nicht wecken, hatte ich es doch so mühevoll in mir vergraben. Auf der anderen Seite regte sich der Wunsch, mich Susanne hinzugeben, mich fallenzulassen. Erinnerungen wurden wachgerufen, Geborgenheit, Nähe und Wärme zu spüren, wie die lebenslange Spur eines Kindheitstraumes, die zum Trauma wurde. Diese Gefühlszustände waren in ihrer Tiefe nie von mir gelebt worden. Sie hämmerten jetzt von innen gegen die Mauer, hinter der ich sie eingeschlossen hatte. Dieser Zwiespalt drohte mich zu zerreißen.

Ich war total verwirrt.

Am liebsten wäre ich aufgestanden, hätte fluchtartig das Weite gesucht und mich heulend in meinem Zimmer eingesperrt, mit einem Schild an der Tür: »Vorsicht, verletzte Seele.«

Susanne war mir jetzt sehr nahe gekommen, und ich hätte sie bitten sollen, von mir abzulassen. Ich hatte Angst vor Nähe, auch im Denken. Noch könnte ich aufstehen und gehen. Gab es einen Grund, hier und jetzt meine Karten offen auf den Tisch zu legen und Susanne tiefere Einblicke in mein Innerstes zu geben, ihr meine Achillesferse zu präsentieren?

»Wovor hast du Angst?«

Diese Frage knallte wie ein Peitschenschlag in meine aufgewühlten Gefühle. Sie traf mich, daß es mir fast die Luft zum Atmen nahm, aber

Susannes Gegenwart strahlte ein Vertrauen aus, dem ich nicht widerstehen konnte.

Sie legte den Arm um meine Schulter und schaute mich dabei an. Durch diese einfache und weiche Berührung schien Energie in meinen Körper zu fließen. Langsam wurde ich gefaßter und ruhiger. Ich wußte, daß es jetzt kein Zurück mehr gab.

Dennoch spürte ich eine Hemmung in mir, eine Grenze, an die ich früher oft gestoßen war. Mir war klar, daß ich jetzt, wenn ich weitergehen würde, einen anderen Raum betreten würde, emotionales Neuland, das ich nie zuvor durchschritten hatte. Mir war schleierhaft, woher diese Einsicht kam. Obwohl wir uns erst seit vier Tagen kannten, wurde in mir das Verlangen geboren, ihr blind zu vertrauen.

Ich hatte meinen Lebenslauf in mir gespeichert, den ich, je nach Situation, gefiltert oder geschönt abspulen konnte. Was sollte ich ihr von mir mitteilen? Wie könnte ich ihr in wenigen prägnanten Worten mein ganzes Leben zusammenfassen, so, daß diese Unsicherheit und Angst begreifbar würde? Ich hatte nicht die Absicht, sie mit meinem Seelenleben zu überfrachten.

»Ich weiß es nicht, es ist...«, begann ich mühsam.

Ich brauchte eine gewisse Zeit, um durch den Gefühlsbrei einen klaren Gedanken hindurchzubringen. Hätte ich mich nicht gezwungen zu reden, hätte ich wahrscheinlich geweint.

Ich begann mit den Ausführungen und Theorien, die ich bereits Franziska vorgetragen hatte. Wer würde mich akzeptieren, wenn ich schon Mühe hatte, mich selbst zu akzeptieren? Ich berichtete ein wenig ausführlicher von mir und der Vergangenheit und verband damit die leise Hoffnung, daß sich Susanne von mir abwenden würde.

Ich gestand ihr zunächst, daß sie mich magisch anzog und daß ich vor dieser Kraft Angst hatte, Angst, die Kontrolle zu verlieren. Zudem war sie gebunden, sie hatte einen Freund und ich wüßte nicht, was daraus werden sollte. Der Punkt, an dem unsere Beziehung eine harmlose Sommerliebe für mich darstellte, war längst überschritten.

Im Grunde genommen wollte ich nicht schon wieder etwas verlieren, was gerade erst begonnen hatte, denn zu oft hatte ich in meinem

Leben verloren. Dieses Gefühl, der Zweite zu sein, oder besser noch, zweitrangig zu sein, verfolgte mich seit meiner Kindheit.

Mein Bruder war der Erstgeborene in der Familie. Ihm galt die ganze Aufmerksamkeit und der Stolz meines Vaters, was in mir tiefe Neidgefühle ihm gegenüber auslöste. Mein Vater brachte ihm vieles bei, während meine Neugierde im Keim erstickt wurde. Ich wurde immer nur abgewiesen. »Würstchen« war der Lieblingsausdruck meines Vaters. Er war extrem jähzornig und aggressiv. Wie oft hatte er mich und meinen Bruder grundlos geschlagen. Dieses Gefühl der Ohnmacht, wenn mir klar wurde, daß es keinen Sinn hatte zu flüchten, weil ich gleich ohne Ende durchgedroschen wurde. Meine Mutter hatte ich nie gespürt, wenn er auf uns losging. Selbst wenn sie dazwischen gegangen wäre, hätte sie kaum eine Chance gehabt.

Bis heute verfolgte mich der Traum, in dem ich ihm plötzlich ebenbürtig war und ihm mit meinen eigenen Händen die Fresse einschlug, bis er blutüberströmt zusammenbrach. Dann beugte ich mich über ihn und sagte, er solle mich nie wieder schlagen, denn beim nächsten Mal würde ich ihn töten.

Jahrelang kämpfte ich bei meiner Mutter um die Anerkennung, daß ich als Kind unsägliche Zurückweisungen und Qualen erlitten hatte, eine Anerkennung, die mir bis heute verweigert wurde. Die Gefühle meiner Kindheit waren Angst, Haß und Kälte. Noch Jahre später war ich nicht in der Lage, positive Gefühle in mir zu finden, weil mich nie ein Mensch tiefer angerührt hatte. Die Gefühle suchte ich im Selbstmitleid oder mit Drogen- und Alkoholexzessen zu stillen.

Die Lage besserte sich für mich erst, als ich mich aus dem alten Umfeld löste und mein Studium begann. Ich lernte andere Menschen mit neuen Idealen kennen, und das übte einen positiven Einfluß auf mich aus. Obwohl ich auf dem richtigen Weg zu sein schien, tat sich beziehungstechnisch wenig: Zwei längere Beziehungen und danach immer nur kurze Angelegenheiten ohne Tiefgang. Die letzten beiden Beziehungen, sofern man diesen Begriff überhaupt dafür verwenden konnte, waren tragisch auf ihre Art und Weise. Während ich meine Diplomarbeit schrieb, verliebte ich mich in eine Jurastudentin, Sybille, die ich im *Coco Loco* kennengelernt hatte. Ich freute mich, daß es wieder einmal jemanden in meinem Leben gab, der Interesse an mir bekundete. Als sie die Beziehung überraschend abbrach, wurde ich extrem wütend und ausfallend ihr gegenüber. Noch heute erinnere ich mich mit Schrecken daran. Kurz darauf lernte ich Constanza kennen, als ich mich in einer Phase tiefsten Selbstmitleids befand. Sie nahm sich meiner an und kümmerte sich um mein Seelenleben. Sie war mir sehr nahe gekommen, aber als ich ihr nahe kommen wollte, war ihr Aufenthalt in Münster zu Ende. Sie kehrte zurück nach Spanien und verschwand im Schweigen.

Ich glaubte, daß sich alle Menschen, die mir nicht nur auf einer freundschaftlichen Ebene begegneten, sondern denen ich einen tieferen Einblick in mein Seelenleben gab, von mir abwendeten. Vielleicht war das einzige, was ich im Leben zustande brachte, Abneigung hervorzurufen. Aber es ging mir nie darum, Mitleid zu ernten, dafür bemitleidete ich mich schon selbst viel zu sehr, es ging mir eigentlich nur darum, anerkannt zu werden, denn in mir gab es eine ungestillte Sehnsucht nach einem Verstandenwerden und Aufgehobensein. Genau deshalb hatte ich mir eine Fassade der Undurchdringbarkeit zugelegt, damit niemand mein wahres Ich enthüllte.

Ich flüchtete vor tieferen Gefühlen, da sie mit schmerzhaften Erinnerungen verbunden waren. Das einzige, was mir wirklich helfen würde, wäre, jemanden zu finden, der keine Angst hätte, der mir einen Weg aufzeigte, mich selbst zu finden.

Ich war an das Ende meiner Gedanken gelangt und hatte Susanne die größte Wunde meines Lebens verschwiegen, denn ich mußte befürchten, daß sich Susanne angeekelt abwenden würde. Sie hatte mir während der ganzen Zeit aufmerksam zugehört.

Ich schaute Susanne direkt in die Augen und fragte sie: »Na, weißt du nun Bescheid? Sollte ich nicht besser gehen?«

Ich wandte den Kopf von ihr ab und senkte das Haupt wie ein Schuldiger, der auf seine Verurteilung wartete.

»Vertrau mir Stefan, ich werde dich nicht enttäuschen!«

»Wie bitte?« fragte ich ungläubig.

Sie wiederholte es mit weicher Stimme.

Endlich hatte Susanne das erlösende Wort gesprochen, auf das ich mein Leben lang gewartet hatte. Sie fiel mir um den Hals und umarmte mich innig. Nie bin ich so von Herzen umarmt worden.

Meterdicke Mauern, die aus Scham, Angst und Schmerz bestanden, barsten und ließen tief vergrabene Gefühle ins Freie. Wir zogen uns an wie starke Magnetfelder und gaben uns einander hin. Ich spürte, daß ich Susanne in diesem Moment in mir aufgenommen hatte, daß wir eins wurden und sich meine Seele mit ihrer verbunden hatte. Dieses Geborgenheitsgefühl strömte wie eine Woge in die letzten Winkel meiner Seele. Ich hoffte, daß dieser Moment nie zu Ende gehen würde.

Von dieser neu geschaffenen Dimension ließ ich mich ansaugen und verschlingen. Ich spürte weder Dominanz noch Unterwerfung, Kontrolle oder Bestätigung. Alles war jetzt eins, ein Körper, der sich leidenschaftlich liebte. Wie ein kompliziertes Schloß hatte mich Susanne geknackt und mich ins Reich der Sinne entlassen. Ich hatte einen emotionalen Quantensprung vollzogen und in dieser Nacht einen höheren Lebenssinn begriffen.

Nach dem gemeinsamen Höhepunkt, der für mich alles bis dahin erlebte gesprengt hatte, dauerte es eine Weile, bis ich die Sprache wiederfand.

»Was war das denn?« fragte ich verwundert.

»Ich weiß es nicht«, sagte Susanne mit bebender Stimme. Ich zog sie an mich heran und spürte ihren warmen Körper, der noch zitterte. Wir lagen schweigend nebeneinander und ich streichelte sanft ihren Hinterkopf. Noch als ihre tiefen Atemzüge zeigten, daß sie schlief, lag ich hellwach und dachte nach.

Diese Nacht hatte etwas Kosmisches an sich. Es war mir, als hätte ich den Sinn meines Leidens und der vielen einsamen, gedankenvollen Stunden begriffen. Fast dreißig Jahre meines Lebens waren vergangen, ein mühsames Vorwärtsstreben, um hier und jetzt in dieser Offenbarung Gefühle zu finden, die seit Jahren abgespalten waren. Lange Zeit hatte es mich gequält, nur eine Hälfte in mir zu spüren, wissend, daß die andere da war, nur tief in mir vergraben, wie ein toter Zweig.

Wenn ich als Kind diese Ohnmacht erlebt und diese Hilflosigkeit gespürt hatte, fragte ich mich stets, ob es nicht einen Gott gäbe, der einem beistehen könnte. Wenn ich je an die Existenz eines höheren Wesens geglaubt hatte, so war es in dieser Nacht. Nach all den Wirren meines Daseins hatte er mir ein Zeichen gesetzt und mir diese Begegnung geschenkt.

Eigentlich wollte Susanne eine Schule in Málaga besuchen, aber diese war geschlossen, so daß ihre Agentur sie nach Sevilla geschickt hatte. War das alles Zufall? Diese Kette glücklicher Umstände, die uns zusammengeführt hatte, hätte ich durch Raum und Zeit bis zum Urknall zurückspinnen können.

Ich versuchte, die Erlebnisse dieser Nacht noch einmal verstandesmäßig zu begreifen. War das alles real oder befand ich mich lediglich in einem Film, der gleich ins Stocken geraten und durch dessen Zelluloid sich eine Flamme ihren Weg bahnen und alles in gleißendes Weiß tauchen würde?

Ich vergewisserte mich, daß sich neben mir ein Mensch befand und nicht nur ein Phantasiegespinst. Susanne lag tatsächlich neben mir, und dieses Gefühl der Befreiung hatte ich wirklich erlebt.

Nur einmal in meinem Leben konnte ich mich an ein derart intensives Gefühl erinnern. Es war, als mein Vater nach einer Blinddarmoperation im Sterben lag. Ich war knapp sechs Jahre alt. Ein Freund der Familie kam zu uns nach Hause, um uns die Nachricht vom Tod meines Vaters zu überbringen. Ich lief in die erste Etage, hinaus auf den Balkon unseres Reihenhauses und vollzog Freudentänze. Ich fühlte mich unendlich frei, frei zu atmen, frei zu leben. Ich realisierte sofort, daß mein Vater nie wiederkommen und mich anrühren würde.

Manchmal schämte ich mich dieser Gedanken, da ich mich über den Tod eines Menschen gefreut hatte.

Und jetzt, fast fünfundzwanzig Jahre später, erfuhr ich wieder ein so intensives Befreiungsgefühl. Ich wurde von quälenden Schmerzen erlöst, durch einen Menschen, der mir etwas wiedergebracht hatte, was mir zustand.

Aber dennoch blieben Zweifel, trotz ihres Schwurs. Es waren Worte, und zu oft hatte ich an Worte geglaubt und war enttäuscht worden. Man kann nie Gewißheit haben, aber ich hoffte, daß die Beziehung nicht zu schnell vorbei sein würde.

Samstag, 7. Mai 1994

Der Wecker holte mich aus einem tiefen Schlaf. Susanne hatte einem Klassenkameraden versprochen, ihn an den Strand zu begleiten. Sie hatten vor, nach Portugal, das etwas über zwei Stunden mit dem Auto entfernt lag, zu fahren. Lustlos und schläfrig stand Susanne auf.

Ich nutzte die frühe Stunde, um meine Wäsche zu waschen und einkaufen zu gehen. Nachdem ich die Kleidung auf der Dachterrasse aufgehängt hatte, ließ ich mich in einer Ecke nieder und erledigte meine Hausaufgaben. Georg lugte plötzlich um die Ecke.

»Hallo«, sagte er langgezogen, »sieht man dich auch mal wieder. Wo steckst du denn die ganze Zeit?«

Ich bat ihn, sich für einen Moment zu setzen und stellte ihm die Frage, die mir seit gestern Nacht unter den Nägeln brannte.

»Bist du schon einmal einem Menschen begegnet und hattest nach vier Tagen das Gefühl, den Richtigen gefunden zu haben?«

Georg lachte erstaunt auf.

»Mein Gott, was ist denn mit dir passiert, dich hat es wohl total erwischt, gell? Was machst du dir denn für Gedanken, genieß doch einfach die Zeit.«

Ich stimmte ihm zu, daß Susanne ein hübscher Mensch war, aber das waren für mich Äußerlichkeiten; sicher war ein attraktives Äußeres nicht unangenehm. Da war der Wandel der letzten Nacht viel bedeutender für mich, als ein Gefühl meine Seele in seltsame Schwingungen versetzt hatte. Das hungrige Suchen nach einem Leben voller Gefühle schien in der vergangenen Nacht ein Ende genommen zu haben, und nun lebten in meinem Inneren Gefühle und eine Leidenschaft, die mich entfesselte. Georg hatte recht, als er meinte, daß ich sie eigentlich gar nicht kannte, und so zweifelte ich, ob es richtig war, Susanne von mir erzählt zu haben. Über meine Theorien ließ ich mich nicht weiter aus. Wie sollte ich ihm auch verständlich machen, was mir in den letzten Tagen passiert war?

Ich fühlte mich nackt und schutzlos, so als läge jetzt mein Leben in Susannes Händen.

Sonntag, 8. Mai 1994

Dieser Tag sollte uns gehören. Ich war froh, einmal mit Susanne alleine zu sein, was in der Residenz kaum möglich war. Ständig begegnete man jemandem, wir hatten nie Zeit für uns. Und auch Renate, die Susanne dauernd umschwirrte, hatte heute Besseres zu tun. Wir wollten an diesem strahlenden Tag Sevilla erkunden. Es gab viele Ecken, die ich noch nicht gesehen hatte. Ich packte eine Flasche Rotwein ein, die wir uns irgendwo an einem schattigen Ort gönnen würden.

Susanne und ich hatten keine genaue Vorstellung, was wir uns anschauen sollten. Wir ließen uns einfach treiben. Zunächst streiften wir durch das *Barrio de Santa Cruz*, das ehemalige Judenviertel. Das Labyrinth aus engen Gassen, die manchmal so schmal waren, daß man die Häuserwände fast mit ausgestreckten Armen berühren konnte, wirkte schön und geheimnisvoll. Wir strandeten schließlich an der *Plaza de España*, dem für mich schönsten Platz Sevillas. Mächtig umschlang der *Palacio Español*, der verschiedene Baustile vereinte, halbkreisförmig den Platz. An diesen Platz schloß sich der María Luisa-Park an, Sevillas grüne Lunge. Die hohen Bäume spendeten eine angenehme Kühle gegen die Hitze, die schwer über der Stadt lag.

An einem Plätzchen unter einem schattenspendenden Baum, das uns geeignet erschien, den Nachmittag zu vertrödeln, breitete Susanne eine Decke aus indischem Tuch aus.

Wir schmusten und unterhielten uns angeregt. Durch den Wein breitete sich in mir ein angenehmes Gefühl der Schwere aus. Ich fühlte mich unbeschreiblich leicht und geborgen.

Susanne stellte mir eine Frage, die ich nicht sofort beantworten konnte. Was ich vom Weggehen hielt? Nun, was sollte ich davon halten? Für mich gab es immer zwei Arten des Weggehens. Man kann von etwas oder jemandem weggehen, ohne nachzudenken, oder man kann auch einem Zwang folgen, dann würde ich es flüchten nennen. Ich verstand nicht genau, was sie mit dieser Frage beabsichtigte. Während ich in ihrem Schoß liegend über diese Frage sinnierte, bemerkte ich nicht, daß Susanne den Kopf abgewandt hielt. Erst jetzt realisierte ich, daß sie etwas zu bedrücken schien.

»Stefan, ich habe es mir überlegt. Ich werde morgen nach Hause fliegen.«

Auf diese Äußerung war ich nicht vorbereitet und so traf sie mich wie ein Schlag in die Magengegend. Wir hatten kaum begonnen, und schon wollte sie unser Zusammensein beenden? Ich war völlig verunsichert und redete drauf los, um meine Ratlosigkeit zu übertünchen.

»Wieso willst du denn gehen? Was ist denn passiert?«

Susanne schwieg. Ich richtete mich auf und sah sie an. In ihrem Gesicht zeichneten sich tiefe Zweifel ab.

»He, hallo, sag schon, was ist mit dir los? Ist es wegen deines Freundes?«

Sie schüttelte den Kopf. Wenn der Grund nicht der Freund war, so konnte es kaum an ihrem schlechten Gewissen liegen.

»Stefan, die ganze Sache wird mir zu wichtig.«

Ich war über diesen Satz betroffen, aber gleichzeitig fühlte ich mich von meinen Gedanken erlöst, die mich seit Tagen bedrückten. Susanne empfand ähnlich wie ich. Die Begegnung war für uns keine gewöhnliche Liebelei. Sie hatte den Aufenthalt in Sevilla für einen ganzen Monat gebucht. Laut Vertrag müßte Susanne erst im Juli wieder mit der Arbeit beginnen, und sie verfügte über ausreichend Geld, um bis Ende Juni zu bleiben.

Ich versuchte sie mit meinem ganzen Geschick zum Bleiben zu überreden. Wir gestanden uns, daß unser Zusammentreffen etwas in uns ausgelöst hatte, von dem wir nicht wußten, was es war. Das Leben kann kurz sein und steckt voller Mühen. Warum sollten wir mutwillig etwas abbrechen, was uns beglückte?

Langsam beruhigte sich Susanne wieder, und so wurde es doch noch ein schöner und unbeschwerter Nachmittag. Abends saßen wir in einem Straßenrestaurant auf einem kleinen Platz im *Barrio de Santa Cruz*. Susanne war fröhlich und heiter wie eh und je, und ihre Überlegung vom Nachmittag war verflogen. Ich war darüber unendlich froh.

Mai 1994

Es folgten Tage ohne besondere Ereignisse, aber voller beglückender Momente. Es war die Zeit heimlicher Liebe und eines Bundes zwischen uns, den wir stillschweigend getroffen hatten. Es war mir, als fühlte ich mich in die wenigen unbeschwerten Tage meiner Kindheit zurückversetzt, nach dem Tod meines Vaters, an denen ich einfach das Menschsein genießen konnte. Ich lebte für den Augenblick, und Gedanken wie Verantwortung oder Verpflichtung, Morgen und Gestern existierten nicht. Ich spürte eine Anziehungskraft, die mich in das pure Leben hineinzog.

Susanne hatte mühelos das Wunder vollbracht, was mir selbst nicht gelungen war, nämlich zu mir durchzudringen. Sie hatte in mir das Verlangen geweckt, mich zu öffnen. Dadurch bekam ich Gefühle zurück, um die ich in meiner frühen Kindheit immer betrogen worden war. Nennen wir es eine zweite Kindheit, die ich leben konnte, aber dieses Mal war es fröhlicher, heiterer und beschwingter, was mich schmerzlich erkennen ließ, wie sehr meine erste Kindheit mit all dem Hunger nach menschlichen Bedürfnissen vergewaltigt worden war. Hier in Sevilla war alles so schön und erregend, ganz im Gegensatz zu dem, was ich gewohnt war.

Als Kind war ich körperlichen und seelischen Schlägen ausgesetzt, und diese Wunden hatten sich tief in meine Seele eingegraben. Ständig rumorte es in mir, wie eine Angst vor der Angst, die alten Wunden spüren zu müssen.

Als besonders schlimm hatte ich die Zurückweisung durch meine Eltern empfunden, die mir das Gefühl vermittelt hatten, schuldig und zweitrangig zu sein. Ich litt als Kind unter sehr starken Minderwertigkeitsgefühlen. Dadurch wurde ich äußerst empfindlich, selbst eine unbedeutende Zurückweisung konnte mich aus dem Gleichgewicht bringen.

Mein Vater wollte uns wahrscheinlich zu Mustersöhnen dressieren, die auf Befehl funktionieren. Ich hatte mich immer dieser Allmacht des Vaters zu beugen gehabt. Sie war bedingungslos, ging einher mit diesem widerlichen Kasernenhofton, den mein Vater, Offizier, wohl gewohnt war.

Kleinste Abweichungen von der Norm wurden hart bestraft. Eine eigene Erlebniswelt zu haben, eigene Gefühle auszudrücken, war mir dadurch verwehrt. Es war entmutigend für mich, und früh hatte ich die Einsicht gewonnen, daß man sich Aufmerksamkeit verdienen mußte. Immer lastete ein solcher Druck auf mir, denn die Erpressung, nach dem Motto, wenn du nicht willst, wie ich will, zog unweigerlich Konsequenzen nach sich.

Dieses Schema übernahm meine Mutter nach dem Tod meines Vaters. Daher reifte in mir ein Rebell heran, denn ich wollte alles tun, um mich nicht unterwerfen zu müssen, demonstrieren, daß niemand Macht über mich hatte, weil ich nicht gewillt war, Bedingungen anderer zu akzeptieren.

Statt über die seelische Not zu sprechen, was sinnlos war, da mir die Anerkennung eh verweigert wurde, übten mein Bruder und ich uns in der Disziplin der Rücksichtslosigkeit. Um überhaupt in Mutters Gunst zu geraten, spielte ich mit meinem Bruder Krieg, in dem es darum ging, den anderen auszustechen. Meine Lücke an ungestillten Bedürfnissen wuchs, noch mehr aber meine Rücksichtslosigkeit. Alles wollte ich jetzt und sofort, ganz oder gar nicht. Eine ständig bebende Unruhe in mir.

Ich war überzeugt, daß es nie jemanden geben würde, der mir diese Anerkennung gäbe, und so schloß ich mich in meiner Welt ein. Nach außen hin ließ ich mir nichts anmerken. Ich lernte schnell, diese Gefühle zu unterdrücken oder zu überspielen. Ich entwickelte ein fröhliches und heiteres Wesen, spielte überall den Clown, nur um Aufmerksamkeit zu erregen. Wenn mich dann wirklich jemand beachtet hätte, hätte ich es ihm tausendfach gedankt. Leider wurde mir dieser Zug schon einmal zum Verhängnis.

In Gedanken war es ein langer Weg zurück zu den seltenen Momenten, an denen meine Welt in Ordnung war, und zwar immer dann, wenn mich Cousteau oder Sielmann in das Reich der wilden Tiere entführten. Ich hatte noch andere Mittel, um mich meinen Fluchtphantasien aus dieser Welt hinzugeben. Geographie wurde zu meinem Lieblingsfach, und ich kannte mich bald in der ganzen Welt aus. Irgendwann würde ich den Ort finden, an dem es keine dunklen Gefühle, Einsamkeit und Leere gäbe, so jedenfalls malte ich es mir als Kind aus. Phantasiereisen waren mein Schutz, und ich gab mich ihnen ganz hin, in der Hoffnung, niemals von der kalten Realität eingeholt zu werden.

Doch die Wirklichkeit führte mir immer wieder vor Augen, daß andere eine Familie hatten. Natürlich verfiel ich nicht dem Irrglauben, anzunehmen, in anderen Familien sei alles in Ordnung. Aber es gab doch eine Art Basis, von der man ausgehen konnte, an die man zurückkehren konnte. Ich wollte nie zurückkehren, sondern immer nur weg, weit weg und hatte dabei die Sehnsucht nach einem ganz normalen Vater, der mich achten und lieben sollte. Ich verachtete meinen Vater und bin nach der Beisetzung nie an seinem Grab gewesen, da ich mir die Peinlichkeit ersparen wollte, daß mich jemand dabei beobachtete, wie ich auf sein Grab spuckte.

Allmählich verlor ich die Ängste vor Susanne. Dadurch, daß ich von meiner alten Welt losließ, erkannte ich mich selbst. Ich fühlte mich authentisch, weil ich das tat, wonach mir war. Nach und nach breitete ich meine ganze Seele vor ihr aus. Das wirkte wohltuend. Nie hatte es für mich einen Freiraum gegeben, in dem ich mich all des Leids und der Hoffnungslosigkeit entledigen konnte; oft wurde einfach nur betäubt. Jetzt hatte ich einen Auslauf geschaffen und hoffte, die Dinge in Vergessenheit geraten lassen zu können, denn zeitweise konnte ich alles um mich herum vergessen und nur für den Augenblick leben.

Ich drängte ihr meine Geschichte nicht auf. Susanne interessierte sich für mich, stellte Fragen, und dies tat sie nicht aus Mitleid, sondern aus einem sehr menschlichen und feinfühligen Interesse heraus. Mir tat es gut, einmal offen sprechen zu können, die Dinge beim Namen zu nennen. Endlich gab es jemanden, der sich für mich interessierte, jubelte ich.

Aber es war nicht so, daß sie mir neues Leben oder Gefühle einhauchte. Diese andere Welt, die ich jetzt wie ein Eroberer entdeckte und die sich so klar vor mir ausbreitete, war immer in mir gewesen, es war jener Teil, von dem ich gehofft hatte, ihn irgendwann entdecken zu können.

Susanne war es, die mir das Gefühl vermittelte, ein ganzer Mensch zu sein, die mich ernst nahm und motivierte, mich auf mein Ich zu konzentrieren und die Dinge aus einem anderen Winkel zu sehen. Manchmal bestand ihre Hilfe einfach in ihrer Anwesenheit. Durch ihre Nähe strahlte ein Gefühl von Wärme auf mein Inneres ab, und meine zerklüftete Seele nahm diese Wärme in sich auf wie eine durstende Blume das Wasser. Ihre Zuwendung bewirkte, daß der Staub der Vergangenheit hinweggblasen wurde.

In diesen Tagen konnte ich auch dem Vorwurf begegnen, Gefühle zu überspielen, denn ich zeigte Susanne, wer ich war, und ich demonstrierte meine ganze Bandbreite von Emotionen, von lustig bis traurig, von ängstlich bis mutig und zuneigungsbedürftig. Ich gewann den Eindruck, je mehr ich mich ausbreitete, desto mehr wurde ich geliebt.

Ich stellte mir die Frage, warum es erst des starken Anstoßes eines anderen Menschen bedurfte, bis ich anfing, über mich selbst nachzudenken. Warum hatte ich den Eindruck gewonnen, emotionales Neuland betreten zu haben, und warum existierten zuvor so viele weiße Flecken in der Selbsterkenntnis? Sollte ich mich selbst nicht am besten kennen?

Ich hatte schon einmal eine Therapie gemacht, aber danach hatte ich den Eindruck gewonnen, mir fremder als je zuvor zu sein. Ich war überzeugt davon, daß es ewig etwas Unnahbares und Unerforschtes in mir geben würde.

Durch das Entdecken positiver Seiten gewann ich etwas mehr Selbstvertrauen. Ich fühlte mich kräftiger und stärker. Und dieser Kräftezuwachs entsprang aus tief verborgenen Energien meiner Seele. So schlecht, wie ich zu sein glaubte, fand ich mich dann doch nicht, denn echte Gefühle von Zuneigung bedeuteten einen belebenden Gegenpol zum Selbsthaß, in dem ich mich all die Jahre eingeigelt hatte. Ich erfuhr einen Wandel.

Aus dem einst melancholischen in sich gekehrten Stefan wurde ein euphorischer Stefan, der das Leben liebte und alles bejahte. Nun glaubte ich auch den Unterschied zwischen einem Pessimisten und einem Optimisten zu kennen. Der Optimist geht abends zufrieden ins Bett, sich auf den nächsten Tag freuend, während der Pessimist morgens aufsteht und darüber stöhnt, wieder einen Tag leben zu müssen. Wie oft hatte ich gestöhnt!

Was war es, das den Wandel bewirkte? Entsprang es der Zuneigung eines anderen Menschen, oder der Entdeckung des Selbst, das ich zu lieben begann? War es die Kraft, die der Liebe zwischen zwei Menschen erwächst? Auf jeden Fall hatte die Liebe die Kraft, mich von den Sinnlosigkeitsgefühlen zu befreien, denn jetzt hatte ich einen höheren Lebenssinn erfahren, etwas, wonach sich jeder Mensch sehnt: Anerkennung zu finden, lieben und geliebt werden für das, was man war.

Ob ich es Susanne nachvollziehen lassen könnte, was mir dieses Zusammensein bedeutete? Allein die Tatsache, akzeptiert zu werden, ohne mich verstellen zu müssen, mich einfach im Hingeben bestätigt zu fühlen, auch wenn es in Momenten geschah, war etwas Phantastisches für mich.

Während dieser Zeit machte ich eine weitere Erfahrung. Es war nicht nur, daß ich von Susanne Aufmerksamkeit oder Geborgenheit entgegennahm, nein, ich spürte, daß ich ihr geben konnte.

Im Geben lag für mich etwas Sinnstiftendes. Dadurch, daß ich von mir etwas gab, sei es Humor, Zuwendung oder Zärtlichkeiten, bekam ich etwas zurück. Es war nicht so, daß ich nie jemandem in meinem Leben etwas von mir gegeben hätte, aber selten hatte ich dadurch so sehr das Gefühl erfahren, lebendig zu sein. Endlich konnte ich durch meine Aufmerksamkeiten einen anderen Menschen beglücken, ein Urwunsch von mir.

Alleine wenn ich Susanne durch einen Witz oder eine dumme Bemerkung zum Lachen bringen konnte, oder Susanne anlächelte und sie es erwiderte, dann lachte mein Herz, meine ganze Seele mit. Mir wurde zum ersten Mal auf einer tieferen Ebene bewußt, daß ich jemandem nicht nur einen Gefallen erweisen konnte. Manchmal, wenn

Susanne traurig oder nachdenklich war, sah sie so schutzbedürftig aus. Ich gewann den Eindruck, daß ich ihr ebenfalls Geborgenheit geben konnte, während ihre Nähe für mich Sicherheit bedeutete. Unter uns existierte meiner Meinung nach ein ausgewogenes Verhältnis zwischen Geben und Nehmen. Ich konnte mir sehr gut vorstellen, für Susanne da zu sein, denn das hatte ich immer gewollt. Für jemanden sorgen, wenn ich überzeugt war, den Richtigen gefunden zu haben, dafür wäre mir kein Weg zu weit. Susanne machte mir Komplimente, daß noch niemand zu ihr so zärtlich und aufmerksam gewesen sei wie ich, und das war wie Balsam für mein niedriges Selbstwertgefühl.

Ich hatte eine neue Art von Sinnlichkeit erfahren, die man vielleicht nur dann erkennen kann, wenn man sich ganz dem anderen hingibt, ohne quälende Fragen. Ich konnte mich bei ihr gehen lassen, ohne Scham zu empfinden, ohne zu dominieren, denn das Verlangen ging von beiden aus. Manchmal waren unsere Vereinigungen ganz innig, die Bewegungen weich und strömend, dann wieder stürmisch, oder auch tiefsinnig und bewegend. Durch diese Emotionen fühlte ich mich am Pulsschlag der Welt, und ich bedauerte, daß sich zwei Menschen nur für Augenblicke vereinigen können. Selbst wenn der Sturm ins uns losbrach, erlebte ich ein Ruhe in der Vereinigung, eine tiefe Hingabe, ein ozeanisches Gefühl. Und dieser Strudel der Leidenschaften mit seinen intensiven Sinneswahrnehmungen wirkte auf mich wie eine stimmungsverändernde Droge, mit dem Unterschied, daß dies echt war und ohne die Einnahme irgendwelcher Mittel geschah.

Ich wurde das Gefühl nicht los, daß auch ihre Art sich hinzugeben Ausdruck einer Befreiung war, daß wir uns gegenseitig anfachten und uns mitreißen ließen. Sie, die jahrelang keinen Höhepunkt mehr genossen hatte, dankte es mir mit liebevollen Blicken.

Ich fühlte mich unerklärlich, hatte begonnen, mich einfach treiben zu lassen, war ihr mit meiner ganzen Seele ergeben. Es war wie im Schlaraffenland. Ich brauchte nur die Arme zu öffnen und wurde umarmt, und wenn ich das Bedürfnis nach Zärtlichkeiten hatte, brauchte ich nur zu geben und mir wurde zurückgegeben. Es war die berühmte Leichtigkeit des Seins. Nie zuvor hatte ich so gegenwärtig gelebt, es zählte nur das Jetzt, die Vergangenheit konnte ich zeitweise ausblenden, und die Zukunft würde sowieso kommen.

Jeden Tag entführte mich Susanne in eine Welt, die aus der puren Lust am Leben bestand, und ich ließ mich willenlos dorthin entführen. Wir hatten nicht nur phantastischen Sex, sondern wir konnten interessante und tiefsinnige Gespräche führen und uns auf vielen anderen Wegen austauschen. Die Harmonie in den Gedanken und Gefühlen machte mich manchmal ein wenig stutzig.

Obwohl wir zwei unterschiedliche Biographien aufwiesen, harmonierten wir auf geistiger wie auch auf körperlicher Ebene, so als seien wir uns früher schon einmal begegnet. Ich begann mich näher für Susanne zu interessieren und fragte mich, was sie in ihrem Leben erlitten hatte, welche Erlebnisse sie nun mit mir ausleben konnte, denn unsere Seelen schienen doch nicht so fremd zu sein, wie es unsere Lebensläufe vermuten ließen.

Susanne lebte seit acht Jahren in einer festen Beziehung. Aus dem, was Susanne erzählte, gewann ich den Eindruck, daß sie nicht glücklich war. Sie berichtete zwar von guten Zeiten, aber die schienen lange zurückzuliegen. Immer wieder hatte Susanne Beschwerden, die ihr Arzt als psychosomatisch diagnostizierte. Das klang für mich wie ein Nein, eine Art Abwehrreaktion. Ein Großteil ihrer Gefühle bestanden aus Mitleid und Schuld ihrem Freund gegenüber.

Vielleicht hatten auch die langen Reisen, die Susanne manchmal bis zu einem Jahr durch Asien geführt hatten, die Beziehung ausgezehrt, oder hatten die Reisen nur als Fluchtversuch gedient? Susanne ging bei ihren Berichten sehr ins Detail, und ohne ihren Freund zu kennen, entwickelte ich eine Abneigung gegen ihn, da er sie anscheinend gleichgültig behandelte. Warum ließ er Susanne dann nicht gehen, oder warum war sie nicht bereit, sich auf und davon zu machen? Sie kehrte nach einer gewissen Zeit des Abstandes immer wieder zu ihm zurück. Manchmal war mir fast schwindelig vor Mitleid, wenn ich mir überlegte, daß Susanne selten Glücksgefühle hatte und ihrem Freund vieles vorspielte. Es mußte einen tieferen Grund geben, warum sie sich so an ihn gebunden fühlte.

Ich war nicht der erste, mit dem sie den Ausbruch oder die Rebellion ausprobierte. Sie hatte mit einem Israeli in Jerusalem zusammengelebt, gerade zu der Zeit, als die Stadt von den Irakis mit Raketen beschossen wurde. Nach einiger Zeit hatte Susanne die Beziehung zu dem Israeli abgebrochen und war zu ihrem Freund zurückgekehrt. Das beunruhigte mich, aber Susanne versicherte mir immer wieder, daß es mit mir etwas ganz anderes sei.

Das waren nicht ihre einzigen Abenteuer. Ich hörte Geschichten aus Nepal, wo das Militär den Aufstand geprobt hatte und sie Augenzeugin geworden war, wie Kinder ermordet wurden, dann hatte sie Englischunterricht für Kinder gegeben irgendwo im Dschungel von Indonesien, war auf dem Nil unterwegs gewesen, hatte Mutter Theresa besucht, in den Slums von Kalkutta gelebt oder allein mit Führern den Urwald von Papua Neuguinea durchkreuzt. Manchmal war Susanne alleine unterwegs gewesen, dann wieder mit Alexandra, ihrer Schwester.

Susanne hatte auf ihren Reisen viel Elend gesehen, das sich manchmal in ihrem Gesichtsausdruck widerspiegelte, wenn sie mit traurigem Blick von den Erlebnissen erzählte.

Trotz der langen Reisen nicht das Gefühl erfahren zu haben, zufrieden zu sein, erinnerte an mich selbst und ich stellte mir die Frage, nach wem oder was sie eigentlich in ihrem Leben gesucht hatte. Sie barg ebenfalls eine verletzte Seite in sich. Hatte auch Susanne etwas vermißt und es hier in Sevilla gefunden?

Ich hatte sie liebgewonnen und mochte diesen Menschen mit seinen Spannungsbreiten. Manchmal war Susanne ausgelassen, dann wieder unbeholfen, sich nach Nähe sehnend und dann wieder ganz Frau. Sie hatte Seiten an sich, die mir immer wie ein unerreichtes Ideal vorschwebten. Vor allem ihr Mut und Lebenswille beeindruckten mich.

Unsere Begegnung und das Glück, das wir miteinander teilten, verglich ich mit Treibgut, das nicht zufällig an den gleichen Strand der Hoffnung gespült wurde. Es war Bestimmung, daß wir einander dieser Begegnung entgegengetrieben waren.

Da war ich einem sehr interessanten Menschen begegnet. Susanne vereinte in einer einzigen Person so viele verschiedene Menschen für mich, daß sie mir manchmal unheimlich wurde. Sie war meine Freundin, meine Geliebte, mein Kumpel, war mütterlich, da sie mir das Gefühl der Geborgenheit gab, und väterlich, da sie motivierend und inspirierend wirkte. Und manchmal fragte ich mich, ob ich nicht ganz richtig tickte, weil ich befürchtete, diese Frau maßlos zu idealisieren.

Wir genossen unsere Zeit hier in Sevilla. Wenn wir die Schule schwänzten, freuten wir uns diebisch wie kleine Kinder, und schmusten den ganzen Morgen in unserem Bett. Fast jede Minute verbrachten wir zusammen, gingen mit anderen aus oder streiften alleine durch die Stadt.

Von dieser Welle des Hochgefühls hätte ich mich am liebsten ewig mitreißen lassen. Ich hatte eine zweite Heimat gefunden. Die erste lag für mich dort, wo ich einen Ursprung oder eine Geschichte hatte, die eine Verbundenheit hervorbrachte. Aber danach hatte ich nicht gesucht, weil Münster für mich der Ort war, an dem ich mich heimisch fühlte. Ich suchte auf meinem langen Weg etwas wie einen Hafen, in dem ich innerlich zur Ruhe kommen konnte. Bei Susanne hatte ich ein intensives Gefühl von emotionaler Heimat, denn überall, wo sie sein würde, könnte ich Frieden finden.

Ich hatte insgeheim die Hoffnung, daß uns ein starkes Gefühl verbinden würde, das uns befähigte, alle Steine aus dem Weg zu räumen, um gegen die dem Untergang geweihte Welt zusammenzustehen. Wenn wir auch zwei Menschen waren, die auf ihre Weise emotionale Defizite hatten, könnte es zwischen uns funktionieren wie in der Mathematik: Minus mal Minus ergibt Plus. Irgendwann wäre mein Nachholbedürfnis an Urgefühlen befriedigt. Dann könnte ich gestärkt und gereift in eine neue Zeit aufbrechen, vielleicht mit ihr.

Zwischen den Glücksgefühlen und dem Bangen und Hoffen schwang auch die Angst mit, ein Gefühl, das mich schlagartig überfiel wie ein brennender Schmerz. Dann war mir bewußt, daß alles, was einen Anfang hat, auch ein Ende hat, ein unumstößliches irdisches Gesetz. Ich hatte Angst, aufzuwachen und Susanne sei verschwunden und ich befände mich allein in meiner Welt, in der ich vorher gelebt hatte. Um keinen Preis der Welt wollte ich in das Dunkel zurück, aus dem ich gekommen war.

Susanne hatte ein Umfeld, in das sie zurückkehren würde, und ich hatte kein Recht, von ihr etwas zu erwarten, und ich wollte ihr auch nichts wegnehmen, was ihr gehörte.

Aus Furcht zurückgewiesen zu werden, hatte ich es seit jeher unterlassen, meine wahren Bedürfnisse einzufordern. Ich verlangte stattdessen nach gebügelter Wäsche, Essen oder Kleidung. Wie könnte ich jetzt von Susanne verlangen, mit mir zu gehen? Dies wäre etwas gewesen, was mir wirklich etwas bedeutet hätte.

Am dritten Maiwochenende besuchten wir zusammen mit Brian und Renate Jerez de la Frontiera, um uns die *feria del caballo* anzuschauen. Es war ein Schauspiel, ähnlich der *feria* in Sevilla, und Susanne, die Pferde liebte, genoß diesen Ausflug.

Abends, als wir in ihrem Zimmer auf der Matratze lagen, forderte sie mich auf, einen Sinnspruch in ihre Kladde, in der sie Gedanken und Adressen sammelte, zu schreiben. Ich grübelte, wie ich das Gefühl der letzten Tage treffend formulieren könnte. Ich bediente mich eines Liedtextes der Gruppe *héroes del silencio* und formte ihn ein wenig um. Das Lied handelte von einem Weg, den es zu beschreiten galt. Meine Ausführung beschwor unseren Weg. Ich wäre bereit, ihn bedingungslos zu gehen. Ich hatte den Eindruck, daß Susanne wisse, wohin er uns führen sollte.

In dieser Nacht, nachdem wir miteinander geschlafen hatten, lagen wir eng umschlungen nebeneinander. Es war gemütlich. Draußen windete und regnete es. Die Wärme ihres Körpers vermittelte mir wie sooft das Gefühl der Geborgenheit. Wir unterhielten uns. Irgendwann, mittlerweile hatte der Regen nachgelassen, stellte sie mir die Frage, vor der ich die ganze Zeit Angst gehabt hatte, die aber unausweichlich gestellt werden mußte.

»Was ist, wenn ich zu ihm zurückkehre, was wird dann aus dir, Stefan?«

Ich löste mich aus der Umarmung und ließ mich schwer ins Kopfkissen fallen. Ich wollte nicht schon wieder an das Ende einer Beziehung denken und den Trennungsschmerz vorwegnehmen. Ich fühlte mich erledigt. Ohne nachzudenken, formulierten meine Lippen: »Ich glaube, dann nehme ich mir den Strick.«

Sie zuckte zusammen und zitterte am ganzen Leib.

»Bitte, Stefan, sag das nie wieder. Hörst du?«

Tränen rollten ihr über die Wangen, und ihr Schluchzen ging mir durch Mark und Bein. Ich versuchte, Susanne zu beruhigen, doch sie hörte nicht auf zu weinen. Was hatte ich da getan? Durch eine gedankenlose Bemerkung hatte sich Susanne in ein schluchzendes, hilfloses Kind verwandelt.

Die ganze Nacht verbrachte ich in Gedanken. Warum hatte ich es gesagt? Warum zeigte Susanne eine solch heftige Reaktion? Ich deutete es als Mißverständnis meinerseits.

Mittwoch, 18. Mai 1994

Susanne ging nicht zur Schule, sondern zog es vor, liegen zu bleiben. Sie wirkte schlaff und machte einen seltsam gequälten Eindruck auf mich. Ich würde sie nach der Schule fragen, was mit ihr nicht in Ordnung war.
Als ich zurückkam, fand ich Susannes Zimmertür geöffnet vor. Eine der beiden Frauen, mit denen Susanne damals auf der Terrasse gesessen hatte, hockte neben ihr auf dem Bett. Ich bat darum, mit Susanne alleine sprechen zu können. Sie schaute mit starrem Blick zum Fenster hinaus und hatte Tränen in den Augen. Ich setzte mich vorsichtig neben sie.
»Was ist los, warum bist du so traurig? Ist es wegen der Äußerung von gestern nacht?«
Sie schwieg.
»Wenn du nichts sagst, wie kann ich dann wissen, was mit dir los ist?«
Manchmal nervte mich ihr hartnäckiges Schweigen, in das sie sich hüllte.
»Stefan, ich werde nach Hause gehen«, sagte sie mit tränenunterdrückender Stimme.
»Warum denn, sag mir doch einfach nur warum?«
Wieder nichts. Langsam verlor ich die Geduld mit Susanne, denn in mir brannte es lichterloh bei dem Gedanken, daß sie einfach gehen würde.
»So, du willst also tatsächlich zu ihm zurück? Na, das habe ich mir doch gleich gedacht. Erst sich bei mir über ihn auslassen und dann reumütig zu ihm zurückkriechen.«
Sie blickte noch immer regungslos zum Fenster heraus.
»Und ich? Was wird aus mir? Das könnte dir so passen, einfach in mein Leben einzubrechen und dann zu verschwinden, als sei nichts geschehen. Was war das Ganze mit mir? Du willst mich doch nur dazu

benutzen, deine Beziehungsdefizite an mir auszuleben. Aber das kann ich mir sparen. Mir wurde in meinem Leben schon genug weh getan. Ich brauche nicht noch jemanden, der mir weh tut.«

Ich stand auf und lief im Zimmer umher.

»Was machst du da?«

»Hör mir zu, bevor du gehst, geh ich!«

Wutentbrannt suchte ich meine Siebensachen zusammen und verließ Susannes Zimmer. In meinem Zimmer fluchte ich: »Scheiße!« so laut, daß es die halbe Residenz gehört haben mußte.

Ich ließ mich auf mein Bett fallen und war den Tränen nahe. Ich wußte genau, wenn Susanne gehen würde, hätte ich nicht das geringste zu beanspruchen. Ich müßte sie ziehen lassen, ob ich es wollte oder nicht. Dennoch schrie eine innere Stimme gegen diese Wahrheit an. Ich fühlte mich, als sei ich mit Susanne in eine Falle geraten.

Die Enge meines Zimmers war unerträglich. Ich würde erst einmal zu Andrew oder Brian gehen, um meinem Ärger ein wenig Luft zu machen. Über die Balustrade konnte ich sehen, wie Susanne im Erdgeschoß telefonierte. Rief sie schon ihren Freund an, um sich wieder einzuschleimen, überlegte ich.

Auf dem untersten Treppenabsatz kam sie mir entgegen, und ich würdigte sie nicht eines Blickes, sondern verließ strammen Schrittes die Residenz.

Andrew und Brian konnten an meinem Gesichtsausdruck erkennen, daß etwas nicht stimmte. Ich berichtete, was vorgefallen war. Andrew ergriff als erster das Wort.

»Stefan, ich will dir nicht zu nahe treten, aber sei vorsichtig mit Susanne. Ich finde, sie ist ein echt nettes Mädchen, aber du wirst sehen, am Ende wird sie zu ihrem Freund zurückkehren. Investiere nicht zu viel Gefühl, genieß die schöne Zeit, und dann ist es auch o.k.«

Immer diese Standardsätze! Wie sollte ich das machen, nicht zu viel Gefühl investieren? Ich konnte nicht mit angezogener Handbremse lieben. Und woher sollte er auch wissen, wie sehr ich Susanne in dieser kurzen Zeit liebgewonnen hatte; was mir Susanne bedeutete?

Brian hatte sich ein Herz gefaßt und begleitete mich abends ins *sopa de ganso.* Er versuchte, mich auf andere Gedanken zu bringen, was ihm nur schlecht gelang.

Es war ein ungewohntes Gefühl, alleine in meinem Zimmer einzuschlafen, noch dazu, da ich Susanne kaum dreißig Meter von mir entfernt wußte. Alles war in Sevilla so schön und heiter gewesen, und jetzt schien mir alles vergrault zu sein. Selten fühlte ich mich so alleine und verlassen und noch dazu hilflos wie in dieser Nacht.

Donnerstag, 19. Mai 1994

Ich saß in der Bar an der *Alameda* wie jeden Tag nach der Schule. Als Susanne an meinen Tisch kam, schaute ich sie stumm an. Ich brachte aus lauter Verlegenheit keinen Ton hervor.

»Und, kein Wort mehr?«

Ich wandte den Blick von ihr ab und schaute auf den Boden. Nach einiger Zeit ging sie fort, wahrscheinlich in die Stadt, um ein Flugticket zu kaufen. Ich schaute Susanne traurig nach, bis sie in der Menge verschwunden war. Ich hätte heulen können.

Ich hatte ein Paar Schuhe in Susannes Zimmer vergessen. Ich traf sie am Nachmittag zusammen mit Nastassia in der Küche und bat Susanne, mir die Sachen vor die Tür zu stellen. Während Susanne in ihr Zimmer ging, fragte mich Nastassia, ob zwischen uns alles in Ordnung sei. Ich verneinte das, doch als ich gerade anfangen wollte zu erzählen, wurde Nastassia ans Telefon gerufen.

Wenig später stand Susanne mit meinen Schuhen in der Hand in der Tür zur Küche.

»Kann ich dich kurz sprechen?« fragte Susanne mit vorsichtiger Stimme.

Gleich würde sie mir die schmerzliche Wahrheit beichten, daß Susanne zwar mich liebte, aber zu ihrem Freund zurückkehren müsse. In mir bebte es.

»Stefan, bist du mir böse?«

»Nein, ich könnte dir nicht böse sein, das weißt du. Es ist nur so, ich weiß, daß du gebunden bist, aber ich komme mir dabei so hilflos vor.«

»Ich will dich nicht verlieren, aber ich weiß auch nicht, was ich machen soll.«

Allein dieser Satz wirkte erlösend auf mich. Wir umarmten uns lange Zeit.

»Du hast einen Flug gebucht, nicht wahr?«

Sie nickte.

»Wann?«

»Nächsten Mittwoch.«

»An deinem Geburtstag?«

Sie nickte wieder. Das waren fünf Tage, die uns noch blieben – fünf Tage, die es galt, bis zur Neige auszukosten. Ich kämpfte gegen den sinnlosen Wunsch, die Zeit anhalten zu wollen.

Abends gingen wir zum Empfang der Schule. Einmal pro Woche spendierte die Schule in einer nahegelegenen Bar Sangría für alle Schüler. Ich versuchte, gelöst und entspannt zu wirken, aber in meinem Kopf tickte eine innere Uhr, die mir die verbleibende Zeit ankündigte. Susanne unterhielt sich lange mit einem Schüler, den Brian und ich *der Maler* getauft hatten, da er immer Latzhosen trug.

Auf dem Nachhauseweg, ich war mittlerweile wieder zu Scherzen aufgelegt, hielt Susanne inne und fragte mich, ob ich auch alleine sein könne. Ich wußte genau, woraufhin diese Frage abzielte.

»Wir haben also keine Chance, nicht wahr?«

Resigniert ließ sich Susanne auf den Treppenabsatz einer Eingangstür nieder.

»Bitte glaube mir, ich weiß, daß ich dir wehtun werde, wenn ich gehe. Ich will das nicht, aber was soll ich denn tun?« fragte sie mit weinerlicher Stimme.

Mit war klar, daß sich Susanne Gedanken machte, daß sie hin- und hergerissen zwischen zwei Welten war. Später erfuhr ich dann den Grund, warum sich Susanne gebunden fühlte.

Sie erzählte mir einmal, daß sie früh von zu Hause ausgezogen war. Was ich aber nicht wußte, war, daß das Haus, von dem sie berichtete, von dessen Garten aus man bei schönem Wetter die Alpen sehen konnte, das Haus ihres Freundes war. Susanne und Reto, so hieß er, hatten es von seinen Eltern erworben und gemeinsam renoviert. Er war ein Zimmermann und konnte vieles selbst erledigen. Obwohl Susanne kein Recht an dem Haus hatte, betrachtete sie es auch als ihr Haus.

War das der wahre Grund, warum sie sich so an Reto gebunden fühlte? Ein Vermögenswert? Und was nützten all diese Werte, wenn man doch nicht glücklich war, fragte ich mich.

Es war zum Verzweifeln. Nie traf es einen so, wie man es gern hätte. Da begegnete ich einem Menschen, der mich magisch faszinierte und mit dem ich die schönste Zeit meines Lebens verbrachte, und dieser Mensch war nicht frei.

Samstag, 21. Mai 1994

Brian und Andrew hatten Susanne und mir eine Einladung zu einer Party ihres sevillanischen Freundes Edu verschafft, den Brian Eduschki getauft hatte. Das Meeting fand nahe der Residenz in einem Appartement mit Dachterrasse statt. Susanne sah in ihrem weißen trägerlosen Kleid einfach hinreißend aus.

Renate, die sich schon seit Tagen vergeblich um Brian bemüht hatte, war natürlich nicht weit. An diesem Abend richtete sich mein Interesse hauptsächlich auf Susanne. Es war unser letztes Wochenende.

Die Szene hätte kitschiger gar nicht sein können. Eine Gruppe von anwesenden Mädchen sang Whitney Houstons Lied *I will always love you* im Chor mit. Susanne stand am Geländer und hatte den Blick auf unendlich gestellt. Sie hatte Tränen in den Augen, wirkte zerbrechlich und abwesend. Mir zerriß es fast das Herz, als ich sie so sah.

»Was ist mit dir los?« fragte ich, doch sie reagierte nicht.

»Möchtest du alleine sein?«

Sie nickte vorsichtig.

Auch ohne Worte wußte ich, daß sich Susanne in einem Zwiespalt befand. Ich fühlte mich nicht nur hilflos, sondern auch schuldig, denn ich war der Grund ihrer Zweifel. Wäre ich nicht in ihr Leben geprallt, wäre sie dann glücklicher?

Renate erkundigte sich, was mit Susanne los sei, und ich betonte, daß sie einen Moment alleine sein wollte. Vergebens, denn Renate begab sich sofort zu Susanne und drängte ihr ein Gespräch auf, was mich ärgerte. Konnte sich diese Frau nicht einmal fernhalten?

Es dauerte lange, bis wir Renate abgeschüttelt hatten. Als Susanne und ich alleine waren, wagte ich nicht, Susanne nach dem Grund ihrer Traurigkeit zu fragen. Was hätte ich ihr sagen sollen, wie hätte ich sie trösten können, da ich das Motiv ihrer Traurigkeit war? Und in ihrem Für und Wider spielte ich eine nicht unbedeutende Rolle.

Sonntag, 22. Mai 1994

Das erste, woran ich beim Erwachen dachte, war das Wort *letzte*. Heute war der letzte Sonntag, morgen der letzte Montag und irgendwann würde es die letzte Umarmung und den letzten Kuß geben.

Wir hatten vor, uns noch ein wenig die Stadt anzuschauen und Fotos zu schießen. Ich besaß noch kein Foto von Susanne, und so lichtete ich sie auf der Dachterrasse ab. Susanne fotografierte auch mich, obwohl ich mich dagegen wehrte. Ich fand mich nicht sehr fotogen. Später zogen wir durch Sevillas Innenstadt. In der *Calle de las Sierpes*, wo normalerweise Sonnensegel gespannt waren, um den Menschen in der Straße Schatten zu spenden, herrschte gähnende Leere. Es war wie in der vergangenen Woche ein kalter und trüber Tag mit einheitsgrauem Himmel.

Wir spazierten am *Guadalquivir* entlang. Susanne erzählte, daß sie von ihren zahlreichen Auslandsreisen Schmuck und Kleider mitgebracht und auf Flohmärkten verkauft hatte. Das brachte mich auf eine Geschäftsidee. Bevor ich nach Sevilla kam, hatte ich an Wochenenden auf Flohmärkten als Marktaufsicht gearbeitet, um mir Geld dazu zu verdienen. Scherzhaft schlug ich vor, daß wir Partner werden könnten. Susanne wäre der Praktiker in unserem Unternehmen, der für den Einkauf sorgte, und ich würde mich, entsprechend meiner Ausbildung, um das Kaufmännische kümmern.

Viermal fragte mich Susanne an diesem Nachmittag, ob mein Vorschlag ernst zu nehmen sei. Warum nicht? In einem staubigen Großkonzern zu verschimmeln, war für mich schon immer eine Horrorvision.

Ich hatte mich auf den Flohmärkten oft mit den Händlern unterhalten. Sie führten gewiß kein einfaches Leben, aber sie empfanden so etwas wie das Glück, unabhängig zu sein. Schon damals hatte ich spekuliert, mit einem Partner den Sprung in die Selbständigkeit zu wagen, aber es war nie mehr daraus geworden als eine fixe Idee.

Ich versprach Susanne, mich nach meiner Rückkehr nach Deutschland zu erkundigen. Irgendwie faszinierte mich der Gedanke, mit einem Partner, der nicht nur Geschäftspartner war, etwas gemeinsam auf die Beine zu stellen. Wie wäre das mit ihrem Privatleben vereinbar?

Montag, 23. Mai 1994

Am Nachmittag war Susanne mit dem Schüler, den Brian und ich den Maler nannten, zum Essen verabredet, sehr zu meinem Unwillen. Er hatte sie an dem Sangríaabend angebaggert und sich nach mir erkundigt. Er fragte einfach »warum er?«

Für wen hielt er sich eigentlich? Susanne witzelte, ich sei eifersüchtig. Es war nicht Eifersucht, die mich beschäftigte. Mit dieser Frage traf er nur ins Zentrum meines nicht gerade ausgeprägten Selbstwertgefühls.

»Warum ich?«, diese Frage hatte ich mir immer wieder gestellt. Was hatte ich Susanne schon zu bieten außer einem Gefühl? Sie hatte einen Freund, der ein Haus hatte. Gefühle können noch so kräftig und intensiv sein, sie sind vergänglich. Ein Haus ist ein bleibender Wert.

Auf der einen Seite war ich sehr froh, daß ich Susanne mit meinem Gefühl beglücken konnte, daß ihr das Zusammensein mit mir etwas bedeutete, auf der anderen Seite hielt ich das Gefühl nicht für einen starken Bund im zwischenmenschlichen Bereich. In einer Beziehung zählen auch andere Gegebenheiten wie beispielsweise materielle Sicherheit.

Sie hatte die Fotos entwickeln lassen, die wir am Vortag gemacht hatten. Ich mußte zugeben, daß sich die Serie, die Susanne von mir auf der Dachterrasse geschossen hatte, sehen lassen konnte. Drei Fotos gefielen mir ganz gut. Eines zeigte mich mit einem Lächeln, dann eines, wie ich mit ernster Mine und Grübchen in die Kamera schaute und dann eines, wie ich mein Gesicht über den Unterarm gelegt hatte, mit unendlich traurigem Blick. Die Bilder, die ich von ihr gemacht hatte, gefielen mir ebenfalls und obwohl sie alle gestellt waren, hatten sie etwas Ausdrucksstarkes an sich. Susanne schenkte mir die Fotos, die mich in der Zeit nach Sevilla wohl über einsame Stunden hinwegtrösten sollten.

Ich konnte mir nicht vorstellen, wie die Zeit ohne Susanne sein würde. Ich hatte sie und ihren Schweizer Akzent so liebgewonnen, daß mir etwas in meinem Leben fehlen würde, dessen war ich mir schon jetzt sicher.

Dienstag, 24. – Mittwoch, 25. Mai 1994

Als Geburtstagsgeschenk hatte ich Susanne ein Zippo-Feuerzeug gekauft auf dem mein Vorname und *Sevilla, Mayo 94* eingraviert waren. Den Nachmittag hatte ich damit verbracht, eine geeignete Geburtstagskarte auszusuchen.

Abends trafen wir uns noch einmal gemeinsam mit anderen Schülern im *sopa de ganso*, um von Susanne Abschied zu nehmen. Gegen zehn Uhr gingen Susanne und ich zurück in die Residenz. Ich war froh, die letzten Stunden mit ihr alleine verbringen zu können. Als wir miteinander schliefen, versuchte ich mir jeden Punkt ihres Körpers in mein Gedächtnis einzubrennen. Ich genoß es, als wäre es das letzte Mal in meinem Leben.

Mitternacht. »Glückwunsch zum Sechsundzwanzigsten!«

Sie versprach mir, das Feuerzeug in Ehren zu halten, und ich war froh zu wissen, daß es etwas von mir gab, was sie in den Händen halten könnte, etwas mehr als Erinnerungen, die sie mitnehmen würde.

Susanne hatte ebenfalls eine Überraschung für mich parat. Es war eine kleine, reichverzierte Pillendose, die ich erst nach ihrer Abreise öffnen dürfte.

Mich überkam quälende Ungewißheit, was aus uns werden sollte. War es nicht schon zu spät für uns, um einfach in unser alltägliches Leben zurückzukehren, uns zu vergessen und so zu tun, als sei nichts passiert? Vielleicht gehörte das, was uns verband, hierhin nach Sevilla. Es war so kostbar wie eine seltene Blume. Beim Versuch, sie mitzunehmen, würde sie zwangsläufig eingehen. Würde die Erinnerung an eine schöne Zeit das einzige sein, was von uns fortbestünde?

Obwohl Susanne bekümmert aussah, drang ich weiter in sie ein, denn ich wollte ihr das Geheimnis entlocken, warum sie nicht glücklich war und warum sie neulich so geweint hatte. Wir redeten die ganze Nacht, und was ich erfuhr, machte mich noch trauriger. Susanne war die Erstgeborene und war mit Liebe überschüttet worden. Sie meinte, sie sei zuviel geliebt worden, was mich erstaunte. Ging das überhaupt, jemanden zu sehr zu lieben? Mich hätte man gar nicht genug lieben können, und ich fragte mich, was für einen Menschen das richtige Maß an Zuwendung war. Sie konnte Reto nicht verlassen, jetzt nicht mehr, da ihr ganzes Umfeld erwartete, daß sie heiraten würden. Susanne wollte es allen recht machen und stellte ihr eigenes Glück zurück. Welche Selbstlosigkeit!

Als mir Susanne von einer kurzen Romanze erzählte, ließ es mich zusammenfahren, denn nun wußte ich, warum sie in jener Nacht so heftig reagiert hatte. Er hieß Urs, und sie waren nur kurz miteinander gegangen. Er war eifersüchtig und sie hatte das Gefühl gehabt, keine Luft zum Atmen zu haben. Susanne hatte die Beziehung mit Urs abgebrochen, was er nicht verwinden konnte. Er hatte sich das Leben genommen: Ein Zug war seine Endstation.

Wir hatten das Taxi am Vorabend bestellt. In den Straßen war es noch stockfinster, als der Wagen pünktlich um sechs Uhr morgens vorfuhr. Susanne nahm die Frühmaschine nach Madrid.

Wir setzten uns an einen der Tische in der Flughafenbar, die um diese Zeit noch nicht geöffnet hatte. Ich kramte die kleine Dose, die mir Susanne geschenkt hatte, aus der Tasche hervor und öffnete sie. Susanne beobachtete mich gespannt. In der Dose befand sich ein gefalteter, brauner Zettel, auf dem sie eine Botschaft für mich geschrieben hatte:

»Hör auf, gegen dein Inneres zu kämpfen, nur so kannst du wirklich mit dir selbst Frieden schließen.
Die Welt ist schön, ich liebe Dich.
Susanne.«

»Die Welt ist schön, ich liebe Dich«, wiederholte ich. Mag sein, daß die Welt schön war, aber ich konnte definitiv feststellen, seitdem ich Susanne begegnet war, wurde die Welt unendlich schöner und farbiger. Susanne bedeutete mir viel mehr als nur Balsam für meine gequälte Seele.

Ich warf einen neugierigen Blick auf ihr Flugticket. Ich nahm an, daß es sich um ein One-Way-Ticket Sevilla-Madrid-Zürich handelte, doch es war ein Return-Ticket. Der Rückflug war für den zwanzigsten Juni vorgesehen.

»Mein Gott, da hast du ja die Möglichkeit zurückzukommen.«

»Ja, ich habe schon daran gedacht«, sagte sie mit strahlendem Blick.

»Und?«

»Ja, ich glaube schon.«

Kaum hatte sie diese Worte ausgesprochen, fiel ich ihr um den Hals. Es gäbe noch so vieles, was ich mit ihr entdecken wollte. In meiner Phantasie sprudelte eine Welt voller Möglichkeiten hervor.

»Was hältst du von Paris? Kennst du Paris?«

»Nein«, antwortete sie zu meiner Überraschung.

»Sollen wir dort hinfahren und es für uns entdecken? Ich war noch nie dort, und es war mir immer ein Herzenswunsch, mit einer großen Liebe nach Paris zu fahren.«

Sie strahlte bei diesem Gedanken.

Ihr Flug wurde aufgerufen.

»Keine Tränen?« fragte sie beim Abschied.

»Nein, keine Tränen.«

Ich schaute ihr nach, bis sie durch den Check gegangen war. Zwischen den Abfertigungsschaltern und der Bar befand sich eine große Fensterfront, die einen Blick auf das Rollfeld bot. Wenn es nicht so neblig gewesen wäre, hätte ich den Abflug der Maschine abgewartet, aber es war sinnlos, man erkannte kaum die Maschine an der Gangway.

Als ich das Taxi bestieg, hörte ich noch das Dröhnen der Triebwerke.

Ich beschloß, heute nicht zur Schule zu gehen. Nach der durchquatschten Nacht war ich elendig müde. Ich schlief bis zum frühen Nachmittag. Es war ein merkwürdiges Gefühl, wieder in meinem Zimmer aufzuwachen. Welch ein Wandel!

Von diesem Wandel schien auch der Wettergott inspiriert worden zu sein. Er schickte Sonnenstrahlen aus einem blauen Himmel, den ich seit fast zehn Tagen nicht mehr zu Gesicht bekommen hatte.

Ich schaute zur Uhr, es war zwei Uhr nachmittags. Wo steckte sie jetzt wohl? Sie lebte in der Umgebung von Amriswil, in einem kleinen Dorf in der Nähe des Bodensees. In Gedanken begleitete ich Susanne auf ihrer Reise.

Wie war ihr zumute, und dachte sie gerade an mich? Würde Susanne wirklich nach Sevilla zurückkommen? Das wäre mehr, als ich verlangen konnte, oder würde sie sich rasch wieder in ihren Alltag und in die marode Beziehung zu ihrem Freund einleben? Viele solcher Fragen gingen mir im Kopf herum. Da ich noch im Besitz von Susannes Schlüssel war, beschloß ich, noch einen Blick in ihr Zimmer hineinzuwerfen, bevor ich den Schlüssel beim Portier abgeben würde. Die Putzfrau war bereits am Werk gewesen. Noch vor Stunden hatten sich unsere Körperdüfte mit der Luft des Raumes vermischt, und jetzt wirkte alles so ordentlich und aufgeräumt. Einfach leer.

Ich nahm einen Block und einen Kugelschreiber und setzte mich in die Sonne. Ich hatte das Bedürfnis zu schreiben. Das Gefühl für Susanne und die Erlebnisse der letzten Wochen waren so bewegend, daß ich in schriftlicher Form prüfen mußte, ob es überhaupt Worte dafür gab. Mate sollte als erster davon erfahren. Der wundersame Wandel in mir war doch eine umwerfende Neuigkeit, die sich zu verbreiten lohnte.

Ich blieb, lange nachdem ich den Brief beendet hatte, auf der Dachterrasse sitzen und hing meinen Gedanken nach. Ich liebte diese Stunde des Tages kurz vor und nach Sonnenuntergang, weil es etwas mit Vergänglichkeit zu tun hatte.

Der Himmel hatte an diesem Abend verschiedene Farben. Über mir zeigte er sich noch tiefblau, während er im Westen rosig schimmerte. Aus dem gegenüberliegenden Haus dröhnte der Gesang eines Flamencoliedes. Die Sängerin schien sich das Herz aus dem Leibe zu schluchzen – eine bedrückende Stimmung.

Am späteren Abend schaute Renate vorbei. Wir tranken Wein und plauderten. Ich war froh, heute abend nicht alleine zu sein. Manchmal konnte Renate ein sehr angenehmer Zeitgenosse sein.

Mai 1994

Nach Susannes Abreise war der Ablauf des Alltags gewöhnungsbedürftig. Ich ging alleine zur Schule, traf sie in den Pausen nicht, und nachts sehnte ich mich nach Susanne in endlosen Stunden. Jetzt konnte ich nachvollziehen, was Liedermacher unter den Worten *die Sehnsucht brennt* verstanden. Und genau dieses Gefühl hätte mich dazu bewogen, Susanne umgehend anzurufen.

Aber das wäre sinnlos gewesen, weil Susanne nach ihrer Rückkehr zunächst einen Besuch in Holland machen wollte, um in Ruhe nachzudenken, was weiterhin geschehen sollte. Auf der einen Seite gönnte ich Susanne die Ruhepause, da sie von ihrem inneren Konflikt ausspannen mußte, auf der anderen Seite beschlich mich die Sorge, eine rationale Entscheidung könnte gegen mich ausfallen. Mir war die Tatsache bewußt, daß Susanne zumindest materiell an Reto gebunden war, hoffte aber, daß das Gefühl zwischen uns für eine Bindung ausreichend intensiv war.

Denn es ist das starke Band, das zwei fremde Menschen eins werden läßt, die Verbindung auf geistiger und körperlicher Ebene. Beides kann man auch getrennt haben. Man kann sich mit jemandem körperlich vereinigen und dennoch getrennt sein. Nie hatte ich mit einer Frau so häufig und intensiv geschlafen wie mit Susanne. Aber das alleine machte es nicht aus.

Ich hatte gute Freunde, denen ich alles vertrauensvoll sagen konnte, ohne Angst, Scham oder Schuld zu empfinden. Aber wenn ich geistige Nähe spürte, sehnte ich mich danach, jemandem körperlich nahe zu sein. So sehr man es auch drehte und wendete, eine zufriedenstellende Lösung dieses Konfliktes findet man wohl nur in einer Beziehung zwischen zwei Menschen, in der die Liebe das Band ist und aus ihr die Kraft und Lebensfreude geboren wird – dieses kleine Quäntchen extra, das einen beseelt.

Am darauffolgenden Wochenende war ein Tapetenwechsel angesagt.

Nastassia und ich zogen in das Appartement von James, meinem Klassenkameraden, ein. Seine ehemaligen Mitbewohnerinnen hatten ihren Aufenthalt in Sevilla beendet. Angesichts der Prüfungsvorbereitungen bestand eine dringende Notwendigkeit umzuziehen, weil ich in der Residenz nie die Ruhe fand, die ich zum Lernen nötig hatte.

Die Wohnung lag unweit der Schulresidenz in einer Sackgasse, somit hatte sich der Schulweg kaum verlängert. Es gab ein kleines Bad, eine vollausgestattete Küche und ein Wohnzimmer mit Fernseher und Telefon. Jeder hatte sein eigenes Zimmer und es war mit umgerechnet dreihundert Mark erschwinglich. Die Verwandten von Nastassias Freund waren zu Gast, genauso wie Brian und Andrew ab und zu vorbeischauten, so daß sich die Bude mit Leben füllte.

Dienstag, 31. Mai 1994

Seit sechs Tagen hatte ich von Susanne kein Lebenszeichen vernommen, widmete ihr aber in der ganzen Zeit jeden freien Gedanken. Meine Geduld war an diesem Tag erschöpft. Ich wollte einfach nur die Stimme von Susanne hören und hoffte, daß sie mittlerweile aus Holland zurück sein würde.

Fast eine Stunde verbrachte ich wartend vor dem Telefonapparat, ohne ihre Nummer anzuwählen. Ich war hin und her gerissen zwischen Angst und Sehnsucht, und es kam mir vor, als stünde ich auf einem Zehnmeterturm und eine Lähmung hindere mich daran, ins Wasser zu springen. Was wäre, wenn Susanne es sich anders überlegt hatte?

Einmal mußte ich ja doch den Sprung ins kalte Wasser wagen. Meine Hände zitterten, als ich das Freizeichen hörte.

Ich verspürte Erleichterung als sich Susanne meldete. Wie üblich redete ich um den heißen Brei herum. Wir gestanden uns schließlich, wie sehr wir einander vermißten, was mich dazu bewog, ihr die bange Frage zu stellen. Meine Ohren vernahmen statt eines Zögerns nur ihr freudiges »Ja«, und mein Freudenschrei ging nicht nur durchs Telefon, sondern durch das ganze Haus.

Sie würde zurückkommen! Nach dem Telefonat war ich wie elektrisiert und lief zunächst ins Badezimmer. Ich hatte das Bedürfnis, mein freudiges Gesicht im Spiegel zu betrachten. Glücklicher sehen Menschen, die einen Sechser im Lotto haben, wahrscheinlich auch nicht aus.

Mich hielt es keine Minute mehr in der Wohnung. Ich lief zu Brian, um ihm die Neuigkeit zu berichten. Auf dem Weg tanzte ich leise vor mich hin. Nach Verkündung der frohen Botschaft verbrachte ich den ganzen Nachmittag bei Virgin Records in der *Calle de las Sierpes*. Ich mußte unbedingt das Lied hören, das uns während der ganzen Zeit begleitet hatte. Sie spielten es morgens, mittags und abends auf dem Sender *cadena cuarenta*, auf dem stündlich die aktuellen Tophits liefen.

Es war *Streets of Philadelphia* von Bruce Springsteen. An den Wänden neben den Regalen waren CD-Spieler montiert und man konnte sich die Neuerscheinungen anhören. Zufälligerweise befand sich auch die Filmmusik zum gleichnamigen Film in der Hörprobe. Vielleicht zwanzig oder dreißig Mal hörte ich mir hintereinander dieses Lied an und ignorierte die Schlange der Wartenden, die die CD ebenfalls hören wollten. Ich schwärmte und träumte vor mich hin.

Abends spendierte ich Brian einige Runden Bier, ich hatte allen Grund zum Feiern.

Die Freude hielt auch in den darauffolgenden Tagen an.

Samstag, 4. Juni 1994

Susanne rief abends an. Wir plauderten und scherzten, so als habe sich zwischen uns nichts geändert. Fast beiläufig erwähnte sie, daß sie mit Reto geschlafen hatte.

Als sie diesen Satz ausgesprochen hatte, war mir, als hätte sich ein scharfes Messer in mein Herz gebohrt. Ich war wie benommen, unfähig ein vernünftiges Wort zu sprechen. Mir war klar, daß ich kein Recht hatte, ihr Vorschriften zu machen, aber dennoch fühlte ich mich betrogen um den Inhalt der Worte, die Susanne mir gewidmet hatte. Noch schlimmer wog die Tatsache, daß es Susanne nur seinetwegen getan hatte.

Ich saß in der Küche und war völlig aufgelöst. Nastassia hatte zwar tröstende Worte für mich übrig, aber dennoch besänftigte es den Schmerz nicht.

Ich ging in die nächste Bar und betrank mich. Die klimatisierte Luft sollte mich auf andere Gedanken bringen. Ich saß fast alleine an der langen Theke und hing meinen Gedanken nach. Ich kam mir vor wie der einsame Mann ins Hoppers Bild *Nighthawks*.

Gefühle aus längst vergangenen Zeiten überkamen mich wieder. Die ganze Zeit spukte eine Szene in meinem Kopf herum: Susanne, wie sie breitbeinig dalag, Reto in sie eindrang und sie es widerwillig über sich ergehen ließ, nur damit er seine Befriedigung hatte. Mich überkam tiefer Haß auf ihn.

Immer tiefer schnitt sich dieses Szenario in eine alte Wunde hinein, so tief, daß sie aufbrach und den Schmerz der Erinnerung freiließ.

Auf dem Nachhauseweg überkam mich Ekel. Ich übergab mich und kotzte elendig das Bier bis zum letzten Tropfen heraus. Eine Zeit lang hockte ich zitternd auf dem Asphalt und ignorierte die Passanten, die sich nach meinem Wohlergehen erkundigten, bis ich in der Lage war, aufzustehen und zurück zur Wohnung zu gehen.

Ich rief Susanne nochmals an und erkundigte mich, ob es sich um ein Versehen handelte. Wir sprachen lange miteinander. Ich machte ihr Vorwürfe, weinte und sagte Susanne, daß ich mir nicht sicher sei, ob ich sie je wiedersehen wolle.

Das Gefühl für sie flaute in den nächsten Tagen deutlich ab. Es war, als habe jemand bei bester Partylaune den Stecker der Musikanlage herausgezogen. Im Schlaf wurde ich von merkwürdigen Traumszenen verfolgt und sah am nächsten Morgen müde und verkrampft aus. Jetzt wußte ich nicht mehr, was ich tun sollte und überlegte, ob alles nicht ein großer Fehler gewesen war.

Mittwoch, 8. Juni 1994

Nach Unterrichtsschluß fand ich zwei Briefe im Postkörbchen. Ich steuerte eine Bar abseits der *Alameda* an, um den Inhalt ungestört lesen zu können. Die ganze Zeit hatte ich voller Spannung und Ungeduld auf ein paar Zeilen von Susanne gewartet.

Ihre Worte ließen mich erkennen, wie idiotisch es von mir war, Susanne Vorwürfe gemacht zu haben. Die Briefe drückten sehr deutlich aus, wie sehr Susanne litt. Die Worte waren einfach und klar, Ausdruck tiefer Gefühle, so als hätten sie eine Seele.

Der eine Brief sprach von Angst, Schuld und Verzweiflung. Susanne hatte Angst, ihre lange Beziehung aufs Spiel zu setzen, Angst zu verlieren und war unfähig, einen klaren Gedanken zu finden, so sehr hatte Susanne unsere Begegnung durcheinandergebracht. Es fiel mir schwer, nachzuvollziehen, was es bedeutete, eine derart lange Beziehung mit jemanden zu führen, wieviele Hoffnungen und Erwartungen dahinter steckten.

Die Schuldgefühle basierten nicht auf der Überzeugung, daß Susanne Reto betrogen hatte. Sie beschrieb, wie deutlich sie mit mir das Gefühl erfahren hatte, zu leben. Die Schuldgefühle waren Ausdruck des Nicht-geben-Könnens in ihrer Beziehung. Wie konnte ich Susanne überzeugen, wie gut sie mir tat, wieviel sie mir in der kurzen Zeit gegeben hatte und daß es nicht von Bedeutung war, wem man gab, sondern daß man überhaupt das Gefühl spürte, geben zu können?

Ich konnte mir gut vorstellen, wie sehr Susanne der Konflikt zusetzte. Aber auch ich spürte einen Konflikt, der sich aus der Hilflosigkeit ergab, Susanne aus der Ferne nicht beistehen und Trost spenden zu können. Auch ich fühlte mich schuldig, schuldig, in ihr Leben eingebrochen zu sein. In unserem Gefühlsleben schien jetzt, da der laue Luftzug des Alltäglichen vorbei war, ein Sturm zu toben, der einen entwurzeln konnte. Und genau das wollte ich vermeiden, nämlich daß Susanne durch mein Gefühl heimatlos würde. Ich fühlte, daß ein Unvermögen in mir eingesperrt war, das ich nicht verbannen konnte und spekulierte auf die Zeit, die eines schönen Tages alles regelte.

Der andere Brief drückte aus, wie tief ich zu Susannes Seele vorgedrungen war und dort ein starkes Gefühl für mich geweckt hatte. Diese Sätze wurden durch ein Zitat von Hermann Hesse begleitet:

> *Je weniger ich im ganzen an unsere Zeit glauben kann,*
> *je mehr ich das Menschentum verkommen*
> *und verdorren zu sehen meine,*
> *desto weniger stelle ich diesem Verfall die Revolution entgegen*
> *und desto mehr glaube ich an die Magie der Liebe.*

Dieses Zitat umschrieb meine Gedanken der letzten Wochen sehr gut. Ich hatte ein neues Verständnis von Liebe und Zweisamkeit entwickelt. Die Liebe bot Schutz gegen eine unsägliche Welt, und sie war der Gegenpol zum Bösen und Balsam für die Wunden. Und die Kräfte, die sie einem einhauchte, empfand ich wie pure Magie.

Susanne hatte dem Brief eine selbstgemalte Bleistiftzeichnung beigelegt. Ein Stier, dessen Nacken von einigen Lanzen durchbohrt war, stand in Angriffsstellung vor einem Torero. Irgendwie paßte dieses Bild zu uns. Wir hatten uns in Spanien kennengelernt, und manchmal fragte ich mich, ob die Liebe nicht auch nur ein Spiel zwischen zwei Menschen war, eine Arena, in der gekämpft wurde, in der es um Achtung ging oder in der durch geschickte Züge ein anderer zur Strecke gebracht werden sollte. Gleichzeitig fühlte ich, daß die Liebe, dieses Glücksgefühl, auch Qualen verursachte.

Ich war sehr gerührt über Susannes Worte und würde die Tage bis zur ihrer Rückkehr ungeduldig zählen, denn eines hatte ich nach dem Lesen ihrer Briefe für mich entschieden: Mochte ihr Körper Reto gehören, so war mir Susanne mit ihrer Seele ergeben, und das war mir viel wichtiger.

Montag, 20. Juni 1994

Nie hatte ich dem Abend eines Tages so entgegengefiebert. Heute würde Susanne zurückkommen, aber dennoch herrschte Ungewißheit. Das letzte Mal hatten wir vor einer Woche telefoniert, und seitdem hatte ich die Zeit mit bangem und erregtem Warten verbracht, und die Unruhe, ob Susanne wirklich in der Maschine säße, hatte sich zur Qual gesteigert.

Jeder, dem ich an diesem Tag begegnete, wunderte sich über meine Nervosität. Abends war ich das reinste Nervenbündel.

Brians Mutter, die sich für ein paar Tage zu Besuch in Sevilla aufhielt, lud Andrew, Brian und mich zum Abendessen ein. Wir aßen in einem Restaurant am Fluß. Ich hätte das Essen unter freiem Himmel an diesem Sommerabend genossen, wenn ich nicht verabredet gewesen wäre. Nicht nur das Bestellen, sondern auch die Zubereitung zogen sich hin. Unruhig blickte ich jede Minute zur Uhr, weil ich die Ankunft der Maschine auf keinen Fall verpassen wollte.

Gegen zehn Uhr, kurz nachdem die Kellner das Essen aufgetischt hatten, brach ich das gesellige Zusammensein ab und fuhr mit einem Taxi zum Flughafen. Der Fahrer war sichtlich bemüht, sich zu beeilen und holte aus dem altersschwachen Renault heraus, was möglich war. Auf der Fahrt leuchtete mir ein, daß jeder Gedanke, jeder Weg zu Susanne hinführen würde – wie sehr ich im Grunde ihre Anwesenheit herbeigesehnt hatte.

Ich war fast schon zu spät dran, als ich das Flughafengebäude betrat. Ich hetzte zu der Glasfront und konnte gerade noch sehen, wie sich die Maschine im Landeanflug befand. Als sie die Gangway ansteuerte, rannte ich in den Ankunftsbereich, der sich eine Etage tiefer befand. Mit pochendem Herzen stand ich vor dem Gate und wartete. Ich hätte die Spannung förmlich aus der Luft greifen können.

Mit einem Lachen kam mir Susanne entgegen. Ich fiel ihr um den Hals und ließ ihr noch nicht einmal die Zeit, ihre Reisetasche abzustellen, so sehr hatte ich Susannes Umarmung, ihr Lachen und den Duft ihrer Haare vermißt. Die Fotos, die ich von Susanne hatte, die ich lange in einsamen Nächten betrachtet hatte, waren kein Ersatz für ihre Nähe.

Die Wiedervereinigung war schöner und kraftvoller als alles, was ich bis dahin mit Susanne erlebt hatte.

Wir sprachen lange in dieser Nacht über die Zeit der Trennung. Obwohl sich Susanne ihrem Freund gegenüber wie eine Verräterin vorkam, versuchte ich, ihrem schlechten Gewissen nicht allzuviel Raum zu geben.

Freitag, 24. Juni 1994

Heute galt es zu beweisen, was ich in den letzten drei Monaten gelernt hatte, denn es stand die Prüfung vor der Industrie- und Handelskammer an. Obwohl meine Spanischkenntnisse durch den Aufenthalt Fortschritte gemacht hatten, zweifelte ich, ob sie ausreichten, um eine offizielle Prüfung zu bestehen. Die Spannung fiel erst ab, als ich den versiegelten Umschlag mit den Prüfungsaufgaben öffnete. Die Aufgaben waren lösbar und es zeigte sich, wie gut die Lehrer uns auf diesen Test vorbereitet hatten. Es galt Geschäftsbriefe zu schreiben, einen Zeitungsartikel zusammenzufassen, Übersetzungsübungen, einen Grammatikteil und ein mündliches Interview zu bestehen. Nach dem Ende des Tests hatte ich den Eindruck, daß ich zumindest das Klassenziel, also das Bestehen der Prüfung, erreicht hatte.

Meine Zeit in Sevilla neigte sich dem Ende entgegen. Ich hatte mich zwar nach einer geeigneten Arbeitsstelle umgesehen, jedoch entsprachen die Angebote nicht meinen Vorstellungen. Selbst Nastassia, die auf jeden Fall bei ihrem Freund in Sevilla bleiben wollte, erhielt lediglich Stellenangebote als Sekretärin, die weit unter ihrer Qualifikation lagen. Ich würde zunächst nach Deutschland zurückkehren und von dort aus weitere Entscheidungen treffen.

Den Nachmittag verbrachten Susanne und ich am Pool des Hotels *Alfonso XIII* einem prachtvollen Palast aus der großen alten Zeit der Grandhotels. Seit Susanne in Sevilla angekommen war, hatte ich wegen der Prüfungsvorbereitung wenig Zeit mit ihr verbracht, die ich jetzt nachholen würde. Es dauerte, bis die Anspannung von dem Prüfungsstreß abflaute und sich das Gefühl der Gelassenheit einstellte. Bei Sonnenschein und blauem Himmel über Sevilla genoß ich die wiedergewonnene Freiheit.

Wir besprachen die Reiseroute für unseren gemeinsamen Urlaub. Ich hatte meinen für den nächsten Tag geplanten Heimflug um einige Tage verschoben, um das Zusammensein mit Susanne länger genießen zu können. Und daß es ein Genuß werden würde, zeigte mir diese Nacht, denn die Lust, die wir aufeinander verspürten, hatte ihren Zenit noch längst nicht erreicht. Es war glühende Leidenschaft, die uns wie Magnete aufeinanderprallen ließ.

Sonntag, 26. Juni 1994

Unsere Reise sollte uns nach Granada führen, als Ausgangspunkt für unseren Trip an die Sonnenküste Andalusiens. Von Zeit zu Zeit brauchte ich das Meer, wie ein Alkoholiker den Alkohol. Einen festgelegten Zeitplan hatten wir nicht, außer, daß der Rückflug für uns auf den 30. Juni datierte.

Der Zug durchquerte eine Landschaft, die mich durch ihre Schlichtheit fesselte. Bis zum Horizont sah man leicht geschwungene Hügel; Olivenhaine bedeckten den Boden wie ein grüner Teppich. Hin und wieder führte die Bahnstrecke an einem der weißen Dörfer vorbei, für die dieser Landstrich so berühmt war. Meist gruppierten sich die wenigen Häuser um eine Kirche herum. Es war das Wechselspiel satter Farben, das den Reiz dieser Landschaft ausmachte.

Unsere kleine Pension lag direkt gegenüber der *Alhambra*, dem Wahrzeichen Granadas. Das Zimmer war für den Preis recht annehmbar. Hier würde es sich gut leben und lieben lassen.

Montag, 27. Juni 1994

Granada war ebenfalls ein reizvolles Fleckchen Erde, wie wir auf unserem Rundgang durch die Stadt feststellten. Über der Stadt thronte die *Alhambra*, vielleicht das bedeutendste Relikt maurischer Baukunst in Spanien. Den Rahmen für diese imposante Kulisse bot die dahinter aufragende Sierra Nevada. Ich hätte gern mehr als nur einen Vormittag in der Stadt verbracht.

Nachmittags wählte ich die Nummer der Schule. Ich wollte etwas über die Prüfungsergebnisse in Erfahrung bringen. Es dauerte eine gewisse Zeit, bis Juan an den Apparat kam. Das Warten machte mich unruhig.

»Tja, Stefan, ich weiß nicht, was ich sagen soll.«

Ein Schreck fuhr mir durch die Glieder.

»Bin ich etwa durchgefallen?«

»Nein, nein«, lachte Juan, »bestanden, und zwar mit *sehr gut*, herzlichen Glückwunsch.«

Es bedurfte einiger Augenblicke, bis ich diese Information in meinen Gehirnwindungen verarbeitet hatte. Dann streckte ich den Arm in die Luft und jubelte, so als hätte ich gerade ein hartumkämpftes Wimbledon-Endspiel gewonnen. Ich war überglücklich und lachte über meine eigenen Selbstzweifel. Warum bewertete ich mich selbst und meine Fähigkeiten immer so schlecht?

Susanne fiel mir um den Hals und sagte mir mit einem Glänzen in ihren Augen, wie stolz sie auf mich sei. Das waren Worte, die ich in meinem Leben selten gehört hatte. Jemand war stolz auf mich.

Es würde noch einige Zeit dauern, bis ich mich richtig einschätzen könnte, und nicht dauernd geneigt wäre, mein Licht unter den Scheffel zu stellen. Susanne hatte immer wieder versucht, mich von den Selbstzweifeln und dem Gefühl der Minderwertigkeit zu befreien, indem sie mich ermunterte, ganz ich selbst zu sein.

Ein so schlechter Mensch, zu dem ich mich manchmal selbst abstempelte, konnte ich nicht sein. Susanne war meinetwegen nach Sevilla gekommen und nicht, um die andalusische Sonne zu genießen, Susanne, die fast die ganze Welt gesehen hatte, fand bei mir etwas, das sie woanders vermißte.

Dieser Tag mußte gebührend gefeiert werden. Nach dem Abendessen setzten wir uns auf den schmalen Balkon des *Alhambra Palace Hotels*, das auf dem Burghügel oberhalb der Stadt lag. Vom Balkon aus hatte man eine wunderschöne Sicht über die Stadt.

Es war ein Abend, wie geschaffen für einen Romantiker. Die Sonne war längst hinter dem Horizont verschwunden und nur ein schwacher rosiger Schimmer glänzte am Himmel. Unter uns breiteten sich die Lichter Granadas aus. Wir waren die einzigen Gäste. Lag es an den beiden Weltmeisterschafts-Vorrundenspielen der Gruppe C, Bolivien gegen Spanien und Deutschland gegen Südkorea, die andere Gäste davon abhielten, diesen schönen Abend hier draußen zu genießen?

Wir bestellten eine Flasche trockenen Rotwein und flirteten der Nacht entgegen. Ich konnte meine Augen kaum von Susanne abwenden. In ihrem grünen Kleid sah sie einfach bezaubernd aus. Sie machte mir Komplimente ein ums andere Mal, wie sehr sie meine Intelligenz schätzte und wie gerne sich Susanne mit mir zeigte. Ich hätte gar nicht genug von solchen Komplimenten bekommen können. An so einem Tag ging das runter wie Öl.

Auf unserem Zimmer tranken wir noch einige Biere, die wir aus dem Getränkeautomaten in der Eingangshalle des Hotels gezogen hatten. Wir plauderten gemütlich vor uns hin, als mich Susanne fragte, warum ich so schockiert darüber gewesen sei, daß sie mit Reto geschlafen habe. Ich dachte gar nicht mehr daran und wollte nicht näher auf dieses Thema eingehen. Es war nicht die Tatsache, sondern das Gefühl, das ich mit dieser Vorstellung verband.

Susanne ließ dennoch nicht ab, und ritt weiter darauf herum, was mich ärgerlich machte. Genervt wandte ich mich ab, und sie warf mir mangelndes Vertrauen vor. Mit Vertrauen hatte das weniger zutun. Es gab etwas, was ich tief in mir vergraben hatte, und mir war nicht danach, es wieder ans Licht zu fördern. Nie hatte ich mit jemanden darüber geredet, und ich fand es schlimm genug, daß es damals, begleitet durch den Anfall von Übelkeit, wie eine Luftblase im Wasser langsam an die Oberfläche geraten war.

Susanne rückte näher an mich heran und streichelte mich sanft. Sie war der Meinung, man müsse über alles sprechen können, das befreie. Nun, ich hatte ihren wunden Punkt geknackt, und so ließ ich mich breitschlagen, über Vergangenes zu erzählen. Ich hatte nicht die Absicht, unsere Intimität durch Mißtrauen oder Nicht-vertrauen-Können zu stören.

Eigentlich wußte ich nicht so recht, wo ich anfangen sollte. Es lag lange zurück, aber dennoch hatte die Vergangenheit eine seltsame Macht über mich.

Es begann in der Zeit, als ich im Alter von dreizehn Jahren nach Münster gezogen war. Meine Mutter zog es, alleine wegen der besseren Ausbildungsmöglichkeiten, vor, von dem kleinen Kaff in eine Universitätsstadt umzuziehen. Nach dem Tod meines Vaters hatten wir Anrecht auf eine Bundesbedienstetenwohnung. Da in Münster so schnell keine entsprechende Wohnung frei war, wurden mein Bruder und ich zunächst in einem Internat untergebracht. Wir wohnten und aßen dort, besuchten aber eine reguläre Schule in Münster. Der Internatsaufenthalt war gewöhnungsbedürftig. Ich mochte weder die Mitbewohner noch die Erzieher und zog es vor, alleine zu sein. Nach dem Mittagessen begann bis sechzehn Uhr die Freizeit, während man zwischen vier und sechs seine Hausaufgaben zu erledigen hatte. *Silentium* nannte sich dieser Zeitabschnitt. Oft bin ich mit dem Fahrrad nach dem Mittagessen durch die Gegend gefahren.

Auf einem der Streifzüge entdeckte ich einen Imbiß, zu dem ich öfters hinging, um die Freistunden zu verleben. Ich schaute zu, wie andere an den Groschenautomaten spielten. Wenn es niemand sah, warf ich manchmal auch ein paar Mark ein. Dort traf ich einen älteren Mann, Peter, einen wegen Krankheit frühpensionierten Beamten, der alleine in seiner kleinen Wohnung lebte. Wir unterhielten uns über alles mögliche, und schnell entdeckte er meine Vorliebe für die Eisenbahn. Er hatte bei sich zu Hause eine Modelleisenbahnanlage aufgebaut und so besuchte ich ihn hin und wieder, um mit seiner Eisenbahn zu spielen. Es blieb mein Geheimnis, denn hier hatte ich jemanden ganz für mich alleine.

Natürlich konnte ich in meiner Naivität nicht ahnen, daß alles, was er tat, eiskalte Berechnung war. Mit dreizehn Jahren entdeckt man nicht nur seine Sexualität, sondern ist auch neugierig, was die Erwachsenen sonst ausprobieren. Peter ließ mich rauchen und bot mir auch Bier an. Ich fand es einfach toll, daß es jemanden gab, der wie ein väterlicher Vertrauter zu mir hielt und mir keine Vorhaltungen machte. Ich fühlte mich wahnsinnig männlich.

Es zeigte mir auch Pornofilme jeglicher Couleur, damals noch als Super-8-Filme. Einmal, in der Leichtigkeit des Rausches, drängte er mich, ihn zu befriedigen. Ich weiß heute noch nicht, warum ich nicht fluchtartig die Wohnung verlassen habe. Wahrscheinlich wollte ich ihn als Vaterersatz nicht verlieren, gab es doch endlich jemanden, der sich meiner annahm. Mit gewisser Regelmäßigkeit ließ ich mich zu seinen Spielchen hinreißen.

Selbst als er mich eines Tages penetrierte, wagte ich zunächst nicht zu fliehen. Erst als der Schmerz mich fast besinnungslos werden ließ, zog ich mich an, und verließ panikartig die Wohnung. Ich rannte wie um mein Leben und war so außer Atem, daß ich glaubte, in Ohnmacht zu fallen. Die ganze Zeit über hatte ich geflennt.

Ich schlich mich in das Internat zurück. Niemand, auch der Aufseher nicht, hatte bemerkt, daß ich beim *Silentium* abwesend war. Die blutbetränkte Unterhose warf ich fort. Ich fühlte mich wie von ekelhaftem Schleim überzogen, wissend, daß tief in mir etwas zerrissen war.

Nach etwa drei Tagen bin ich wieder zu Peter gegangen. Ich war wütend und wollte ihn zur Rede stellen. Er ließ mich kaum über die Eingangsschwelle kommen. Ich bemerkte, daß er sich bereits Ersatz besorgt hatte. Ich schrie ihn an, was für eine Sau er sei und daß ich zur Polizei gehen würde, um Anzeige zu erstatten. Er packte mich am Kragen und drückte mich gegen die Wand des Treppenhauses. Er kam ganz nah vor mein Gesicht und drohte mich umzubringen, wenn ich auch nur ein Sterbenswörtchen erzählte. In diesem Moment überkamen mich Todesängste. Ich war wie gelähmt vor Angst. Da war es wieder, dieses Ohnmachtsgefühl, das ich so gut kannte.

Ich fühlte mich benutzt und weggeworfen wie ein Stück Dreck. Ich mied es, in die Nähe des Hauses zu kommen, in dem er wohnte, und auch um den Grill machte ich fortan einen riesigen Bogen. Ich hatte mich nie jemandem offenbart. Meiner Mutter traute ich schon damals nicht mehr, und so vergrub ich all meinen Haß und die Scham tief in mir. Hätte ich etwas zu meiner Mutter gesagt, hätte sie wahrscheinlich unter Androhung von Konsequenzen die ganze Wahrheit aus mir herausgepreßt. Also zog ich es vor zu schweigen, so hatte ich niemanden gegen mich und behielt meine Ruhe.

Jahre später, als wir eine Wohnung gefunden hatten und umgezogen waren, bin ich noch ein einziges Mal zu dem Mehrfamilienhaus geschlichen, um herauszufinden, ob *Er* noch dort wohnte. Ich war erleichtert, als ich sah, daß sein Namensschild von der Tür verschwunden war.

Ich konnte von jeher nachvollziehen, warum die Dunkelziffer bei sexuellem Mißbrauch so hoch lag. Ich konnte einfach nicht darüber sprechen, denn die Furcht, den ganzen Schmerz noch einmal spüren zu müssen, war so gewaltig, daß ich lieber schwieg. Ich erachtete die Erpressungsmethode gegenüber dem Opfer, es hätte mit seinem Schweigen die Absicht, den Täter zu schützen, in einer solchen Situation für wenig angemessen. Ich verbarg die ganze Angelegenheit auch aus Scham, denn nachher drehten sie einem doch noch einen Strick. Am Ende lief es darauf hinaus, daß man das ganze noch provoziert hatte und daran selber schuld war oder es gewollt hatte.

Wenn meine Welt durch solche Erschütterungen in Scherben lag, hatte ich eine tiefere Einsicht gewonnen, wie grausam das Leben war, und jedesmal bin ich wieder aufgestanden mit einer noch undurchsichtigeren Maske, die die Leere in mir verbergen sollte.

Während ich Susanne davon erzählte, breitete sich in meiner Magengegend ein flaues Gefühl aus, und am Ende meiner Schilderung mußte ich mich übergeben. Auf diese Art und Weise bahnte sich der Schmerz und der Ekel seinen Weg. Als ich von der Toilette zurückkam, sah Susanne so aus, als müsse sie sich übergeben. Ihr Gesicht war bleich geworden, und sie hatte feuchte Augen.

Es war mir nicht möglich, weiterzusprechen, und so wandte ich mich von ihr ab und schlief ein. Hoffentlich hatte sie jetzt ihre Genugtuung, mir mein Geheimnis entrissen zu haben.

Dienstag, 28. Juni 1994

Die Sonne flutete ins Zimmer herein, als ich die Augen aufschlug. Susanne schlief noch tief und fest. Heute wollte ich mit ihr ans Meer fahren. Es war schon recht spät, denn bevor wir ans Meer führen, wollten wir noch die *Alhambra* besichtigen. Höchste Zeit, aus den Federn zu kriechen.

Susanne wirkte müde und verschlafen. Sie hatte die halbe Nacht still und leise vor sich hingeweint, so sehr hatte sie meine Schilderung beschäftigt. Ich versuchte Susanne zu trösten, indem ich ihr sagte, daß es weit zurück lag. Die schöne Zeit, die Susanne und ich verbrachten, war mehr als eine Entschädigung für erlittenes Leid. Es hatte mir dennoch gut getan, darüber zu sprechen.

Susanne strahlte wieder und ich war froh darüber, denn es wäre zu schade, wenn uns Trübsal in den letzten Tagen begleiten würde.

Bevor wir zur *Alhambra* gingen, schrieb ich Siri noch eine Karte. Sie hatte sich damals für mich mitgefreut, als sie erfuhr, daß Susanne nach Sevilla zurückkommen würde. Ich beschrieb die Hälfte der Karte, wie ich mich fühlte, wie schön und toll es war. Die andere Hälfte überließ ich Susanne. Sie schrieb nur einen einzigen Satz: »I´m feeling so good«, wobei das »so« ungefähr sechs O´s hatte. Ich war erstaunt, wie einfach man doch ein großes Gefühl ausdrücken konnte.

Wir durchquerten die Gärten der *Alhambra*, die mit Zypressen, Zitrusbäumen und Akazien bepflanzt waren, passierten lauschige Innenhöfe mit Säulengängen, die zu schweben schienen und gelangten schließlich zum Herzstück der *Alhambra*, den einstigen Privatgemächern. Ich war von der verschwenderischen Pracht beeindruckt. Man konnte sich in die Zeit aus Tausend und einer Nacht zurückversetzt glauben. Leider hatten wir nur einige Stunden für die Besichtigung, da wir nachmittags den Bus nahmen, der uns an die Küste nach Salobreña brachte.

Das Hotel, das ich aus dem Verzeichnis herausgesucht hatte, lag abseits vom Dorf an einer kurvenreichen Küstenstraße. Dafür entschädigte es mit einer Panoramasicht über den Ort und die Bucht.

Meine Hoffnungen, einen schönen weißen Sandstrand und glasklares Wasser vorzufinden, wurden herb enttäuscht. Der Sand war von dunkler Farbe, und im Meer spielten junge Spanier mit Plastiktüten und sonstigem Abfall. Meine gute Laune drohte in die Hose zu rutschen. Ein geeigneter Platz bot sich auf einem Felsen, der die Bucht teilte. Die Stufen, die auf den Felsen führten, mündeten auf einem Plateau, aus dem rostige Eisenstäbe aufragten, so als sollte hier einmal ein Geschütz oder sonst irgend etwas befestigt werden. Wir fanden einen Platz zwischen den Stäben und nahmen den Felsen, *unseren Felsen*, wie wir meinten, in Besitz.

Die Sonne brannte, obwohl sie schon im Westen stand, noch ziemlich kräftig herunter. Von hier oben konnten wir die Bucht gut überblicken und zusehen, wie die Sonnenstrahlen auf der Wasseroberfläche tanzten.

Ich sagte Susanne, wie sehr ich es genossen hatte, mit ihr die *Alhambra* zu entdecken und daß es noch vieles gäbe, was ich mit ihr entdecken möchte. Das war eine Anspielung, wie es künftig mit uns weiter gehen sollte. Gefühle hin oder her, mir war klar, daß sie ein Doppelleben führte und daß irgendwann eine Entscheidung fallen mußte. Aber Susanne zu drängen, wäre unklug gewesen.

»Kennst du das Taj Mahal in Indien?« fragte sie mich.

Im Vergleich zu ihr hatte ich verhältnismäßig wenig von der Welt gesehen. Ich kannte es nur von Fotos her.

»Sollen wir es uns einmal zusammen anschauen? Ich war so beeindruckt davon, daß ich einen ganzen Tag davor saß.«

»Das meinst Du doch wohl nicht im Ernst?«

»Warum nicht?« strahlte sie.

Ich fragte mich, wie oft sie schon in ihrem Leben jemanden mit so verführerischem Blick angeschaut hatte, irgendwo in fernen Ländern.

Es wäre eine schöne Sache, mit jemandem zusammen die Welt zu entdecken. Schon oft hatte ich mir vorgestellt, wie das Gefühl wäre, mit Susanne einen Sonnenuntergang in Indonesien zu erleben oder nachts an einem einsamen Strand irgendwo auf den Philippinen dem Rauschen des Meeres zuzuhören. Meine Phantasie war dahingehend grenzenlos, denn an jedem geographischen Punkt dieser Welt hätte ich mich mit Susanne wohlfühlen können. Ich wäre allein schon aus Sehnsucht und Fernweh mit ihr gegangen.

Die Entscheidung für Susanne war von mir schon längst gefällt worden, da ich ihrem Charme erlegen war. Ich konnte mir vorstellen, mit ihr ein neues Leben anzufangen, vielleicht mit dem geheimen Vorsatz verbunden, die alten Seelenqualen für immer und ewig in das Reich der Vergangenheit zu bannen.

Aber da gab es ja ein Problem, das dem vollkommenen Glück im Wege stand. Ihr Freund und das Haus. Sie hatte Verpflichtungen und wäre gezwungen, ihre Welt zugunsten einer anderen einzutauschen. Aus ihren Erzählungen wußte ich, daß Susanne sehr an diesem Haus hing. Sie hatte meine nachdenkliche Miene bemerkt.

»Was studierst du?«

»Das Haus, hast du es mit ihm zusammen ausgebaut, in der Hoffnung, du könntest auch die Beziehung ausbauen?«

Susannes Antwort hatte ich erwartet, sie brachte ein knappes und resignierendes »Ja« hervor.

»Und du fühlst dich glücklich in diesem Haus, wenn er nicht da ist?«

Ich erhielt die gleiche Antwort. Susanne wäre glücklich, wenn sie die Gefühle, die sie für mich empfand, Reto entgegenbringen könnte. Immer wieder hatte ich mich gefragt, was für eine Beziehung sie da mit ihm führte. Es kam mir vor wie ein billiges Tauschgeschäft, tausche meinen Körper gegen ein Haus, ohne tiefere Gefühle, eine langfristig lähmende Einengung. Ich hatte den Eindruck gewonnen, daß sich Susanne während der ganzen Zeit an seiner Seite keine tieferen Gedanken gemacht hatte, um die Armseligkeit ihres Beziehungsgeflechts nicht entdecken zu müssen. Vielleicht diente Susanne das Haus auch als eine Art Schlupfloch, in das sie sich nach Belieben zurückziehen konnte, um es bei Bedarf wieder zu verlassen und auszubrechen. Das waren meine Spekulationen, die Wahrheit kannten nur die beiden.

»Susanne, du darfst mir nicht so viele Flausen in den Kopf setzen. Du weißt, wie gerne ich mit dir das Taj Mahal, und nicht nur das, sehen möchte. Am liebsten würde ich mit dir alt und grau werden und mit siebzig noch mit dir Hand in Hand in Florida am Strand liegen.«

»Wirklich?« fragte sie erregt und gab mir einen Kuß. »Könntest du dir vorstellen, Kinder mit mir zu haben?«

»Nein, nicht jetzt, später vielleicht. Wir können ja morgen heiraten, wenn du willst«, sagte ich.

Sie knuddelte sich an mich. Mir wurde bei diesen Visionen ganz weich ums Herz. Ich hoffte, Susanne würde meinen Heiratsantrag nicht annehmen, sonst wären wir genau einen Tag später vor dem Traualtar gelandet. Was für Möglichkeiten offenbarten sich da für mich? Eine Familie und Kinder zu haben, wäre das Schönste für mich. Daraus könnte eine tiefe Befriedigung in meinem Leben erwachsen, wenn ich versuchen würde, meinen Kindern das zu geben, was ich selbst nicht hatte, selbst wenn das in der Praxis nicht so einfach wäre, aber dafür gäbe ich alles.

Vielleicht begegnete man, trotz der Zwiespältigkeit der Gefühle, im Leben nur einmal einem Menschen, bei dem man die Gewißheit hatte, mit ihm für alle Zeiten zusammensein zu wollen.

Ich starrte in das Blau des Himmels, und für einen Moment wurde mir schwindelig, denn ich fürchtete, gleich von dem Felsen abzuheben und mich in dieser Farbe zu verlieren.

Das wäre ja eine feine Nachricht, die ich Christian aus Spanien mitbringen würde, daß ich mich, genau wie sein Bruder Joachim, in eine Schweizerin verguckt hatte. Und seit kurzem hatte ich auch eine neue Definition für die höchsten Glücksgefühle: Es war ein Zustand zwischen Freude und Qual, Schmerz und Lust. Ich versuchte, an diesem Nachmittag ganz in diesem Gefühl aufzugehen.

Den Sonnenuntergang wollten wir auf keinen Fall verpassen, denn der Moment, wenn die Sonne im Meer ertrank, sollte uns allein gehören. Sie stand schon als orangener Ball über dem Wasser, und die rötlichen Strahlen, die sie ausbreitete, tauchten die Landschaft in bernsteinfarbenes Licht. Das erhoffte Naturschauspiel fiel aus. Die Sonne verblich im Dunst, der sich über dem Horizont gebildet hatte. Ein kühler Wind zog auf, und wir beschlossen, im Dorf zu Abend zu essen.

Susanne und ich spannen unseren gemeinsamen Lebensweg weiter und waren uns einig, daß wir nicht in Deutschland leben wollten. Ich konnte mir durchaus vorstellen, mit ihr in der Schweiz zu leben. Ich liebte die Berge, seit ich in meiner Jugend einen Urlaub in Österreich verbracht hatte, und bedauerte, lange nicht mehr in den Bergen gewesen zu sein. Susanne versprach mir, sich nach Arbeits- und Aufenthaltsmöglichkeiten zu erkundigen, während ich zusagte, mich um unser Geschäft zu bemühen.

Nachts, als wir die Straße in Richtung des Hotels zurückgingen, breitete sich ein beeindruckender Sternenhimmel über uns aus. Noch von den kosmischen Gedanken des Tages beseelt, sinnierte ich laut über die Stärke des Gefühls, das uns verband, und wie unbedeutend dagegen ein Haus aussehen mußte, obwohl ich wußte, daß das Unsinn war. Susanne löste sich verärgert aus meiner Umarmung und stapfte schweigend einige Meter vor mir her.

Es dauerte, bis mir Susanne die blödsinnige Bemerkung verziehen hatte. Wir vereinigten uns nach diesem kleinen Streit auf wundersame Weise. Dennoch beschlichen mich wieder Zweifel, und während sie schlief, hielten mich quälende Gedanken wach. Übermorgen würde sich Susanne von mir verabschieden und nicht wiederkommen. Diese Vision überfiel mich immer wieder und genau darin lag auch der Schmerz in meinem Glücksgefühl. Es war meine tiefere Angst vor dem Alleinsein, vor dem Verlassen- und Zurückgewiesenwerden.

Donnerstag, 30. Juni 1994

Heute hieß es wieder Abschied nehmen. Das einzige, was mich ein wenig beruhigen konnte, waren Susannes Worte, daß sie mich nicht verlieren wollte.

Dennoch schwelte in mir eine Traurigkeit, als uns das Taxi zum Flughafen brachte. Als Zeichen unserer Verbundenheit hielten wir während der ganzen Zeit unsere Hände. Noch konnte ich die Fassung wahren.

Die letzten Pesetas investierte ich in Milchkaffee und Tortilla. Aber ich bekam kaum einen Bissen herunter. Etwas Bedrohliches lag in der Luft. Ich suchte nach Worten, um zum Abschied etwas zu sagen, das die Bedeutsamkeit meines Gefühls unterstrich, aber ich spürte ein Beben und Zucken in meinen Lippen. Die Traurigkeit suchte sich ihren Weg.

Nie hatte ein Mensch mein Denken und Fühlen derart beeinflußt, und ich befürchtete, daß Susanne alle meine Wünsche und Hoffnungen mitnähme, sobald sie an Bord der Maschine ginge. Am liebsten wäre ich Susanne um den Hals gefallen und hätte sie angefleht, nicht zu gehen. Bei diesem Gedanken gab es kein Halten mehr. Tränen schossen mir übers Gesicht und meine Stimme erstickte im Schluchzen. Mit traurigen Augen verfolgte Susanne meinen Gefühlsausbruch, und auch ihr rannen Tränen über die Wangen.

Ich hatte kein Wort mehr sagen können, selbst als wir vor dem Gate standen und uns umarmten. Ich hielt dieses Leben mit meinen Händen umklammert und wußte, wenn Susanne sich löste, stürbe unweigerlich etwas in mir. Mein Herz drohte zu zerspringen. Es wurde Zeit, sich aus der Umarmung zu lösen. Ich schaute Susanne nach, bis sie in der Menge verschwunden war.

Ich begab mich zur Panoramascheibe, um den Abflug zu beobachten. Tränen trübten den Blick. Durch die kleinen Scheiben der Gangway konnte ich sehen, wie die Passagiere an Bord der Maschine gingen, und ich hoffte, Susanne würde mich winken sehen.

Als das Flugzeug abhob, ging ich schweren Schrittes zum Taxistand.

Während ich die Abfertigungshalle durchschritt, kam ich mir vor wie Gregory Peck am Ende des Films *Ein Herz und eine Krone*. Es war wie im Film, alles ging irgendwann zu Ende.

Selbst der Taxifahrer hatte tröstende Worte für mich übrig. Sevilla hatte sich als Ort der Gefühle in meine Erinnerung eingebrannt, und wenn man einem echten Sevillaner nicht nur Komplimente über seine Stadt machte, sondern die Stadt mit der Liebe in Verbindung brachte, dann war es das Ultimative, was es für ihn gab. Der Dank des Taxifahrers für das üppige Trinkgeld war ein Wortschwall vom ewigen Glück und besten Wünschen für die Kinder.

Damals konnte ich gar nicht schnell genug nach Sevilla gelangen, doch jetzt empfand ich die Geschwindigkeit des AVE als peinigend, da ich den Eindruck hatte, mit Macht von dem Ort meines Glücks entrissen zur werden. Je weiter ich mich entfernte, desto finsterer wurden meine Gedanken. Die Tränen, die ich weinte, drückten nicht alleine den Trennungsschmerz aus, sondern es waren Tränen eines Verlierers.

Vom Madrider Flughafen schrieb ich bereits die erste Karte an Susanne. Ich nahm Bezug auf ihre selbstgemalte Zeichnung. Ich kam mir vor wie der Stier, der heute einen weiteren Lanzenstich erhalten hatte.

Auf dem Rückflug wurde ich mit einem Blick auf Paris entschädigt. Nie zuvor hatte ich die Seinemetropole gesehen, und jetzt, da sie im Dunst zehn Kilometer unter mir vorbeizog, schaute ich angestrengt nach unten, um Details zu erkennen. Ich sah recht deutlich den Eiffelturm, die Seine, in der sich die Sonnenstrahlen spiegelten, und die strahlenförmig verlaufenden Straßen rund um den Triumphbogen. Zwei Monate würde ich mich in Geduld üben müssen, bis wir nach Paris führen, aber ich konnte mir schon jetzt lebhaft vorstellen, wie wir *unser* Paris entdeckten.

Als die Maschine abends in Düsseldorf aufsetzte, war meine Laune auf dem Nullpunkt. Nun war das dreimonatige Abenteuer vollends vorbei. Mir kam es vor, als hätte ich mit der Landung eine Hülle aus Heiterkeit und Lebensfreude abgestreift. Nach so langer Abwesenheit freute ich mich zwar, meine Freunde wiederzusehen, aber es mangelte mir an der Herzlichkeit. Es würde wohl einige Zeit dauern, bis ich mich wieder in die deutsche Lebensweise eingewöhnt hatte.

Mate, der winkend und lachend mit einer Flasche Altbier in der Hand am Gate stand, bereitete mir einen rührseligen Empfang. Wir fuhren über die Autobahn in Richtung Münster und tauschten Neuigkeiten aus. Verpaßt hatte ich während meiner Abwesenheit nichts. Durch die Lüftungsschlitze drang der intensive Duft nach Gras und Erde von einem kurz zuvor niedergegangenen Gewitterregen. Deutschland roch anders.

Juli 1994

Aktivität auf allen Linien war das Zauberwort, um dem Gefühl der Leere und der Langeweile nicht allzuviel Raum zu geben. Bis ich mir Klarheit über meinen weiteren Werdegang verschafft hatte, nahm ich eine Aushilfstätigkeit bei einer Versicherung an. Zusätzlich arbeitete ich an den Wochenenden wieder auf den Flohmärkten als Marktaufsicht. Ich hatte das Geld nötig, da der Spanienaufenthalt ein dickes Loch in die Habenseite meines Kontos gefressen hatte.

In Briefen wandte ich mich an die Schweizer Botschaft und andere Institutionen in der Schweiz, um weiterführende Informationen über Arbeitsmöglichkeiten zu erhalten. Ich schrieb an die Industrie- und Handelskammer und bat um die Zusendung von Broschüren über Existenzgründungsmöglichkeiten.

Susanne hatte mir den Vorschlag unterbreitet, im Januar nach Indien zu fliegen. Dort würde sie versuchen, an alte Geschäftsbeziehungen anzuknüpfen. Susanne hatte noch Kontakt zu einem Engländer, der begonnen hatte, im kleinen Stil Kleider von Indien nach England zu exportieren und der mittlerweile drei gutgehende Boutiquen in London besaß. Bei der Bundesstelle für Außenhandelsinformationen besorgte ich mir einen Katalog über die Zoll- und Ausfuhrbestimmungen Indiens. Susanne informierte sich ihrerseits nach Arbeits- und Aufenthaltsmöglichkeiten für mich. Die ersten Schritte waren in die Wege geleitet, und dies gab mir das Gefühl, daß es mit uns weitergehen würde und das Ganze nicht als Hirngespinst abgetan wurde.

Wo immer sich die Gelegenheit bot, zeigte ich stolz ihre Fotos herum und pries wie ein Jünger das Wunder der Liebe. Selbst bei Anja bedankte ich mich für ihre guten Wünsche, denn mein größter Traum, jemanden zu finden, mit dem man eine gemeinsame Zukunft gestalten könnte, war in Erfüllung gegangen. Anja freute sich für mich und hoffte, daß wir uns bald einmal besuchten.

Während meiner Tätigkeit als Marktaufsicht lernte ich ein Pärchen kennen, das ein eigenes Geschäft mit dem Import und Verkauf von allen möglichen Artikeln gegründet hatte. Ich unterhielt mich lange mit ihnen über das Für und Wider des Selbständigseins. Wenn man den Großhandel ausschaltete, indem man die Waren selbst importierte und sich auf Nischenprodukte spezialisierte, hatte man eine realistische Chance, Geld zu verdienen. Mir war klar, daß ich die Geschäftsgründung klein und vor allem zunächst nebenberuflich angehen mußte. Wenn ich es nicht wenigstens versuchte, würde sich der Traum von der Selbständigkeit nie erfüllen.

Ich löcherte die beiden mit allen möglichen Fragen, und sie gaben mir bereitwillig Auskunft. Da ich das Geschäft nicht in Münster eröffnen wollte und ihnen daher keine Konkurrenz drohte, sagten sie mir ihre Unterstützung in allen wichtigen Fragen zu. Ich war froh, daß meine Pläne langsam konkreter wurden.

Christian freute es, mich nach langer Zeit einmal wieder so richtig ausgelassen und heiter zu erleben. Ich besuchte ihn für ein Wochenende in Bielefeld, wo er seit zwei Jahren wohnte. Er, der ein Faible für Autos hatte, trug sich mit dem Gedanken, einen Pick-up aus Amerika zu importieren. Über Beziehungen hatte er einen Spediteur in Philadelphia aufgetan, der ein Fahrzeug relativ günstig nach Deutschland verschiffen würde. Als ich Christian von Andrew, der in Philadelphia zu Hause war, erzählte, planten wir an diesem Nachmittag unseren Amerikatrip. Andrew könnte uns helfen, vor Ort geeignete Ford-Händler aufzuspüren, die den besagten Fahrzeugtyp in entsprechender Farbe und Ausstattung auf Lager hatten.

Ich rief Andrew abends an, und er sagte mit typisch amerikanischer Leichtigkeit »no problem«, wann immer uns danach sei, sollten wir herüberkommen, er würde sich um alles kümmern. Andrew, so wie ich ihn kennengelernt hatte, war nicht einer, der sich in Oberflächlichkeiten verlor, sondern jemand, auf dessen Wort Verlaß war.

Laut Christians Berechnungen zwischen dem Import eines Bielefelder Händlers und einem Import auf eigene Rechnung ergab sich ein klarer Vorteil, die Angelegenheit selbst in die Hand zu nehmen. Insgeheim hatte Christian auf meine Unterstützung spekuliert, weil er des

Englischen nicht ausreichend mächtig war. Die errechnete Preisdifferenz beim Eigenimport reichte aus, um mir den Flug zu bezahlen.

Vor dem Amerikaaufenthalt plante er, seinen Bruder Joachim in Zürich zu besuchen, und er lud mich ein, ihn dorthin zu begleiten. Von dort aus könnte ich über das Wochenende zu Susanne nach Amriswil fahren, das ungefähr eine Stunde Zugfahrt von Zürich entfernt lag. Ich war vor Vorfreude total aus dem Häuschen. Am zwölften August würden wir nach Zürich fahren, um am darauffolgenden Montag in die USA zu reisen.

Nach sechs Wochen des sehnsüchtigen Wartens würde ich Susanne wieder in meine Arme schließen können. Für mich waren das zweiundvierzig Tage zu viel.

Susanne freute sich über die Ankündigung meines Besuches. Ich platzte fast vor Neugierde, die Gegend, aus der sie kam, kennenzulernen. Sie hatte mir viel von dem Landstrich am Bodensee erzählt.

Ich rief sie mindesten zweimal pro Woche zu Hause oder bei ihrer Arbeitsstelle in Romanshorn an. Mittlerweile wußte Reto von meiner Existenz. Susanne scheute sich nicht, in seiner Gegenwart mit mir zu telefonieren. Dadurch gewann ich die Hoffnung, daß er sich langsam an ein Ende der Beziehung gewöhnte.

Einzig Renate regte mich auf. Sie absolvierte ein Praktikum in Zürich und hatte Susanne für ein Wochenende besucht. Obwohl Susanne nicht unerwähnt ließ, daß es mit Reto nicht mehr klappte, war Renates einziger Rat an Susanne, das Haus nicht aufzugeben. Ich interpretierte das als Neid, da sich niemand mit Renate abgeben wollte. Ihr materialistisches Sicherheitsdenken war mir schon in Sevilla auf die Nerven gegangen, ich hoffte aber, daß sich Susanne nicht davon beeindrucken ließe.

Ich hatte mich trotz aller Zweifel, die mir von Freunden und natürlich von zu Hause entgegenschlugen, für ein Leben mit Susanne entschlossen, auch wenn momentan von ihrer Seite keine endgültige Entscheidung gefällt worden war. Ich vertraute dem Faktor Zeit.

Eine meiner Bewerbungen, die ich vor meinem Sevillaaufenthalt abgeschickt hatte, war erfolgreich. Ich erhielt die Möglichkeit, in Frankfurt an einem von einer Investmentbank ausgerichteten Assessment-Center teilzunehmen. Den ganzen Tag lang absolvierte ich Tests und führte Gespräche.

Als mich Ende Juli eine Absage erreichte, war ich nicht traurig, sondern erleichtert. Weniger als zuvor hatte ich den Wunsch, im Büro einer Bank oder eines Konzerns zu verstauben.

Für mich gab es nur Susanne und unsere Visionen von einer gemeinsamen Zukunft. Dies beschwor ich auch in meinen Karten und Briefen, die ich Susanne schrieb. Nie zuvor hatte ich jemandem so gern und leidenschaftlich geschrieben. Für mich war das auch nichts Außergewöhnliches, da ich nie zuvor ein so intensives und starkes Gefühl für einen Menschen empfunden hatte. Die Welle der Kraft und Lebensfreude trug mich mühelos durch den Juli. Ich wachte früh morgens gutgelaunt auf, sprühte vor Freude bei der Arbeit und war auch sonst durch nichts aus der Ruhe zu bringen.

Ungeduldig wartete ich in diesen Tagen auf den versprochenen Brief von Susanne. Ich hatte die alten Briefe aus Sevilla wieder und wieder gelesen, denn niemand hatte mir zuvor Worte von solcher Tragweite gesandt. Ich war gespannt auf weitere Zeilen, die ich dann wieder und wieder lesen würde.

Montag, 1. August 1994

Ich rief Susanne zu Hause an, nachdem ich mehrfach vergebens versucht hatte, sie an ihrem Arbeitsplatz zu erreichen. Der Grund war simpel: Die Schweizer feierten ihren Nationalfeiertag.

Sie war am Apparat kurzangebunden, da es eine Auseinandersetzung mit Reto gegeben hatte. Ich machte mir Sorgen und bat Susanne, mich am Abend zurückzurufen. Hatte sie Reto die ganze Wahrheit gebeichtet? Ich malte mir die Offenbarung in den schlimmsten Farben aus. Hoffentlich würde er Susanne nicht anrühren.

Den ganzen Abend verbrachte ich gespannt neben dem Telefon. Ich vergewisserte mich ständig, daß die Leitung nicht tot war und der Hörer korrekt auf der Gabel lag. Ich wollte den Anruf auf keinen Fall verpassen. Stunde um Stunde verging, ohne eine Nachricht von Susanne. Erst gegen halb zwölf läutete das Telefon und holte mich aus einem Dämmerzustand zwischen Schlaf und Wachtraum. Ich sprang auf und fühlte mich erleichtert, als ich Susannes Stimme hörte.

Susanne konnte nicht lange mit mir sprechen, da sie heimlich telefonierte. Im Garten waren ihre Eltern und Schwiegereltern in spe versammelt. Es gab ein Familientreffen, bei dem über den Hochzeitstermin beraten wurde. Als Susanne ihren Unwillen über eine Heirat mit Reto bekundete, brach eine heile Welt zusammen. Ich kannte die kleinbürgerliche Moral noch allzugut aus dem Dorf meiner Großeltern. Auf dem Land sprachen die Eltern darüber, wer für den Bund des Lebens geeignet sei, noch ein Wort mit. Oft schon hatte ich von opportunistischen Entscheidungen gehört, die aus dem Druck des Umfeldes entstanden.

Ich versuchte Susanne zu beruhigen, so gut es mir aus der Distanz möglich war. Ich versprach, zu ihr zu halten, egal wie schwierig sich die Lage gestalten sollte.

»Ich liebe dich«, wiederholte sie immer wieder, und ich konnte mich an diesen Worten gar nicht satthören.

Dreizehn Tage trennten uns noch von einem Wiedersehen; selten sind mir Tage so elendig lang vorgekommen.

Die bedrohliche Situation, die sich da fernab zusammenbraute, versuchte ich in den folgenden Tagen mit Schwärmereien in Schach zu halten. Ich träumte von uns in Paris und dachte daran, daß ein wenig gemeinsame Zeit die Lage schon wieder in einem besseren Licht erscheinen ließe. Am ersten September würden wir nach Paris fahren. Zur Einstimmung auf diese Reise genoß ich die lauen Sommerabende bei Rotwein, Phantasien und der Musik von Edith Piaf.

Donnerstag, 4. August 1994

Als ich von der Arbeit nach Hause kam, fand ich zwei Briefe von Susanne vor meiner Zimmertür. Gleich zwei Briefe! Für mich war an diesem Tag Ostern und Weihnachten auf einen Tag zusammengefallen.

Die Regel in unserer Wohngemeinschaft lautete, Post für die Mitbewohner immer auf den Kühlschrank im Vorflur zu legen. Wahrscheinlich hatte Martin oder Daniel die Briefe absichtlich vor meine Zimmertür gelegt, damit ich sie schon beim Betreten der Wohnung vorfände. Nachdem Susanne die Briefe vor einer Woche abgeschickt hatte, ohne daß sie mich erreicht hatten, nervte ich die beiden täglich, ob nicht zufällig jemand die Briefe gesehen hatte. Der Grund der Verspätung lag darin, daß Susanne die Umschläge mit einer falschen Hausnummer versehen hatte, so daß sich erst die Nachforschungsstelle der Deutschen Bundespost bemühen mußte, die korrekte Adresse herauszufinden.

Ich rief Susanne umgehend an, um ihr die Sensation des Briefeinganges mitzuteilen. Sie drängte mich, die Briefe zu öffnen, da sie meine freudige Reaktion miterleben wollte, doch ich sagte Susanne, daß ich sie später zurückrufen würde.

Die Briefe wollte ich in aller Ruhe wie ein Gourmet genießen. Vorsichtig öffnete ich den ersten Umschlag, so, als enthielte er einen zerbrechlichen Gegenstand. Er enthielt nur eine Karte, auf die Susanne ein Bild skizziert hatte. Ein Strichmännchen saß auf einem Schemel vor einer Staffel und wurde von einem anderen Strichmännchen porträtiert. Statt eines Abbildes malte die Figur ein großes rotes Herz auf die Leinwand. Ich war beseelt von dem Ausdruck, der sich hinter diesem Bild verbarg. Auf der Rückseite entschuldigte sich Susanne, den Brief an mich nicht fertiggeschrieben zu haben, aber die Zeichnung sollte für die ungesagten Worte entschädigen. Und ob sie das tat. Ich war verblüfft, wie einfach es war, Gefühle anders als durch Worte mitzuteilen. Ich versuchte, umständlich in langen Worten meine Gefühle zum Ausdruck zu bringen, während Susanne es mit Hilfe einer einfachen Zeichnung bewerkstelligte.

Der dickere Umschlag enthielt eine Karte, die das Motiv *Der Kuß* des Wiener Jugendstilmalers Gustav Klimt zeigte. Jedes ihrer Motive schien sorgfältig, dem Anlaß entsprechend, ausgewählt worden zu sein. Ich schätzte Menschen, die sich Gedanken machten. Als ich die Karte öffnete, fielen einige Fotos heraus. Es waren die Fotos, die wir in der *Alhambra* in Granada geschossen hatten. Endlich hatte ich ein Foto, auf dem Susanne lachte.

Beim Durchlesen der wenigen Zeilen erschrak ich. Wenn sie die Motive so sorgfältig ausgewählte hatte, mußte sie auch die Worte mit Bedacht gewählt haben:

Noch ein paar Gedanken zu der Nacht in Granada. Wie soll man andere Menschen wirklich lieben können, wenn man sich selbst, so wie man ist, nicht lieben oder akzeptieren kann?
Und wie soll man das auch können, wenn man von Anfang an nicht die Möglichkeit dazu hatte?

Ich hätte mich freuen können, daß sie sich Gedanken um mich machte, was aber meinen Anstoß erregte, war der Satz, »andere nicht lieben können«. Zeitlebens hatte ich darüber nachgedacht, ob ich je einem anderen Menschen eine tiefere Zuneigung zeigen könnte. Dachte ich, Susanne dies mehr als deutlich offenbart zu haben, hegte sie mit diesem Wink doch Zweifel an der Echtheit meiner Gefühle.

Ich rief Susanne an und ritt auf dem Satz herum. Obwohl sie das Gewicht auf die Gesamtheit der Aussage legen wollte, ließ ich nicht locker. Ich mußte wissen, was das zu bedeuten hatte.

»Jetzt reicht´s mir Stefan. Du zweifelst ja alles an!« rief sie entsetzt.

»Nein, das ist es nicht. Ich ertrage es nicht, wenn . . . «, sie unterbrach mich.

»Nein, jetzt hörst du mir zu! Ich habe es mir überlegt. Das ganze wird mir zu schwirig mit dir.«

»Was meinst du damit?«

»Ich werde etwas alleine machen oder mit Reto.«
»Was soll das jetzt?«
»Stefan, du machst alles von mir abhängig.«
»Was soll das bedeuten. Nur weil ich mit dir zusammenleben will?«
»Es wird mir zuviel. Ich will meine Freiheit wieder«, protestierte sie. In mir krampfte sich bei diesen Worten alles zusammen. Ich begann zu vibrieren.
»Heißt das, es ist Schluß?«
Schweigen. Ich wurde wütend und schrie ins Telefon.
»Dann mach doch was alleine oder mit ihm, wenn es dir dann besser geht!« Danach knallte ich den Hörer auf die Gabel.
Ungläubig starrte ich auf die Zeiger meiner Uhr. Vor fünf Minuten war meine Welt noch in Ordnung gewesen und plötzlich hatte sich alles verwandelt. Mein Gehirn rotierte, um den Inhalt des kurzen Gesprächs zu begreifen. Was sollte das bedeuten, sie habe es sich überlegt. Vor allen Dingen, wann hatte sie es sich überlegt, denn das Wort implizierte ja bereits, daß es sich nicht um eine spontane Reaktion handelte, sondern um einen längeren Prozeß.
Wütend schleuderte ich ihre Briefe in die Ecke. Ich beschloß, einige Runden um das Haus zu drehen, um auf klare Gedanken zu kommen.
Diese Worte waren nicht mit Leichtigkeit dahergesagt worden, und noch immer hatte ich Mühe, mir der Tragweite ihrer Worte bewußt zu werden. War es Susanne ernst, die Beziehung am Telefon zu beenden oder hatte sie nur einen schlechten Tag erwischt? Bei dem Gedanken daran breitete sich ein mächtiger Kloß in meinem Hals aus. Ich wollte sie noch einmal anrufen, doch nachdem ich ein Freizeichen bekam, legte ich wieder auf. Ich wäre nicht in der Lage gewesen, ein klares Wort zu formulieren.
Abends traf ich mich mit Freunden im *Coco Loco*, doch ich ließ mir meine Verwirrtheit nicht anmerken. Selbst als ich Andrew in Philadelphia anrief, um ihn genauere Details über die Flugdaten wissen zu lassen, spielte ich die Frohnatur in Person.
Während der ganzen Nacht quälten mich Fragen, die mich um den Schlaf brachten. Wo war all das Schöne geblieben, und wann hatte

es umgeschlagen? Völlig übermüdet schrieb ich Susanne am nächsten Morgen, noch bevor ich zur Arbeit ging, einen sechsseitigen Brief, in dem ich mein Unverständnis ausdrückte.

Montag, 8. August 1994

In wenigen Tagen hatte ich ihr vier Briefe geschrieben. Ich spekulierte über den Grund für ihren plötzlichen Umschwung. Viele Worte hatte ich aneinandergereiht, doch mir kam es vor, nichts gesagt zu haben, denn hinter jedem Gedanken, den ich niederschrieb, hinter jedem bedeutungsvollen Schlagwort, wie Liebe, Glauben und Vertrauen, tauchten neue Verzweigungen auf, die ich ebenfalls beleuchten wollte. Die sich in meinem Gehirn ausbreitende Gedankenflut war kaum zu bewältigen, denn so schnell, wie sie sich aufstaute, konnte ich sie nicht abfließen lassen und niederschreiben.

Wieder und wieder dachte ich über den Zeitraum zwischen dem ersten und vierten August nach und versetzte mich dabei in ein Zwiegespräch mit Susanne. Ich versuchte, ihr Denken nachzuzeichnen und spielte iterativ verschiedene Möglichkeiten für ihren Entschluß durch, bis ich eine Version gefunden hatte, von der ich glaubte, daß sie der Wahrheit am nächsten käme. Je mehr Zeilen ich niederschrieb, desto mehr spürte ich, wie Susanne mir zusehends zu entgleiten schien. Ich reflektierte ihre Worte, appellierte und versuchte immer verzweifelter, Susanne umzustimmen.

Fünfmal hatte ich sie angerufen, aber nicht gewagt, zu sprechen. Einmal hatte ich Retos Stimme vernommen.

Georg hielt sich seit dem Vortag mit Dolores, die aus Spanien zu Besuch gekommen war, bei mir auf. Er tingelte mit ihr durch Deutschland. Wenn ich nicht so von der Rolle gewesen wäre, hätte ich mich bestimmt über ihren Besuch gefreut, und jetzt befürchtete ich, ein schlechter Gastgeber zu sein. Zudem war es mir peinlich, daß ich den beiden nicht mehr als mein kleines Zimmer anbieten konnte, denn es reichte kaum für eine Person. Während der Zeit ihres Besuches schlief ich in Martins Zimmer, der verreist war.

Georg hatte sich nach Susannes Befinden erkundigt, und ich verschwieg nicht, daß wir eine gewaltige Meinungsverschiedenheit hatten.

Klarheit hatte ich indes nicht, und die seit Tagen schwelende Ungewißheit steigerte sich ins Unerträgliche. Ich hielt es keinen Moment länger aus und rief Susanne an. Sie meldete sich quietschvergnügt, so als sei ich bereits abgehakt.

»Geht´s dir gut?«

Ihr knappes »Ja« klang mir viel zu unbeschwert, was mich rasend machte.

»Hast du meine Briefe nicht bekommen?«

»Doch.«

»Wie, und darauf erhalte ich nicht einmal eine Antwort?«

Sie schwieg.

»Es ist also Schluß, da kann ich definitiv von ausgehen?«

»Ja.«

»Was heißt das, einfach nur ›ja‹ zu sagen?« brach es aus mir erregt hervor, »am Telefon, ist das alles, was du fertigbringst? Du weißt doch, daß wir uns am Samstag treffen wollen, oder?«

»Stefan, ich schreib dir, ich kann es dir nicht ins Gesicht sagen«, antwortete sie mit weinerlichem Ton.

»Wie, nach allem was du mir gesagt hast, nach all den Worten und Erlebnissen kannst du es mir noch nicht einmal ins Gesicht sagen?«

In mir brodelte es gewaltig.

»Es ist das Haus, nicht wahr? Du wolltest alles haben, mit mir eine schöne Zeit verbringen und bevor er dich rauswirft, wieder zu ihm zurückkriechen, ist es so? Du hast mich die ganze Zeit nur benutzt!« schrie ich sie an.

»Oh nein, Stefan!«

»Von wegen. Kennt er überhaupt die ganze Wahrheit?«

»Nein, ich kann es ihm nicht sagen.«

»Das habe ich mir gleich gedacht. Du Feigling willst dich bequem aus der Affäre ziehen. Und was ist mit unseren Plänen, he? Was ist mit Paris, mit Indien und so weiter, wird daraus nichts mehr? Und deine Gefühle, ist jetzt alles weg?«

»Bitte Stefan, ich werde es dir schreiben«, flehte sie.

Mich packte blinde Wut, die Tränen in meine Augen stiegen ließ.

»Wozu die ganzen Worte, ich habe daran geglaubt, sag schon, warum?«
»Ich wollte mal sehen, was für ein Mensch du bist.«
Ich lachte höhnisch auf.
»Das war alles?«
Ich verstand die Welt nicht mehr. Der Mensch am anderen Ende der Leitung war nicht die Susanne, die ich in Sevilla kennengelernt hatte, jetzt entdeckte ich in ihr einen kalten und herzlosen Menschen. Wie konnte ich mich so getäuscht haben? Das alles hatte sie mir doch nicht vorgespielt?
»Weißt du was du bist? Du bist eine miese, feige Drecksau. Ich habe dir vertraut und nun schmeißt du alles am Telefon weg. Du Miststück, du ...«, ich war unfähig weiterzusprechen und knallte den Hörer so heftig auf die Gabel, daß ich glaubte, den Telefonapparat zu zerquetschen. Ich schüttelte den Kopf. Nein, nein, nein, das darf nicht wahr sein! Mir blieb die Luft weg, so als habe mir jemand befohlen, das Atmen einzustellen.
»Fuck!« brüllte ich aus Leibeskräften vor mich hin.
Georg, der sich mit Dolores in meinem Zimmer aufhielt, kam herüber und fragte mit besorgter Miene, ob alles in Ordnung sei. Ich ging mit ihm zu Dolores und entschuldigte mich, ein so schlechter Gastgeber zu sein.
Schwer ließ ich mich auf das Bett fallen. Ich sprach spanisch, damit auch Dolores meinem Monolog folgen konnte. Ich wiederholte ständig: »¡No puede ser!«
Mit mitleidigem Blick hatte mich Dolores beobachtet, doch als mir die Stimme völlig versagte, entschuldigte ich mich und ging wieder in Martins Zimmer.
Georg folgte mir. Mit leerem Blick stand ich am Fenster und starrte auf das gegenüberliegende Gebäude. Er stellte sich neben mich und legte seinen Arm auf meine Schulter.
»Stefan, ich weiß, in einer solchen Lage helfen keine Worte.«
Seine ruhige Stimme und die sanfte Berührung ließen mich für einen Moment ruhen.
»Ich weiß auch nicht, was in Susanne gefahren ist, ihr ward ja in

Sevilla ein Herz und eine Seele, bei euch war ja jede Zelle des Körpers beteiligt. Vielleicht ist ihr das alles zu viel geworden? Vielleicht braucht sie nur Zeit zum Nachdenken?«

Er versuchte, mir Susannes Entscheidung plausibel zu machen, um mir Trost zu spenden.

»Ist schon gut Georg. Es ist vorbei.«

»Gib ihr ein wenig Zeit, das hilft meistens!«

»Nein, jede Minute wird sie nutzen, um sich weiter von mir zu entfernen, damit sie leichter zu ihm zurückfindet.«

»Aber du hast doch gewußt, daß sie einen Freund hat, ich meine die Möglichkeit stand doch im Raum, oder nicht?«

»Oh nein, Georg, nicht nach all den Worten, die sie für mich übrig hatte, nicht nach all dem was geschehen ist.«

Tränen flossen wieder.

»Georg, ich verstehe diese Welt nicht mehr. Es gibt vieles, was du nicht weißt. Ich kann es dir auch nicht begreiflich machen. Ich habe so viel Scheiße im Leben durchgemacht. Und dann kommt endlich jemand, dem ich vertraue. Sie hat mir tausendmal geschworen, mich nicht zu enttäuschen. Am ersten August hat sie mir nachts noch gesagt, daß sie mich liebt. Es klang so fröhlich und ehrlich, und ein paar Tage später schießt sie mich ab. Ich glaub das einfach nicht.«

»Habt ihr gestritten?«

Ich zuckte nur mit den Schultern, während die Tränen liefen.

»Ach, Stefan, die wird sich das sicherlich noch einmal überlegen. Und wenn nicht, mein Gott, du bist so ein witziger und netter Kerl, du wirst bestimmt eine andere finden.«

»Scheiß Standardspruch«, dachte ich mir, sagte aber nichts.

Georg ging mit Dolores in die Stadt. Er ahnte wohl, daß ich es vorzog, alleine zu sein. Die folgende Trauerwelle erwischte mich noch härter. Es war mir, als zöge mir jemand den Boden unter den Füßen weg. Ich fiel auf die Matratze und heulte, wie ich nie zuvor in meinem Leben geheult hatte. Es waren wütende Tränen. Ich befürchtete, meine ganze Körperflüssigkeit aus den Augen zu drücken.

Hatte ich die ganze Zeit mit einer Fremden verbracht, und zeigte mir Susanne jetzt ihr wahres Gesicht? Ich fühlte mich weggeworfen wie ein Stück Dreck, betrogen um die Ideale, die wir beschworen hatten. Ein Wort hatte alles umgestoßen, dieses eine Wort, das wie ein Schuß meine heile Welt verletzte, das eine ungeheure Macht besaß und meine Wünsche und Visionen umfallen ließ, wie eine Kette von Dominosteinen.

War das alles nur eine künstliche Welt, die wir erschaffen hatten, eine Luftblase, die jetzt wie ein Urknall explodierte und mich am Boden zerstörte? Wie ein zertretenes Insekt klebte ich auf der Matratze, während Gedankenfetzen im Zeitraffer an mir vorbeizogen.

Ich hatte Susanne nicht meine Schwachpunkte aufgezeigt, damit sie in diese Wunden hämmerte. Dieser Schlag ließ alte Erinnerungen an ein Benutztsein und Zurückgewiesenwerden wieder aufleben. Susanne hatte mich an der schwächsten Stelle getroffen, mitten ins Schwarze, denn meine Seele war für solche Schläge nicht geschaffen. In mir kam das alte Gefühl auf, ungeliebt zu sein.

Nachdem die Tränen einen Kloß in mir freigeschwemmt hatten, bahnte sich ein anderes Gefühl seinen Weg durch die Trauer. Haß!

Mich überkam mörderischer Haß. Wieder tauchte das Bild vom Stier in meiner Erinnerung auf. Der Kampf war jetzt eröffnet. Susanne hatte es so gewollt, es würde ein erbitterter Kampf werden, Sieg oder Niederlage, und noch hatte ich nicht verloren, denn manchmal hatte auch der Stier eine Chance. Ich entdeckte eine dunkle Seite in mir, die Niedertracht, die in mir aufstieg und mich ganz einnahm.

Nach einer Stunde war ich wieder in der Lage zu sprechen. Ich rief Susanne erneut an.

»Das war also dein letztes Wort, und du hast es dir gut überlegt?«

»Ja, Stefan, ich hätte mich noch bei dir gemoldet, ganz bestimmt.«

Ihr Schweizerdeutsch ging mir jetzt mächtig auf den Wecker. In ruhigem und überlegten Ton fuhr ich fort.

»Na gut, wenn du deinen Weg gehst, gehe ich meinen. Dann habe ich es mir auch überlegt.«

»Was heißt das?« fragte sie ängstlich.

»Ich werde mir den Strick nehmen.«

»Nein! Stefan, du bist ein Selbstzerstörer!«

Ich legte auf. Nun war auch meine Maske gefallen, und ich zeigte ihr mein wahres Gesicht. Das war ihr schwächster Punkt. Tust du mir weh, tu ich dir weh.

Aber kaum war dieser Gedanke zu Ende gedacht, wußte ich genau, was ich mit diesen Worten angerichtet hatte. Nun war alles kaputt, jetzt gab es kein Zurück mehr.

Wieder flossen Tränen, da ich begriff, wie falsch die Liebe war und was sich hinter diesem Deckmantel alles verbarg: Opportunismus, Egoismus, Bequemlichkeit und Haß.

Ich verschwieg Georg das Gespräch mit Susanne. Er meinte, ob ich nicht einmal ihren Freund oder ihre Schwester Alexandra anrufen wolle, um in Erfahrung zu bringen, was wirklich los sei. Es wäre möglich, daß mir Susanne irgend etwas die ganze Zeit über verschwiegen hatte. Ich rief an, aber als ich Retos Stimme vernahm, legte ich auf. Ich hätte nicht den Mut gefunden, ihn anzusprechen, weil ich wußte, daß er mich haßte wie die Pest. Außerdem wollte ich mich nicht als Verlierer präsentieren, hatte er doch seinen Willen bekommen. Und Alexandra? Ich zweifelte, ob sie überhaupt von meiner Existenz wußte.

Georg und Dolores versuchten, mich abends aus meinen trüben Gedanken herauslocken, doch so sehr sie sich bemühten, es gelang ihnen nicht. Ich zog es vor, meinen Wutausbruch in einem weiteren Brief zu rechtfertigen. Kaum hatte ich durch die Begegnung mit Susanne das Gefühl erfahren, mich wie neugeboren zu fühlen, wollte ich nicht schon wieder in Schmerz und Trauer verwesen. Ich rechnete nach, wie lange unsere Beziehung gedauert hatte: *Drei Monate und ein Tag*.

Freitag, 12. August 1994

Seit fast einer Woche hatte ich kaum geschlafen. Ein Gedanke hatte den anderen gejagt, ein nicht enden wollender Nervenkrieg bahnte sich an. Viermal hatte ich bis heute mit ihr telefoniert. Vorwürfe, Beschwichtigungen und Rechtfertigungen wechselten einander ab. Wir hatten ein Treffen für den nächsten Tag vereinbart. Ich hatte einfach das Bedürfnis, Susanne zu sehen. Vielleicht könnte ich an der Situation noch etwas ändern, denn ich war nicht bereit, kampflos abzutreten.

Gegen halb drei wollte mich Christian abholen, um nach Zürich zu fahren. Er war bereits seit einer Stunde überfällig. Das Umhergehen in meiner kleinen Bude machte mich fast wahnsinnig. Bis wir endlich alle Besorgungen, Geschenke für Christians Familie, erledigt hatten, war es bereits halb fünf, als wir endlich auf der Autobahn Richtung Süden rollten. Vanessa, Christians Freundin, döste auf dem Rücksitz, während ich mich mit Christian unterhielt. Ich erkundigte mich nach den Neuigkeiten aus Bielefeld.

Ich lauschte Christians Ausführungen nur mit halben Ohr. Mit meinen Gedanken war ich ganz woanders. In meinem Kopf tauchten Bilder auf, die wie ein Schnelldurchlauf eines Filmes hin und her rasten. Der Park in Sevilla, der Felsen, ein Lachen, Wortfetzen.

Christian fragte nach Susanne. Ich gab ihm zwar Auskunft, versuchte aber, die ganze Sache herunterzuspielen. So wollte ich vermeiden, in eine ellenlange Diskussion zu treten.

Hinter Frankfurt, es war bereits dunkel geworden, ging uns das Gesprächsthema aus. Christian, etwas müde geworden, konzentrierte sich aufs Fahren und ich gab mich ungestört meiner Grübelei hin. Die Fahrt konnte nicht schnell genug gehen. Obwohl wir uns erst für den nächsten Tag verabredet hatten, brauchte ich das Gefühl der örtlichen Nähe zu Susanne. Zugunsten dieses Gedankens unterdrückte ich mein Hungergefühl. Es störte mich, als Christian vorschlug, bei Stuttgart die

Autobahn zu verlassen, um bei *McDonald's* eine Snackpause einzulegen, ich ließ mir aber nichts anmerken.

Natürlich verfuhren wir uns auf der Suche nach dem grell leuchtenden großen gelben ›M‹, das man angeblich von der Autobahn aus sehen konnte. Wenigstens brachte diese Suche ein wenig Abwechslung in das Gedankeneinerlei.

»Typisch Christian!« dachte ich mir. Es mußte unbedingt *McDonald's* sein. Ich konnte mir sein fleischiges rundliches Gesicht sehr gut vorstellen, überdimensioniert auf einem Werbeplakat, lächelnd neben einem Big Mäc – er und sein Big Mäc, zwei Freunde fürs Leben.

Nach halbstündiger erfolgloser Suche, Christian war sichtlich genervt, fuhren wir ins Zentrum von Böblingen, um in den Genuß von Hamburgern zu kommen. Ich bekam nicht einmal die sonst von mir heiß geliebten Chicken McNuggets herunter. Nur eine Tasse Kaffee, mit der ich die körperliche Müdigkeit bekämpfen wollte. Mein Kopf brauchte keinen Aufputscher.

Als wir bei Schaffhausen die Schweizer Grenze passierten, überkam mich ein Gefühl tiefer Traurigkeit. Anstatt zwei schöne Tage mit Susanne verbringen zu können, stand mir ein Gespräch bevor, dessen Ablauf vorherzusehen war. Obwohl mir keine konkreten Vorstellungen über den Inhalt vorschwebten, fühlte ich mich hilflos.

Weit nach ein Uhr nachts erreichten wir schließlich Joachims Wohnung. Das Wiedersehen feierten wir mit einigen Flaschen Bier, die wir in der lauen Sommernacht auf dem Balkon tranken. Ich leerte gierig ein Bier nach dem anderen, in der Hoffnung, daß mir ein kleiner Rausch die nötige Bettschwere bringen würde, um einmal in Ruhe durchzuschlafen.

Samstag, 13. August 1994

Ich hatte nicht geschlafen, sondern die Nacht zwischen Halbschlaf und Wachzustand verbracht. Tausende von Wenn's und Warum's hatte ich in die Dunkelheit gemurmelt, es war ein mühseliger Versuch, Klarheit in meine Gedanken zu bringen. Wie in einem Diavortrag tauchten Bilder vor meinem inneren Auge auf, die so klar waren, daß ich sie hätte greifen können. Immer mehr Erinnerungsfetzen, die nur beleuchtet wurden, damit sie sich noch tiefer in die Wunde eingruben. Ich fühlte mich total gerädert, als ich aufwachte.

Die Flugzeuge, die sich im Landeanflug auf den Flughafen Kloten befanden, taten ein übriges, um mich am Einschlafen zu hindern. Es hatte keinen Sinn mehr, sich in den Schlaf zu quälen. Ich schälte mich aus dem Bett, um auf dem Balkon meine erste Zigarette zu rauchen. Christian und Vanessa schliefen engumschlungen auf der Wohnzimmercouch. Ein friedliches Bild.

Die Sonne war bereits aufgegangen und tauchte die Landschaft in ein kühles Morgenlicht. Ich rauchte und schaute den Flugzeugen nach, wie sie in einem weiten Bogen ihre Bahn über das Limmattal zogen, um hinter dem Hügel, wo sich der Flughafen befand, aus dem Blickfeld zu verschwinden.

Der Aschenbecher quoll bereits über, als sich Leben im Hause regte. Nach langer Zeit sah ich Enzo, Christians Neffen, wieder. Er hatte sich prächtig entwickelt. Joachim kam auf den Balkon, er hatte beste Laune und zeigte mir stolz seine Tochter Jessica, die ich noch nicht zu Gesicht bekommen hatte. Sie wirkte schüchtern und verängstigt, als sie mich das erste Mal erblickte. Beim Frühstück wurde der Tagesplan besprochen. Die Männer zog es zum Einkauf in die Stadt, während Anna, Joachims Frau, und Vanessa bei der Kleinen bleiben würden. Ich war froh, daß ich mich mit meiner tristen Laune absetzen konnte.

Um viertel nach elf nahm ich den Schnellzug nach Romanshorn. Die hügelige Landschaft in ihrem satten Grün, die sich hinter Weinfelden ausbreitete, kam mir mit den verstreut liegenden Gehöften, den Feldern und Niedrigobstkulturen seltsam bekannt vor. Dieses Landschaftsbild erinnerte mich an die Umgebung, wo meine Großeltern gelebt hatten.

Je näher ich dem Ziel der Reise kam, desto nervöser wurde ich. Mein Magen schmerzte, da ich zuviel Kaffee getrunken und zuviel geraucht hatte.

Ich war hin- und hergerissen zwischen Bangen und Hoffen. Susannes Entscheidung beruhte zu einem wesentlichen Teil auf meinem Fehlverhalten, davon war ich überzeugt, und ich legte mir einige Sätze zurecht, wie ich sie vom Gegenteil überzeugen könnte. Welcher Idiot hatte eigentlich die Trennung erfunden?

Wenn wir einen Tag zusammen verbringen könnten, würde alles so sein wie früher, dieser Gedanke hatte mich die ganze Zeit bewegt, doch er zerfloß jetzt mit jedem Kilometer, den ich mich dem Endpunkt der Reise näherte. Die Unsicherheit schnürte mir fast die Kehle zu, und ich hatte das Gefühl, vor lauter Anspannung platzen zu müssen. Schweiß zeichnete sich auf meiner Stirn ab, als der Zug in den Bahnhof einfuhr.

Mein Herz pochte bis zum Hals, und meine Knie waren so weich, als ich den Bahnsteig betrat, daß ich glaubte, auf Sand statt auf Beton zu laufen. Ich blickte mich um, konnte Susanne aber nirgends entdecken. Die Masse der Reisenden wartete an einer von Bahnwärtern gespannten Kette, um einen Zug, der von der Gegenrichtung einfuhr, vorbeizulassen.

Ich entdeckte Susanne am Kiosk in der Menge der Wartenden. Beim Näherkommen erschrak ich. Ihr Gesicht war versteinert und hatte jegliche Farbe verloren. Wo war nur der lebensfrohe Gesichtsausdruck von einst geblieben? Schweigend sahen wir einander an. Ich brachte keinen Ton heraus; mein Mund war wie zugeschweißt.

Wir liefen zum Postamt, wo Susanne ihr Auto abgestellt hatte. Sie steuerte den Wagen von Romanshorn nach Uttwil. Schon von weitem schimmerte das Blau des Bodensees. Wir bogen an einer Straße ab und fuhren herunter zum Seeufer. Susanne parkte an einem Schuppen neben der Gaststätte Seehof. Kaum hatte ich die Beifahrertür aufgestoßen, mußte ich mich übergeben, vielleicht, weil ich das ganze zum Kotzen fand. Noch hatten wir kein Wort gewechselt.

Wir gingen ein Stück am Seeufer entlang. In der Nähe eines Hauses mit rot-weißen Fensterläden blieb sie stehen. An der Uferseite des Weges erstreckte sich ein kleines Betonplateau. Auf einer Bank hinter einer Hecke ließen wir uns nieder.

»Und?«

Ich brach das Schweigen.

»Ich wollte mich eigentlich von dir verabschieden.«

Schon dieser Satz traf mich hart. Er hatte etwas Endgültiges an sich und kam so treffsicher, als habe sie die Entschlossenheit von Anfang an besessen. Gefühle stiegen in mir hoch, die ich von früher her kannte, Ohnmacht und Resignation. Ich war nahe am Weinen. Ich hätte Lust gehabt, sie tot zu reden. Tausend Dinge müßten jetzt in einigen wenigen Worten gesagt werden. Ich redete drauf los, stammelte wirres Zeug. Mit fuchtelnden Handbewegungen unterstrich ich dabei das Gefühl der Hilflosigkeit. Am Ende meines Monologes saß sie auf meinem Schoß.

»Warum? Sag es mir bitte. Wir hatten es doch so schön, ich hatte dich doch so lieb.«

»Ich will nicht geliebt werden«, sagte sie entschlossen.

Es war zum Verzweifeln, diese Worte bedeuteten eine Mauer, gegen die es kein Ankommen gab.

»Warum fahren wir nicht zusammen nach Indien?«

»Weil es dann um mich geschehen wäre.«

Waren da noch Gefühle für mich, die sie unterdrückte, um ihre Entscheidung zu untermauern? Ich war mit meinem Latein am Ende und gab auf. Schweigend saßen wir auf der Bank und umarmten uns.

Obwohl die Sonne schien, wehte am Wasser ein kühler Wind. Wir brachen auf und gingen zum Wagen zurück.

»Willst du das Haus sehen?«

Neugierig war ich schon, ihr geheiligtes Reich zu sehen, aber ich hatte Bedenken, Reto zu begegnen. Susanne fuhr zielsicher durch einige kleine Ortschaften, bis wir das besagte Dorf erreichten. Vor einem

Holzhaus, das auf einer Seite hin mit Fachwerk verziert war, bog sie ab und hielt an. Reto schien nicht da zu sein, jedenfalls nahm sie es aufgrund des leeren Garagenstellplatzes an. Ihr Hund sprang uns zur Begrüßung entgegen.

Ich betrat das Innere des Hauses und war überrascht. Während es von außen alt wirkte, war es innen sehr gemütlich eingerichtet. Man bemerkte gleich das handwerkliche Können ihres Freundes. Das Bad und die Küche waren modern eingerichtet, im Wohnzimmer und dem angrenzenden Eßzimmer beherrschten Holz und dunkles Leder die Räume. Überall standen exotische Skulpturen herum. Eine kleine Treppe führte hinab zum Garten, der an der Hauptstraße lag.

Jetzt konnte ich nachvollziehen, daß sich Susanne hier wohl fühlte, wenn Reto nicht anwesend war. Das Haus strahlte eine Behaglichkeit aus. Susanne wollte mir noch das obere Stockwerk zeigen, aber ich winkte ab. Ich kam mir in diesem Haus wie ein Fremdkörper vor, wie jemand, der hier nichts zu suchen hatte.

Wir fuhren über Amriswil, wo sie mir ihr Elternhaus zeigte, in ein kleines Dorf und setzten uns in den Biergarten einer Gaststätte. Meine Unsicherheit hatte sich etwas gelegt.

»Stefan, du mußt etwas für dich tun!«

Worauf spielte Susanne an? Meinte sie eine Therapie? War es nicht mehr normal, daß man unter einer Trennung litt?

Ich versprach Susanne, ohne genaue Vorstellungen zu haben, mich nach dem USA-Aufenthalt darum zu kümmern. Kaum hatte ich diese Worte ausgesprochen, machte sich eine spürbare Erleichterung auf ihrem Gesicht breit. Irgend etwas hatte Susanne beschäftigt. Nur was? Ich fragte sie noch einmal nach Reto.

»Liebst du ihn überhaupt?«

Sie zögerte mit ihrer Antwort und verglich diese Beziehung mit einem Dauerlauf. Irgendwann, dessen war sich Susanne bewußt, würde ihr die Kraft ausgehen, aber sie könne und wolle ihn nicht verlassen.

Vor lauter Frust hätte ich mir am liebsten sämtliche Haare ausgerissen. Wie kann man so starrsinnig sein? Susanne genoß die Freiheit, zu kommen und zu gehen, wann sie wollte, keine Fragen und keine Antworten. Jedes weitere Wort schien zwecklos zu sein.

Susanne lud mich zum Essen ein. Wir aßen in einem Restaurant mit Blick auf den Bodensee. Einmal ertappte ich sie, wie sie für einen Moment abwesend war.

»Woran denkst du?«

»An den Felsen«, lächelte sie gequält. Aber es war längst nicht so ausdrucksstark wie damals. Ich wechselte das Thema auf Belanglosigkeiten, da es keinen Sinn machte, über eine Zukunft zu diskutieren.

Susanne brachte mich zum Bahnhof in Amriswil. Sie parkte den Wagen in einer Straße gegenüber der Station. Uns blieben bis zur Abfahrt des Zuges zwanzig Minuten für einen Abschied auf ewig. Wir rauchten.

»Susanne, warum muß man im Leben eigentlich so viele Enttäuschungen durchstehen?«

»Für die totale Erfüllung.«

Sicher, das hatte sie schön gesagt. Sie wußte, wohin sie zurückging. War das die totale Erfüllung?

Susanne umarmte mich zum Abschied noch einmal lang und innig. Ich hatte das Bedürfnis, sie zu küssen. Obwohl sie ebenfalls Lust darauf zu verspüren schien, wehrte sie sich dagegen. »Das war es dann wohl«, dachte ich. Ich drehte mich um und lief schnellen Schrittes zum Bahnhof hinüber, ohne mich noch einmal umzuschauen. Ich wollte Susanne die Tränen, die jetzt wieder von den Wangen liefen, nicht zeigen, bloß hier keine Heulsusennummer abziehen.

Ich war froh, daß ich im Zug einen Fensterplatz hatte und niemand auf meiner Sitzgruppe saß. Es mußte ja keiner mitbekommen, wie elendig ich mich fühlte.

Als der Zug langsam aus dem Bahnhof fuhr, sah ich Susanne, wie sie mit ihrem Wagen zur Bahnschranke vorfuhr. Beim Passieren der Schranke winkte mir Susanne noch einmal zu, eine schüchterne Geste, die verlassen und hoffnungslos wirkte.

Mein Herz rutschte mir in die Hose. Ich weigerte mich zu akzeptieren, daß Susanne zu ihrem Freund fuhr. Wann würde sie aufwachen?

Ich konnte nicht einfach zulassen, daß sie sich unglücklich machte. Am liebsten wäre ich an der nächsten Station ausgestiegen, zu Susanne zurückgelaufen, um sie zu retten und mitzunehmen. Aber es wäre sinnlos, denn sie hatte ihre Entscheidung gefällt. Im Juli hatte mir Siri einen langen Brief aus Dänemark geschrieben, und sie fragte darin an, ob Susanne und ich noch immer so glücklich waren, wie einst in Spanien. Ich hatte darauf geantwortet, daß sich Susanne trotz der Gefühle aus freien Stücken entscheiden müsse. Nun lag es an mir, die Freiheit ihrer Entscheidung zu akzeptieren. Jetzt bekam ich zu spüren, wie schwer es für mich war. So fuhr ich nach Zürich zurück, und mir schwante, wohin mich meine Reise führen sollte: In eine dunkle emotionale Zukunft.

Sonntag, 14. August 1994

Den Vormittag verbrachten Christian, Joachim und ich am Zürichsee. Es war ein Tag mit strahlendem Sonnenschein. In der Ferne erkannte man die Alpen. Genau so hatte ich mir den Tag mit Susanne vorgestellt, Hand in Hand irgendwo am Bodensee spazierengehen. Statt dessen hing ich hier in Zürich herum.

Mir war es immer leicht gefallen, Christian und Joachim mit einigen witzigen Geschichten zum Lachen zu bringen. Ich mochte es, da es so herzhaft klang. Während ich mit ihnen lachte, weinte ich innerlich. Es war nur ein Versuch, gute Miene zum bösen Spiel zu machen.

Wir setzten uns in einen Biergarten und verplauderten den Tag. Später stieß Anna mit Vanessa und den Kindern zu uns, und wir spazierten gemeinsam am Seeufer entlang.

Ich beschäftigte mich mit Jessica. Ich spielte mir ihr, hob sie auf den Arm und wir entdeckten gemeinsam ihre Welt. Jessicas anfängliche Scheu wich ihrer Neugierde. Auf alles, was sich bewegte, zeigte Jessica neugierig mit ihren kleinen Fingern und sagte immer »Da!«.

Kinder! Dieser Traum schien so nahe, so greifbar zu sein, und bevor Susanne und ich einen Teil unserer Phantasien realisierten, die wir auf dem Felsen in Spanien erträumt hatten, verschwand alles so plötzlich, wie es aufgetaucht war. All die Hoffnungen auf ein lebenswertes Leben im Glücksgefühl der Liebe, dem einzigen, für das es sich lohnte, auf diesem Planeten zu wandeln, schwammen dahin. Mich quälte die Frage, wann und wo ich einen Fehler begangen hatte. Vor zwei Wochen war die Welt noch in Ordnung, und jetzt saß ich hier, betrachtete das Familienidyll und hätte verzweifeln können.

Montag, 15. August 1994

Nach dem Frühstück verabschiedeten wir uns von Joachims Familie und fuhren heimwärts Richtung Frankfurt. Als wir die Grenze passiert hatten, machte sich allgemeines Schweigen breit. Vanessa schlief auf der Rücksitzbank, Christian konzentrierte sich aufs Fahren, und ich hatte ausreichend Zeit, in meinem Kopf einen neuen Brief zu formulieren.

Ich wurde das Gefühl nicht los, daß an der Situation noch etwas zu retten wäre. Susannes trauriges Gesicht war mir in Erinnerung geblieben. Ich hatte den Eindruck, daß Susanne notgedrungenerweise zu Reto zurückgekehrt war, ohne Gefühl, eher widerwillig. Sie würde ihm keinen Gefallen erweisen, mir und vor allem sich selbst wehtun. Warum tat sie anderen Menschen so weh?

Meine Argumente kreisten um diesen Gedanken. Mit einem guten, wortgewaltigen Anfang könnte ich einen Appell an ihr Gefühl richten. Fast drei Stunden war ich in meinem Kopf mit dem Formulieren, Ausradieren und Neuformulieren beschäftigt. Erst als wir im Zentrum von Frankfurt herumkurvten, parkte ich meine Gedankenkonstruktion.

Das Hotel befand sich direkt neben dem Hauptbahnhof. Wir verabschiedeten Vanessa, die alleine weiterfuhr, und bezogen unser Quartier. Während Christian seine Unterlagen ordnete, ergoß sich meine Gedankenflut in einem zehnseitigen Brief, darauf bedacht, so gefühlsbetont wie möglich zu schreiben. Erst als ich den Brief einkuvertiert hatte, war ich überhaupt ansprechbar.

Christian hatte Hunger und schlug vor, im hauptbahnhofeigenen *McDonald's* zu Abend zu essen. Ich war etwas besserer Laune, da ich meine Hoffnungen auf den Brief setzte.

Die Zeit bis zum Schlafengehen verbrachte Christian vor dem Fernseher, ich saß am geöffneten Fenster und starrte gedankenversunken in den Frankfurter Nachthimmel. Was tat Susanne wohl in diesem Augenblick? Sprach sie sich mit ihm aus, oder feierte sie bereits Versöhnung, oder saß sie traurig in ihrem Zimmer? In meinem Kopf kreisten die verrücktesten Phantasien.

Morgen würde ich nach Amerika fliegen, und ich hatte keine rechte Lust dazu. Es war immer mein Traum gewesen, einmal dorthin zu reisen. Aber jetzt kam es mir wie eine lästige Pflicht vor, eigentlich tat ich es Christian zuliebe. Ich hoffte nur, es würde schnell vorübergehen. Nachts, während Christian zufrieden schnarchte, war ich noch immer in Gedanken bei Susanne.

Dienstag, 16. August 1994

Nach dem Zwischenstop in Manchester stiegen wir in eine größere Maschine um, eine Boeing 767. Kleine Maschinen und ihre Enge konnte ich nicht ausstehen. Ich litt unter leichter Platzangst.

Ich war hundemüde, und mir wurde ganz schwindelig bei dem Gedanken, daß der Tag aufgrund der Zeitverschiebung einige Stunden zusätzlich hatte. Ich konnte in Flugzeugen keinen Schlaf finden.

Ich setzte mich auf den Fensterplatz in der freien Sitzgruppe hinter Christian, da ich keine Lust hatte zu reden. Ich wollte mit mir und meinen Gedanken alleine sein und ließ mich von den bordeigenen Musikkanälen beschallen.

Ich hoffte, daß sie bei British Airways nicht das Lied von Reinhard May *Über den Wolken muß die Freiheit wohl grenzenlos sein* spielten. Es sah sehr reizvoll aus, über einen weißen Wolkenteppich dahinzuschweben, aber dennoch war ich nicht frei. Ich fühlte mich als Gefangener meiner Erinnerungen und Gedanken, die mich pausenlos quälten. An keinem Ort der Welt könnte ich von ihnen erlöst werden, da ich nicht in der Lage war, vor mir selbst zu fliehen.

Bei dem Lied von Anny Lennox *Why* fragte ich mich, warum alles so war, wie es war. Was hatte das Leben mit mir vor?

Wieviele Enttäuschungen hielt der Mensch aus? Wann wäre die Grenze der Belastbarkeit erreicht, wenn ich ständig von einer Niederlage zur nächsten stolperte? Was machte ich falsch im Leben, oder war ich selbst sogar falsch? War die Zeit der glücklichen Stunden, in denen man Luft für den nächsten Tiefschlag holen konnte, nicht etwas zu knapp bemessen?

Schließlich kam ich zu der Frage, die mich zeitlebens beschäftigt hatte: Warum bin ich eigentlich geboren worden?

War ich nur zu gebrauchen, damit jeder seine Bedürfnisse an mir stillte, mein Vater seine Aggressionen, Peter seine sexuellen Triebe und Susanne ihre Lust nach ein bißchen Gefühl?

Ich war ihnen ausgeliefert, weil ich wie ein kleiner Junge jedem vertraut hatte, der hinter seiner Maske aus Liebenswürdigkeit ein bißchen Wärme und Geborgenheit versprach. Und nun, nach so langer Zeit des Hinterherlaufens, hatte ich das Gefühl, mein Leben zum zweiten Mal verloren zu haben.

Und der Mensch, der einzige, dem ich tiefer vertraut hatte, entfernte sich jetzt Stunde um Stunde von mir. Susannes Worte waren, daß sie nur einmal nachschauen wollte, was ich für ein Mensch war. Sie zerstückelte meine Seele, um mir meine Geheimnisse zu entreißen und mich dann fallen zu lassen.

Was hatte mir Susanne gesagt? Ich liebe dich. Das klang vor diesem Hintergrund so billig und verlogen, und ich Trottel hatte wieder auf Worte vertraut.

Ohne mich zu fragen, bin ich in diese Welt gesetzt worden, und für diese Rücksichtslosigkeit haßte ich meine Eltern. Für meine Mutter war ich vor anderen immer der Vorzeigesohn, der Studierte und Vielgereiste, und zu Hause war ich immer das letzte Stück Dreck. Da mein Bruder immer der Gute in unserem Familiendrama war und ich der Schlechte, stillte ich meine Bedürfnisse, indem ich auf materielle Forderungen ausgewichen bin. Je verzweifelter ich um die Zuwendung meiner Mutter gekämpft hatte, desto maßloser und rücksichtsloser wurden meine Forderungen; Verzicht hatte ich immer gleich mit Schwäche gesetzt. Ich mußte alles haben, jetzt und sofort. Auf der einen Seite brauchte ich meine Mutter, auf der anderen Seite verwünschte ich sie, und in dieses Loch fiel sehr viel Schuld und ungestillte Sehnsucht. Da mir niemand glauben wollte, wie sehr ich litt, schrie ich meine Wut oft genug heraus, und schließlich hatte ich mich von meiner Familie abgeschottet, denn irgendwann wurde es mir zu bunt, der Anerkennung hinterherzulaufen.

Es gab so viele Grausamkeiten, die ich nicht vergessen hatte. Es war aber nicht das Maß an körperlichen Verletzungen, sondern die seelischen Grausamkeiten, weil diese zu unauslöschlichen Erinnerungen wurden, während der körperliche Schmerz nach einiger Zeit verblaßte.

Ich möchte gar nicht wissen, was in mir allein mit dem Gebrüll und der Zurückweisung meines Vaters zertreten wurde.

Eine Szene geisterte mir immer wieder im Kopf herum. Mein Vater kam vom Dienst nach Hause und stellte in der neuerworbenen Wohnzimmerschrankwand eine Macke fest. Während er, mein Bruder und ich beim Abendbrot saßen und mein Vater zufrieden an seinem Salamibrot kaute, mußten mein Bruder und ich unter uns ausmachen, wer zuerst mit der Tracht Prügel an der Reihe war. Fliehen war zwecklos. Ich glaube, ich hatte schon damals Mordphantasien, die meinen Vater betrafen.

Jahre später erfuhr ich, daß mein Vater, als er im Sterben lag, sich seines unmenschlichen Verhaltens bewußt wurde. Er flehte, noch einmal eine Chance zu bekommen, um alles wiedergutzumachen. Im nachhinein fragte ich mich immer, wie er das wohl bewerkstelligt hätte. Was er mir genommen hatte, war nicht wiedergutzumachen. Er hätte mir die Füße küssen können, irgendwann hätte ich ihn dann doch ins Grab gestoßen. Sein Tod war gerecht, so dachte ich jedenfalls als Kind.

Meine Mutter hatte versucht, uns vor unserem Vater zu beschützen. Sie prangerte sein Verhalten bei der Schwiegermutter an, doch die wollte davon nichts wissen und hüllte sich in eine Mauer des Schweigens. Damals, Ende der sechziger Jahre, gab es weder Frauenhäuser noch sonstige Anlaufstellen, an die sich meine Mutter hätte wenden können. Obwohl sie daran gedacht hatte, mit uns fortzugehen, blieb sie. Sie hatte wahrscheinlich selbst Angst und sah sich ohnmächtig gegenüber der Aggressivität meines Vaters und der Verleumdung durch seine Mutter. Wahrscheinlich hatte meine Mutter resigniert und das einzige, was blieb, war, sich selbst in einer Wolke von Beschwichtigungen einzuhüllen.

Ein Umstand, der viel schlimmer für mich wog, war, daß meine Mutter mich einen Lügner nannte. Ich wußte, was ich durchgestanden hatte, selbst wenn mir dieses Wissen tausendmal streitig gemacht wurde. Wenn meine eigene Mutter mir vorwarf, ich bildete mir alles nur ein, war es das Schlimmste, was ich mir vorstellen konnte. Ich fühlte mich verraten und verkauft, und genau dafür würde sie büßen müssen, daß sie mich in diese feindliche Welt gesetzt hatte und zuließ, daß ich zerstört wurde.

Ich hätte die Ungerechtigkeit, die ich erlebt hatte, am liebsten in die ganze Welt hinausgebrüllt. Statt ein Einsehen zu haben, war meine Mutter immer damit beschäftigt gewesen, heile Welt zu spielen, sie lebte mehr nach der Nase der Nachbarn als für sich selbst.

So sehr ich auch in der Vergangenheit stocherte, die mich permanent verfolgte, wurde ich den Eindruck nicht los, die ganze Zeit um etwas betrogen worden zu sein, was mir gehörte. Wie lange reichte meine Kraft noch, um so weiterzumachen?

Mit der Tatsache, ein ungeliebter Mensch zu sein, hatte ich mich fast schon abgefunden, ohne die Hoffnung je aufgegeben zu haben. Alleine Susanne hätte mich noch vom Gegenteil überzeugen können, denn hier konnte ich einmal frei sprechen, ohne verurteilt oder geknebelt zu werden, und vieles hatte sich in der kurzen Zeit unseres Zusammenseins relativiert. Ihr Verständnis war mein Trost gewesen.

Das Herumhängen und warten auf dem JFK-Flughafen machte mich beinahe wahnsinnig. Wir hatten doch Andrew jedes Detail unseres Fluges mitgeteilt. Wo steckte er nur? Christian beruhigte mich und meinte, er habe sich bestimmt aufgrund des New Yorker Verkehrs verspätet. Ich trank den wässerigen Kaffee, der gegen die Müdigkeit kaum noch etwas ausrichtete. Die Augen schmerzten, und mein Herz pochte übernervös in meiner Brust. Den Kaffee sollte man mir besser intravenös verabreichen.

Als Andrew endlich erschien, war ich erleichtert. Für eine Irrfahrt quer durch New York hätten meine Nerven wahrscheinlich nicht mehr gereicht. Ich hatte gehofft, daß wir gleich nach Philadelphia fahren würden, doch Andrew hatte schon ein paar Bekannten von unserem Kommen berichtet, und so gab es erst einmal eine Stadtrundfahrt durch New York. Obwohl es das erste Mal war, daß ich amerikanischen Boden betrat, war das Aha-Erlebnis nicht so gewaltig, wie ich es mir zuvor ausgemalt hatte. Zu oft hatte ich die Skyline und das ganze Drumherum schon im Fernsehen gesehen.

Wir steuerten das Harley Davidson Café, das mitten in Manhattan lag, an. Christian, ohnehin begeisterter Motorradfahrer, bekam vor lauter Staunen den Mund gar nicht mehr zu. Und bei seinem Abendessen, einem Riesenhamburger mit Pommes, war er vergnügt wie ein kleines Kind. Andrews Freunde waren neugierig und wollten wissen, wie und wo Andrew und ich uns kennengelernt hatten. Wir sprachen über Sevilla wie von den guten alten Zeiten, so, als habe es nie etwas Schöneres in unserem Leben gegeben, womit Andrew auch nicht ganz Unrecht hatte. Es war *die Zeit* meines Lebens gewesen.

Als wir den Autobahntunnel unter dem Hudson River passiert hatten, konnte ich noch einmal einen grandiosen Blick auf die Lichterwand Manhattans werfen. Wieviele Menschen gab es wohl in dieser Stadt, die sich genauso beschissen fühlten wie ich?

Der Highway nach Philadelphia zog sich als rot-weißes Band durch die Nacht und wirkte einschläfernd langweilig. Ich versuchte zu dösen, was in diesem Wagen, aus dem Andrew anscheinend die Stoßdämpfer entfernt hatte, kaum möglich war.

Meine Uhr zeigte acht Uhr morgens deutscher Zeit, als wir Glasboro, eine Vorortsiedlung von Philadelphia, erreichten. Andrew brachte uns für die wenigen Tage bei seinem Bruder unter. Ich war halbtot und für die harte Wohnzimmercouch mehr als dankbar. Ich war noch nicht einmal in der Lage, mich bei Andrew für seine Mühe zu bedanken, so schnell fiel ich in den Schlaf.

Mittwoch, 17. August 1994

Auf Andrew war Verlaß. Mit akribischer Gründlichkeit hatte er bereits verschiedene Ford-Händler im Großraum Philadelphia aufgestöbert, die den von Christian gewünschten Fahrzeugtyp auf Lager hatten. Nur die Farbe, es mußte unbedingt schwarz sein, war nirgends aufzutreiben. Den ganzen Vormittag hatten wir herumtelefoniert. So einfach, wie Christian es sich vorgestellt hatte, war es wohl doch nicht. Da das Fahrzeug in Deutschland nicht vertrieben wurde, würde uns die ganze Rennerei mit den Papieren und Ausfuhrformalitäten auf Trab halten. Ich war froh, daß ich mich als Übersetzungshilfe nützlich machen konnte, das vermied das Gefühl, überflüssig zu sein.

Am Nachmittag fuhren wir zu einem Ford-Händler, der uns zugesagt hatte, ein schwarzes Fahrzeug zu organisieren. Vorab klärten wir schon einmal die Liefer- und Zahlungsbedingungen. Danach fuhren wir ein wenig in der Stadt herum, und Andrew zeigte uns die Sehenswürdigkeiten Philadelphias. Er wußte recht gut über die Stadtgeschichte und die einzelnen Attraktionen Bescheid.

In mir brannte die Sehnsucht, während sich die beiden anderen vergnügten. Aber es war nicht die Sehnsucht nach der Vorwegnahme einer glücklichen Wiedervereinigung, sondern nach etwas unwiederbringlich Vergangenem. Und jetzt befand ich mich mitten in Philadelphia und wurde durch unser Lied von Bruce Springsteen *Streets of Philadelphia* ständig an Susanne erinnert.

Wir stöberten in einer Buchhandlung nach einem New Yorker Hotelführer, weil wir vor dem Rückflug die Gelegenheit nutzen wollten, die Metropole zu erkunden. Wie aus dem Nichts breitete sich in mir ein Schmerz aus, der mir wieder die Tränen in die Augen trieb. Ich lief auf die Straße, und sah mich nur als Umriß einer Reflexion in der Schaufensterscheibe und dachte an *unser Lied*:

I was unrecognizable to myself
I saw my reflection in a window
I didn't know my own face

Ich fragte mich wirklich, wer ich war und wo denn eigentlich mein Problem lag. Gab es nicht noch Schlimmeres auf dieser Welt? Das bißchen Liebeskummer?
    Nachts, als Andrew und Christian schliefen, war ich immer noch hellwach. Ich versuchte, in Schriftform einen klaren Gedanken zu fassen und schrieb, bis mir die Finger schmerzten, ohne zu einem Ergebnis gekommen zu sein. Am Schluß des ganzen Durcheinanders hatte ich notiert: Liebe mich oder töte mich. Ich zerriß die Zettel.

Donnerstag, 18. August 1994

Wir mußten noch einmal in die Innenstadt zum Händler fahren, weil es mit den Formalitäten Schwierigkeiten gab, und verbrachten den halben Vormittag im Büro.
  Nachmittags fuhren wir gemeinsam mit Andrew nach Washington D.C., da er hier im September sein Studium antreten würde. Er mußte sich um den Mietvertrag für seine Wohnung kümmern. Weil er nicht im Besitz einer gültigen Fahrerlaubnis war, steuerte ich den Wagen. Andrew döste auf dem Rücksitz, während ich froh war, daß mich Christian in eine Unterhaltung verstrickte. Ich war total übermüdet und wäre sonst auf der vierstündigen Fahrt über dem langweiligen Grau des Highways eingeschlafen.
  In der Nähe des Weißen Hauses setzte uns Andrew ab. Christian, einem Entdecker gleich, schritt in Richtung *Capitol,* während ich gedankenversunken hinterhertrottete. Ich lief mit Susanne in meinem Kopf herum und wurde ständig von ihr verfolgt. Es hatte keinen Sinn, sich gegen die Gedanken zu wehren, sie überfielen mich auf Schritt und Tritt, und es würde nicht mehr lange dauern, bis ich drohte, dem Wahnsinn zu verfallen. Mein Gehirn war wie eine Maschine, die Erinnerungen am laufenden Band produzierte, die mir eines ums andere Mal schwere Schläge in meine bereits getretene Seele gaben. Irgendwann würde diese Maschine heißlaufen oder überdrehen. Krampfhaft suchte ich nach Antworten oder einer Lösung, die die ersehnte Erleuchtung bringen sollte, aber je mehr ich zu wissen schien, desto mehr Fragen tauchten auf wie in einer Kettenreaktion, und das Grübeln, dieses Bangen, ob es noch eine Chance gäbe, verschlang nicht nur Unmengen an Energien, sondern es machte auch die Hoffnung zunichte.
  Scheinbar mit letzter Kraft schaffte ich es, nachts den Wagen über die endlos lange Strecke zurück nach Philadelphia zu steuern.

Freitag, 19. August 1994

Nachdem wir die Formalitäten beim Spediteur erledigt hatten, fuhren wir noch einmal ins Zentrum. Wir hatten Probleme, die Travellers Cheques einzulösen, obgleich wir es bei verschiedenen Banken versuchten. Niemand wollte uns die Tausenderstückelung einlösen. Andrew war völlig entnervt, ich sowieso, nur Christian konnte der ganzen Sache noch etwas Heiteres abgewinnen. Andrew versuchte es direkt in einem American Express-Büro. Da es in der Nähe keinen Parkplatz gab, fuhr ich mit Andrews Wagen um den Häuserblock. Über eine Stunde kurvte ich um denselben Häuserblock. Dieses Sich-Drehen im Kreise erinnerte mich an mein ganzes Leben. Hatte ich nicht so viel durchgemacht, und hatte ich nicht immer geglaubt, aus Vergangenem gelernt zu haben? Und nun befand ich mich genau dort, wo ich immer gewesen war, mitten in einer Sinnkrise. All das Strampeln war vergebens gewesen. Während ich mit meinen Gefühlen kämpfte, versuchte ich, nicht die Beherrschung zu verlieren. Der permanente Schlafmangel machte sich mit Unruhe und Zittern bemerkbar. Zudem war mein Zigarettenkonsum auf über zwei Schachteln pro Tag angestiegen. Wie lange stünde ich das noch durch?

Andrew hatte in zähen Verhandlungen erreicht, daß der Ford-Händler die Schecks akzeptierte. Am Ende war alles gut gelaufen, und ich fragte mich, was wir wohl ohne Andrews Hilfe getan hätten. Als er uns am Hauptbahnhof absetzte, war er sicher froh, uns loszuwerden, denn statt eines gemütlichen Wiedersehens, verbunden mit einem Fahrzeugkauf, war aus der ganzen Angelegenheit eine stressige Zitterpartie geworden.

Wir lösten Fahrkarten für den Expreßzug nach New York. Bis zur Abfahrt des Zuges schlenderten Christian und ich durch die stationseigenen Ladenpassagen. Der Hunger wurde, wie sooft in diesen Tagen, bei *McDonald's* gestillt. Während Christian genüßlich seinen McRib verdrückte, bekam ich kaum einen Bissen herunter. In meinen Gedanken war ich mit Susanne am Taj Mahal.

»Meine Güte, daß du auch immer so leiden kannst!« spottete Christian.

Ich erschrak und hatte meine Abwesenheit gar nicht so recht bemerkt, auch die Tränen nicht, die mir die Wangen herunterliefen.

Unser Hotel, das wir von Philadelphia aus reserviert hatten, lag in der *East Side*, nur einige Blocks vom *Empire State Building* entfernt. Kaum hatten wir unser Quartier belegt, zog es uns zu dem Wolkenkratzer, da wir von der Beobachtungsplattform aus einige Filmaufnahmen machen wollten. Die Aussicht, die sich von hier oben bot, war grandios. New York erstreckte sich als Lichterteppich zu unseren Füßen.

Ich wünschte mir, daß Susanne meinen Brief, den ich ihr aus Frankfurt geschickt hatte, gelesen und verstanden hatte. Vielleicht befand sie sich ja doch in einer Krise und brauchte nur ein wenig Zeit? Das Warten zermürbte mich, und je mehr Zeit verstrich, desto düsterer wurde meine Gedanken. Es war die Hölle.

»Meine Güte, wie hoch das hier ist«, sagte Christian mit der Videokamera vor seiner Nase herumwandernd.

Recht hatte er, es war hoch, und ich fragte mich, wie lange ein Körper wohl von hier oben aus brauchte, bis er unten auf den Asphalt schlagen würde. Vergingen fünf oder zehn Sekunden?

Ich verscheuchte diesen Gedanken. Es wäre kaum möglich gewesen, angesichts der anwesenden Touristen zu versuchen, die ungefähr vier Meter hohe Absperrung zu überwinden. Zwischen den Eisenstreben war Maschengitter gespannt. Ich legte meine Stirn auf das kalte Metall, um meinen überhitzten Gedankenfluß abzukühlen. Christian befand sich auf der anderen Seite der Plattform und filmte in Richtung *Central Park*. Für einen Moment hatte ich Ruhe vor ihm. Ich wollte nicht, daß er mitbekam, wo ich mit meinen Gedanken weilte.

Wie lange noch würde ich Sklave meiner eigenen Gedanken sein? Und warum war das menschliche Gehirn nicht wie eine Festplatte konstruiert, auf der man quälende Erinnerungen unwiederbringlich löschen konnte? Ich wäre bereit, die Datei Susanne zu vernichten, hier und jetzt. Ungeheure Schmerzen strömten aus der Tiefe meiner Seele nach oben. Ich verkrallte mich in den Eisenstäben und hätte am liebsten einen Verzweiflungsschrei ausgestoßen, den die Menschheit noch nie vernommen hatte, den man über ganz New York bis in die Schweiz hören könnte.

Samstag, 20. August 1994

Am Vormittag fuhren Christian und ich zum *World Trade Center*. Er hatte vor, Videoaufnahmen mit dem Titel *New York bei Tag* zu drehen. Nachmittags trennten sich unsere Wege. Er zog los, um seine Einkäufe zu erledigen, während ich mich mit dem Touristenbus durch Manhattan gondeln ließ. Ich saß auf dem offenen Oberdeck und lauschte den Ausführungen der Reiseleiterin.

Susanne hatte eine Freundin, die drüben in New Jersey wohnte. Im Oktober wollte sie mit ihr in New York shoppen gehen. An jeder Straßenkreuzung, die wir passierten, konnte ich mir Susanne vorstellen, wie sie mit ihrer Freundin quietschvergnügt durch die Straßen zog, das Leben genießend und froh darüber, mich losgeworden zu sein. Bei diesen Gedanken wurde ich noch trübseliger.

Am Batterypark, dort wo die Fähren zur Freiheitsstatue übersetzten, stieg ich aus und streifte ein wenig durch die Grünanlage. Ich ließ mich auf einer Bank im Schatten der Bäume nieder. Ich tat etwas, was ich seit langem nicht mehr getan hatte: Ich betete. Aber es war kein Gebet, sondern eher ein Flehen, daß der Schmerz bald vorüberginge. Danach lauschte ich mit geschlossenen Augen dem Rauschen der Großstadt. Das Stimmengewirr der mich umgebenden Menschen und der Verkehrslärm vermischten sich zu einer eigenartigen Geräuschkulisse. Als ich die Augen wieder aufschlug, stand ein kleines Mädchen vor mir. Die eine Hand hielt einen Luftballon, die andere steckte in seinem Mund. Mit verstohlenem Blick schaute es mich an. Als ich das Mädchen anlächelte, lief es erschreckt zu seiner Mutter, die einige Meter weiter wartete.

Früher war es mir mühelos gelungen, die Sympathie anderer Menschen zu gewinnen, aber jetzt konnte mich niemand mehr ausstehen. Alle würden sich unweigerlich von mir zurückziehen. Ich fragte mich, wie lange Christian noch meine miese Laune ertragen würde. Obwohl er nichts erwähnte, mußte ich befürchten, daß ich ihm den ganzen Spaß verdorben hatte.

Morgen sollte es zurück nach Hause gehen. Ich hatte genug von diesem *Höher-Schneller-Weiter-Land*, von *McDonald's* und den Menschen, die mit ihrer Monokultur die ganze Welt verseuchten.

Montag, 22. August 1994

Wir landeten wohlbehalten in Düsseldorf. Mein Wunsch war nicht in Erfüllung gegangen. Weil lange Zeit kein Flieger mehr vom Himmel gefallen war, hatte ich darauf spekuliert, daß das Flugzeug abstürzte. Ich hätte nichts dagegen einzuwenden gehabt. Das wäre doch ein schöner Abschluß meines armseligen Daseins gewesen, da ich das erlebt hatte, wovon ich immer geträumt hatte. Einmal wissen, wie das ist, ein tieferes Gefühl für einen anderen Menschen spüren, einmal Wärme und Geborgenheit erfahren. Der Gedanke, noch einmal dreißig Jahre vor mich hin zu krebsen, erzeugte Widerwillen in mir.

Ich malte mir den Absturz in den buntesten Farben aus. Während sich die Maschine in einen Steilflug begäbe, Beatmungsmasken von der Decke fielen, die Kabine mit Geschrei und Stoßgebeten erfüllt wäre und die nackte Panik in den Gesichtern der Menschen stünde, säße ich in aller Ruhe auf meinem Platz, hoffend, daß es bald vorbei sein würde. Nie wieder in meinem Leben leiden müssen, eine ausgesprochen verlockende Vision.

Zu Hause angekommen, sank ich schwer auf mein Bett. Obwohl ich vor Müdigkeit gar nicht mehr in dieser Welt war, machte sich eine starke Unruhe in mir breit. Die Panikattacke erwischte mich so heftig, daß ich wünschte, tot zu sein. Mein Herz raste, mir wurde heiß, und ich bekam plötzlich keine Luft mehr. Wie von Sinnen rannte ich zur Toilette und würgte krampfartig die Galle heraus. Danach blieb ich etwa zehn Minuten zusammengekauert auf dem kalten Steinboden unseres Badezimmers liegen. Mir war so weich und schwindelig, daß ich es nicht schaffte, mich zu erheben, sondern auf allen Vieren zurück in mein Bett kroch. Ich blieb solange liegen, bis ich mich wieder etwas beruhigt hatte.

Mühsam quälte ich mich zum Arzt. Er schüttelte nur den Kopf, als ich ihm von meiner Lage berichtete. Ich sei körperlich total erschöpft und solle mir einige Tage Ruhe gönnen. Er schrieb mich krank und spritzte mir ein starkes Beruhigungsmittel.

Na klasse, soweit war es schon gekommen, jetzt fing das mit Medikamenten an. Ich fragte mich, was Susanne in diesem Moment wohl tat, während ich hier vor mich hinvegetierte. Feierten die beiden schon Versöhnung, oder lullte sie Reto mit Liebesschwüren voll, so wie sie es mit mir in Sevilla getan hatte? Mich überkamen Haßgefühle.

Wieso rief sie nicht an, ich hatte ihr immerhin einen Brief geschrieben? Nach einiger Zeit begann die Spritze ihre Wirkung zu entfalten. Ich wurde schläfriger und der Haß löste sich in einer Wolke von Gleichgültigkeit auf.

August 1994

Susanne und ich hatten geplant, daß sie mich nach meinem Amerikaaufenthalt in Münster besuchen würde. Ich mochte diese Stadt und zeigte sie gern interessierten Besuchern. Anstatt mich auf die Rolle des Stadtführers zu freuen, lungerte ich nun auf meinem Bett herum und hing tristen Gedanken nach.

Als Susanne mich anrief, um sich nach meinem Befinden zu erkundigen, hatte ich die Hoffnung, mit ihr noch einmal alles in Ruhe durchsprechen zu können. Ich hätte nicht gedacht, daß es so schnell zu einem offenen Schlagabtausch kommen würde, aber die Wut, die unterdrückte Trauer und die Sehnsucht, all diese Gefühle bahnten sich ihren Weg.

Sie ließ eine ganze Salve von übelsten Schimpfwörtern und Drohungen über sich ergehen. Dann versank ich wieder wie ein Jammerlappen in wehleidigem Klagen. Dieses Schauspiel wiederholte sich zweimal, bis ich mein Ziel erreicht hatte. Ich wollte sie nur sehen, hoffte, dadurch alles wieder in Ordnung bringen zu können.

Zusammen mit einem Bekannten fuhr Susanne für ein paar Tage nach Holland. Auf der Rückfahrt in die Schweiz hatte Susanne vor, mich zu besuchen. Einmal, als sie aus Holland anrief, um sich nach dem Weg zu erkundigen, erzählte sie mir, daß es ihr nicht gut ging. Ich hatte dafür nur ein höhnisches Lachen übrig. Ach, der Dame ging es nicht gut, da sollte sie sich einmal in meine Lage versetzten. Ich stand schon mit einem Bein im Jenseits.

Donnerstag, 1. September 1994

Was für ein trister Tag! Für heute hatten wir unseren Paristrip geplant. Noch vor einem Monat schwebte ich auf Wolke sieben. Wieder und wieder hatte ich Susannes Briefe gelesen, ihre Worte, die einst für mich eine heile Welt geschaffen hatten, einen magischen Raum, in dem wir leben wollten. Die letzten Tage hatte ich genutzt, um alle Gefühle und Gedanken der gemeinsamen Zeit und der Trennung zusammenzufassen. Daraus wurde kein Brief, sondern eher ein Buch. Ich hatte alles sorgsam in einer DIN-A5-Kladde verewigt. Zwei Tage und zwei Nächte hatte ich daran herumgebastelt.

Als die Türglocke läutete, war alles vorbereitet. »Meine letzte Chance!« schoß es mir durch den Kopf. Susanne sah merkwürdig verändert aus und wirkte teilnahmslos, während ich vorlas. Ich hatte alle Mühe, flüssig zu lesen, weil die Tränen meinen Blick trübten. Ich erwartete irgendeine Reaktion, als ich zu Ende gelesen hatte. Stattdessen stand Susanne wortlos auf und ging ins Badezimmer. Es schien sie weder zu berühren, noch zu interessieren. Ich hatte den Eindruck, daß es ihr unangenehm war, da meine Zeilen auch einige unbequeme Wahrheiten enthielten.

»Was erwartest du von mir?« fragte Susanne nach verlegenem Schweigen.

»Deine Worte, ich habe daran geglaubt.«

Ich hielt Susanne die Briefe, die sie mir nach Sevilla geschickt hatte, vor die Nase. Sie wollte sich erheben und gehen. Ich bat sie, zu bleiben.

»Sag mir die Wahrheit, warum hast du diese Worte geschrieben?«

Sie schaute verlegen zu Boden.

»Stefan, du machst mir die ganze Zeit nichts als Vorwürfe. Das habe ich nicht verdient.«

»Was hast du denn verdient? Ich habe diesen Worten vertraut und jetzt, ist das alles nichts wert, stimmt das nicht, was du hier geschrieben hast?«

»Nein!«

»Wie bitte?«

»Nein. Stefan, ich muß jetzt gehen, bitte laß mich.«

Susanne stand auf, ließ mich sitzen und ging einfach davon. Ich war fassungslos. Ich schaute mir noch einmal die Fotos von ihr an und konnte nicht glauben, daß dieser Mensch mir solche Worte geschrieben hatte. Worte, eigentlich Worthülsen, die sich in ganzen Sätzen zu einer einzigen Lüge geformt hatten. Ich hatte wirklich daran geglaubt, und nun lachte ich über mich und meine zerbrechliche Vorstellung von der Liebe. Alles, was mir blieb, waren Erinnerungen, ein paar Fotos und diese Briefe, die ich wütend in die Ecke schmiß.

Ich mußte meiner Enttäuschung erst einmal Luft machen und rief Conny, eine gute Freundin, an. Sie kannte mich recht gut, und vielleicht sollte ich meine Gedanken mit ihr austauschen, um die Angelegenheit aus der Sicht einer Frau bewerten zu lassen.

Conny hielt mich für völlig verrückt, so einem Menschen hinterherzutrauern, noch dazu solch einen Aufwand zu betreiben und seitenweise Briefe zu schreiben. Für eine dreimonatige Beziehung wäre es die Mühe nicht wert, und außerdem könne man von Beziehung gar nicht reden. Conny nannte es unbedeutende Verliebtheit.

Ich konnte sie nicht von den Tiefen meiner Gefühle überzeugen und davon, was mir das Zusammensein bedeutet hatte.

Ich gab auf, da mir das widerfuhr, was ich bereits kannte. Kein Mensch würde mich für voll nehmen und mir glauben. Jeder würde es als Harmlosigkeit beiseiteschieben. Ich fühlte mich unverstanden. Vielleicht verstand ich mich selbst nicht mehr, denn auch Conny sagte mir indirekt, wie ich empfinden sollte: Susanne einfach vergessen und über der ganzen Sache stehen.

Ich würde mit keinem mehr darüber reden, auch weil ich mich schämte. Als das Ereignis meines Lebens hatte ich die Beziehung mit Susanne umschrieben, und welche Schmach empfand ich, daß daraus nur eine kurze Affäre geworden war. Diese Blöße wollte ich mir nicht geben.

Auf dem Nachhauseweg wurde ich zornig. Susanne hielt es noch nicht einmal für nötig, sich dafür zu entschuldigen, mich auf so schäbige Weise ausgenutzt zu haben. Während ich mich abstrampelte, ließ sie das völlig kalt. Ich war froh, daß ich sie in der Schweiz wußte, denn hätte sie um die nächste Ecke gewohnt, wäre ich zu ihr gelaufen, um ihr das Gesicht zu zerkratzen.

September 1994

Ich arbeitete weiterhin als Aushilfe bei der Versicherungsgesellschaft. Eigentlich sollte ich mich in einem gutdotierten Job abrackern, aber nun wußte ich überhaupt nicht mehr, was ich tun sollte. Bewerbungen zu schreiben, auf die ohnehin nur Absagen folgten, daran war ich nicht mehr interessiert.

Meine Kollegen wunderten sich, daß ich Susanne nicht mehr erwähnte. Ich hatte mich über die Schweiz und ihre Geschichte kundig gemacht und wußte bei jedem Kreuzworträtsel Bescheid, wenn ein Gebirgszug oder ein Kanton abgefragt wurde. Und wenn ein Kollege die Zeitung brachte, wollte ich als erstes die Wetterbedingungen in Zürich erfahren, und dann witzelten einige über die Schweiz. Meinen Kollegen hatte ich nur angedeutet, was vorgefallen war.

Es fiel zusehends schwerer, das Bild der fröhlichen Aushilfe aufrechtzuerhalten. Die Fassade zu wahren war sehr anstrengend, und abends kehrte ich immer erschöpfter in mein Zimmer zurück und verfiel in einen Dämmerzustand. Vom gesellschaftlichen Leben zog ich mich Stück für Stück zurück. Eigentlich war ich ein geselliger Typ und gern unter Leuten. Aber jetzt verspürte ich keine Lust mehr, jemanden zu sehen und war deshalb permanent unerreichbar. Wenn es an der Türe klingelte oder das Telefon läutete, ließ ich es bimmeln. Ich wollte niemanden mehr mit meiner Übellaunigkeit belästigen. Wen interessierte es schon, was in mir vorging, daß mir die Seele brannte. Die Schweizerin wäre wahrscheinlich das einzige Thema gewesen, über das ich hätte sprechen wollen.

Außerdem wußte ich, was meine Freunde mir zu sagen hätten. Die ganze Bandbreite dummer Sprüche hätte ich mir anhören müssen, wie etwa: »Die Zeit heilt alle Wunden«, »Andere Mütter haben auch hübsche Töchter«, »Reiß dich zusammen!«, nein, darauf konnte ich verzichten, das klang mir zu banal und hohl.

Sicher hatte ich sehr gute und enge Freunde, die mir in jeder Situation beistanden. Sie hatten ihre Theorien und Meinungen, aber manchmal empfand ich ihre Ratschläge aus als Schläge und es änderte ja nichts an der Tatsache, daß Susanne aus meinem Leben verschwunden war. Wenn wir diskutierten, befürchtete ich, daß keiner in der Lage wäre, mir zu folgen. Vielleicht sprach ich ja eine andere Sprache.

Und ihre leeren Versprechungen, daß nach Überwindung des Tiefpunktes etwas Wunderbares begänne, für das es sich lohnte zu kämpfen, waren für mich nichts anderes als hohles Geschwätz. Wieviel Zeit bräuchte es, bis diese Wunde verheilt wäre? Das einzige, was mir helfen könnte, wäre die bedingungslose Liebe eines anderen Menschen, eines Menschen, der nur für mich da wäre und mein mittlerweile größenwahnsinniges Bedürfnis nach Zuwendung befriedigte, der sich mit mir ohne Verstand in den Ozean der Gefühle stürzte, um darin im Rausche zu baden. Aber das war nur noch Wunschtraum. Niemand würde mich je so lieben, alle würden sich von mir abwenden, da ich ein hoffnungsloser Fall war. All die Liebe und das Mitleid meiner Freunde würde mir nicht das zurückbringen, was ich verloren hatte.

Mir schwante, was für ein Versager ich war, weil ich noch nicht einmal in der Lage war, das Normalste der Welt, nämlich eine Beziehung zu führen, zustande brachte. Ich konnte nur Kummer und Leid verbreiten und dann, wenn sich wieder jemand von mir abgewandt hatte, laut darüber klagen und den Jammerlappen spielen.

Und der übelste Spruch, den es auf der Welt gab, lautete für mich: »Du mußt dich damit abfinden!« Hatte ich nicht schon genug Dreck in meinem Leben gefressen? Langsam reichte es mir, alles immer nur zu schlucken und mich mit jedem Scheiß abzufinden. Wenn ich Bilanz in meinem Leben zöge, gäbe es sicher auch Positives, aber das Negative überwog eindeutig. Und im Grunde genommen war es nicht besser geworden, sondern eigentlich immer schlimmer.

Anstatt das Gespräch mit meinen Freunden zu suchen, zog ich mich in meine Welt zurück. Musik ersetzte das Gespräch. Es waren die Lieder, die ein dunkles Bild von der Liebe malten, und die mich mit ihren Texten so faszinierten. Besonders die Texte von The Cure und Depeche

Mode schätzte ich. Herbert Grönemeyers *Flugzeuge im Bauch* wurde jetzt zu meiner täglichen Hymne des Leidens erkoren.

Was hatte ich eigentlich für ein Leben geführt? Worin lag der Sinn des Lebens, und wo fanden Menschen immer wieder Anreiz, nach schlimmen Erfahrungen einen Weg zu suchen? Selbst Susannes Worte, daß alles der totalen Erfüllung diente, brachten mich nicht weiter.

Meine Mutter hatte gewittert, daß es mir nicht gut ging, und sie schrieb mir wieder ihre Briefe, die nichts anderes waren, als verdeckte Vorwürfe. Als ich überhaupt nicht mehr darauf reagierte, bekam ich wieder ihre Wahrheiten um die Ohren geschlagen: Was für ein mieser Kerl ich sei, ein Schwein, unter dem alle gelitten hatten, was ich der Menschheit antat und daß ich mir das mit meinem Vater alles nur einbildete. Vielleicht hatte sie ja doch recht in ihrer grenzenlosen Weisheit (mein Spitzname für sie war Mrs. 150%). Denn ich verhielt mich wie ein Unmensch. Besonders Susanne bekam es zu spüren. Ich rief Reto an, um in Erfahrung zu bringen, was eigentlich mit Susanne los war, doch selbst er war ratlos. Dann forderte ich alle Briefe von ihr zurück, da ich meinte, sie sei das Papier nicht wert, auf dem sie geschrieben waren. Ich wunderte mich selbst über diese Pseudodemonstration der Stärke, hinter der sich Schwäche und Angst verbarg, und konnte nicht aufhören, Susanne anzurufen, um ihr Vorwürfe zu machen, denn das Telefon war die einzige Verbindung geblieben.

Aber all dies half nichts. Der Schmerz wurde immer unerträglicher. Wenn die Qual ein Äquivalent für die Intensität der Gefühle war, dann mußte mein Gefühl für Susanne unendlich groß gewesen sein. Der Schmerz war so gewaltig, es gab für mich nichts Vergleichbares in meinem Leben, nicht einmal der Tod mir nahestehender Menschen. In mir brüllte ein Propagandaminister mit zynischer Stimme: »Willst du den totalen Schmerz? Willst du ihn, wenn nötig, totaler und radikaler als du ihn dir heute überhaupt erst vorstellen kannst?«

Und so kam ich mir in der Paraderolle vor, die ich mein ganzes Leben so gut zu beherrschen gelernt hatte: Der ans Kreuz geschlagene, der ewig Leidende; und die Rolle füllte ein Darsteller aus, der vor Selbstmitleid und Schmerz verging.

Abends verstärkte ich diesen Effekt durch Unmengen an Bier, saß im *Coco Loco*, um bei melancholischer Musik in unserer Beziehung zu wandern. Ich konnte mich dem Schmerz ganz hingeben, indem ich an Susanne und unsere gemeinsame Zeit dachte. Das Leiden steigerte ich ins Unerträgliche, um bei einem letzten Bier in einen Rausch einzutauchen, der mich für die kurze Zeit des Schlafens ruhen ließ. Leiden war sehr anstrengend und kräftezehrend, wie eine Krankheit, ein Geschwür, das langsam in mir heranwucherte und dessen ich mich nicht mehr entledigen konnte.

Die Krankheit, von der ich befallen war, hieß Susanne. Ich schlitterte hin und her zwischen Sehnsucht und Haß, aber mir war bewußt, daß ich mit dem größten Haß nicht die Sehnsucht nach ihr niederkämpfen konnte. Für mich gab es zwei Susannes. Einmal die, die ich in Sevilla kennengelernt hatte und dann die mit ihrem wahren Gesicht, die mich in den Dreck gestoßen hatte. Susanne hatte mir in Sevilla Geld geliehen, und nun lehnte sie es ab, daß ich es ihr zurückzahlen wollte. Ich kam mir gekauft vor, wie eine billige Nutte, was mich noch rasender machte.

Ich fing an, darüber nachzudenken, wie ich Susanne die erlittenen Verletzungen zurückgeben könnte. Sollte ich Reto die Briefe schicken, damit er sich selbst ein Bild machen konnte? Vielleicht würde er dann Susanne an die Luft setzen, dann wäre es vorbei, daß Susanne ihn jetzt verliebt anblinzelte und ihm die Liebesschwüre einhauchte, die sie in Sevilla mir gewidmet hatte. Ich wurde das Gefühl des Ekels nicht los, als Sprungbrett für eine kaputte Beziehung benutzt worden zu sein, nein, das gönnte ich Susanne nicht. Ich wünschte ihr von ganzem Herzen, daß sie langsam und qualvoll an ihrem Liebesglück erstickte.

Aber wenn ich solche Gedanken hatte, schämte ich mich zugleich, denn ich hatte doch einen so liebevollen Menschen kennengelernt. Dieser Zwiespalt ließ mich stundenlange Selbstgespräche führen, in denen ich anklagte, rechtfertigte und mich verteidigte. Am Ende war ich der Meinung, daß mich Susanne zwang, ein Arschloch zu sein.

Die ganzen logischen Überlegungen änderten nichts an der Tatsache, daß ich mich ohne Susanne heimatlos und entwurzelt fühlte. Wenn sie um die Ecke gewohnt hätte, wäre ich wahrscheinlich zu ihr hingekrochen und hätte um ein wenig Zuwendung gebettelt, bis zum völligen Verlust des Selbstwertgefühls, das bereits jetzt drohte, negative Werte anzunehmen.

Gern hätte ich mich in der Rolle eines Edelmanns gesehen, der ein großes Herz hatte, der vergeben konnte und ein Gedächtnis wie ein Schweizer Käse hatte, das alle unangenehmen Erinnerungen verblassen ließe. Aber die Erinnerungen klebten an mir wie Kletten, die sich nicht abschütteln ließen, so sehr ich mich auch bemühte. Ich war nicht mehr der gute Stefan oder der nette Junge von nebenan. So langsam bröckelte meine Fassade ab, und ich zeigte mein wahres Gesicht. Meine ganzes Leben und die Scheinwelt, die ich mir aufgebaut hatte, verglich ich mit einer Puppe in ihrem Kokon. Jetzt war die Metamorphose vorbei, und heraus trat mein wahres Ich, die dunkle Seite meiner Seele.

Das Bild vom Akademiker war nicht mehr aufrechtzuerhalten, denn von so einem Menschen wurde erwartet, daß er rational eine Lösung für jedes Problem bereithielt, eine optimale Lösung anstrebte und seine Intelligenz nicht an Niedertracht und Rachsucht vergeudete. Der Glaube daran, daß es für alles eine Lösung gab, war ein Irrglaube, der Menschen blind für die Angelegenheiten werden ließ, die wirklich relevant waren. Am deutlichsten sagte mir dies eine innere Stimme, die immer mehr Macht über mich gewann. Ständig hörte ich mich sagen, daß ich es nicht schaffte, zu schwach und unfähig sei. Was hatte ich denn aus meinen Begabungen gemacht? Alles in mir war eine Müllkippe, auf die ich meine Gefühle und Visionen gebracht hatte, zu mehr war ich nicht in der Lage.

Manchmal kamen mir noch kurze Erkenntnismomente, in denen ich mich real einschätzen konnte. Dann war ich zutiefst über mein Verhalten schockiert. Aber selbst diese tieferen Einsichten konnten nicht verhindern, daß ich Rückschritte in die Vergangenheit machte. Ich kam mir wie ein kleines zorniges Kind vor, das bockig nach Liebe und Zuwendung schrie. Vielleicht ginge das soweit, bis ich mich ganz in der Vergangenheit auflösen würde.

Es war kein Kampf mehr, sondern nur noch ein Sich-treiben-Lassen, denn der Stier hatte den Kampf längst verloren. Die Wunde, die mir Susanne geschlagen hatte, ließ alte Verletzungen wieder aufbrechen. Ich blutete und sank in die Knie und spürte, wie mir die Kräfte schwanden. Dagegen anzugehen war so hoffnungslos, wie zu versuchen, einen Waldbrand mit einem Feuerlöscher zu bekämpfen. Ich jammerte und flehte, das Ganze möge bald vorüber sein. Und dabei kam ich mir so lächerlich vor.

Um den Trennungsschmerz zeitweise erträglicher zu gestalten, ersann ich einen Trick. In meiner Phantasie spielte ich das Wiedersehen in Romanshorn immer wieder durch. Es war so schön wie damals, als Susanne das zweite Mal nach Sevilla kam. Wir umarmten uns lange und innig und verbrachten zwei wunderschöne Tage am Bodensee. In Paris waren wir unzertrennlich, ein Herz und eine Seele, die die Welt der Liebe für sich entdeckten. Alles hatte ein Happy-End. Doch ich wußte, daß es nie wieder so sein würde wie damals. Ich sah vor mir ihren Mund, den ich nie wieder küssen würde, ihr Lachen, das ich nie wieder sehen würde und stellte mir ihre warme Haut vor, die ich nie wieder neben mir spüren würde. Meine Sätze, die ich vor mich hinflüsterte, standen alle im Konjunktiv Imperfekt: »Hättest du doch nur dieses oder jenes getan, dann ...«, oder »wenn du dieses oder jenes *nicht* getan hättest, dann ...« Dennoch träumte ich weiter. Stundenlang dämmerte ich so vor mich hin. Ich brauchte diese Phantasien, um mich durch den Tag zu retten. Und bald brauchte ich immer mehr von ihr, wie ein Süchtiger seine Droge, und wenn die Wirkung nachließ, fühlte ich mich als Heuchler, da ich nie einen Fuß in meine konstruierten Phantasien gesetzt hatte. Die Wirklichkeit hatte nichts mehr mit meiner romantischen Scheinwelt gemein; es setzten Entzugserscheinungen ein: Schlaflosigkeit, Übelkeit, Zittern und Schweißausbrüche. Der erste Zusammenbruch nach dem USA-Aufenthalt war nur der Anfang.

Mein Schmerz wurde körperlich, ich hatte überall Schmerzen und lag oft, wie ein Fötus zusammengekrümmt, auf dem Bett. Nach drei Wochen des Leidens war ich ausgelaugt und dem Wahnsinn nahe. Mein Zimmer, das ich nur zur Arbeit und abends verließ, um die

Schmerzen mit Unmengen an Alkohol zu betäuben, war für mich ein Durchgangszimmer auf der Reise ins Jenseits geworden. Ich wußte nicht mehr, wie ich diese Verzweiflung überwinden konnte. Ich spürte, daß etwas mit mir nicht in Ordnung war, daß ich vielleicht krank war, aber Heilung wollte ich nicht mehr erfahren, weil ich spürte, daß es keine Heilung mehr gab und daß ich irgendwann an diesem Ekzem zugrunde gehen würde.

Meine Seele war immer spröder und verletzlicher geworden, und nun hatte sie einen endgültigen Riß bekommen. Ich war dem Irrtum erlegen, daß die Verletzungen, die man überwunden hatte, einen härter und widerstandsfähiger machten. Die ständigen Deformationen hatten einen beträchtlichen Schaden hinterlassen, der jetzt sichtbar wurde. Jetzt konnte ich ermessen, was das Gefühl der Leere bedeutete. Ich fühlte mich so leer, daß ich befürchtete, mich in Kürze auf ein Zehntel meines Körpervolumens zu reduzieren.

Susanne hatte in einem ihrer Briefe die Hoffnung geäußert, nach Sevilla nicht nur ein schwarzes Loch bei mir hinterlassen zu haben. Aber es war ja gerade die Zeit mit ihr, diese Anziehungskraft, die mich aus dem schwarzen Loch, das aus Selbstmitleid und Schuld bestand, befreit hatte. Ich war so lebendig, da ich glaubte, erstmalig das Licht gesehen zu haben. Aber die Liebe war nur eine schwache Kraft und hatte mich nie gänzlich aus dem Energiefeld des schwarzen Loches befreien können, und so stürzte ich anfangs langsam, dann mit einer immer größeren Geschwindigkeit in das Zentrum vor. Dort drinnen fand ich Haß und einen unendlichen Selbstzerstörungstrieb vor, und die Anziehungskraft des schwarzen Loches drohte mich in die Tiefe zu reißen. Von diesem Schwerefeld wurden meine Gedanken gesteuert, ich hatte die Kontrolle verloren und das Gefühl, in zwei Teile zerrissen zu werden.

Ich entwickelte neue Theorien über das Leben und die Liebe, und diese führten zu einem neuen Selbstverständnis meiner selbst. Natürlich gab es im Leben Schwankungen: Hoch folgt auf Tief, Glück auf Leid, aber je mehr ich zwischen diesen Polen hin und herschwenkte, desto mehr sank ich im Grunde genommen in immer tiefere Schichten meines gequälten Selbst ab, und all der Kampf war vergebens, als hätte ich die ganze Zeit in einem Sumpf gesteckt, der mich immer tiefer zog. Ich hatte nach allem Hoffnungsvollen gegriffen, und am Ende stand ich immer mit leeren Händen da, als sei mir alle Energie wie Sand durch die Hände geronnen. Manchmal glaubte ich, den rechten Weg gefunden zu haben, wie ein Geistesblitz war es über mich gekommen, doch dann mußte ich immer wieder erkennen, daß ich mich in einer Sackgasse befand. Ich hatte immer von einem selbstbestimmten Leben geträumt, doch es hatten ständig andere Macht über mein Schicksal, nur war mir diese Tatsache nie bewußt geworden. Meine heile Welt hatte ich schon längst zu Grabe getragen. Sicher gab es in meinem Leben vieles, was ich noch nicht gelebt, geschweige denn bewältigt hatte, aber in meinen Gedanken war die hoffnungsvolle Zukunft gelebte Vergangenheit.

Es gab einen schönen Ausdruck, den Mate immer benutzt hatte: »Verstrahlt«. Das hatte nichts mit Radioaktivität zu tun, sondern war eine Umschreibung für Schräges, Komisches, Absurdes oder Verrücktes. Und genau so würde ich das Leben und seine Prinzipien charakterisieren: Total verstrahlt.

Meiner Meinung nach lebten alle nur vor sich hin, mühten und strampelten sich ab. Und was war der ganze Lohn für diese Plackerei? Der Tod, auf den wir langsam hintrieben und der so sicher war wie das Amen in der Kirche. Dazwischen lagen einige Stunden der Harmonie und des Glückes, und der Rest war Siechtum, Kampf oder bedeutungsloses Herumgestochere im Alltagsbrei. Ich wollte diesen Kampf um ein bißchen Glück nicht ewig führen, denn die Energien waren ja nicht beliebig teilbar, und ich befand mich jetzt schon im roten Bereich.

Ich hatte sowieso nie verstanden, welche Freuden die Menschheit am Menschsein hatte. Was war das für ein Menschenschlag, der dem Leben Positives abgewinnen konnte? Waren es anspruchslose, dumme oder intelligente Menschen, die einen ausgeklügelten Mechanismus hatten, sich selbst zu betrügen? Diese Hetze von Happening zu Happening, das Gerede von alles schöner, alles besser, megacool und megageil kotzte mich total an. Alle anderen verhielten sich doch nur oberflächlich und heuchelten einander das Schöne am Leben vor. Alle gaben vor, glücklich zu sein, selbst wenn sie tief drinnen unglücklich waren, und die Suche nach der totalen Freiheit war sinnlos, denn die gab es nur noch in der Autowerbung im Fernsehen, wo ein Auto mutterseelenallein durch eine intakte Natur gondelte und uns weismachen wollte, die Welt sei in Ordnung.

Selbst die Liebe hatten die Wissenschaftler jetzt aufs Korn genommen. Jetzt war sie erklärbar geworden. Es reduzierte sich alles auf die Chemie im Kopf: Phenyletzylamin, Norephedrin und Dopamin, und irgendwann erfänden sie noch die Megaglückspille, die wir rezeptfrei nehmen könnten, um uns Glückseligkeit und Zufriedenheit einzuhauchen, einfach damit sich die Menschheit ihrer Armseligkeit und der Ausweglosigkeit nicht bewußt würde. Alles wurde künstlich auf dieser Welt. Künstliche Gefühle, künstliche Intelligenz, Cybersex, alles virtuell mit Hilfe der modernen Technik, weil niemand mehr die Wirklichkeit verkraftete. Mehr und mehr würden Mensch und Maschine verschmelzen und eines Tages wäre man in der Lage, sich wie Götter Welten neu zu erschaffen. Ich hingegen hatte nicht mehr die Absicht, ein neues Leben, eine neue heile Welt aufzubauen, denn ich spürte den Wunsch in mir, mein irdisches Dasein zu beenden.

Mittwoch, 28. September 1994

Daniel brachte die Post herauf und legte sie auf den Kühlschrank. Nachdem er in seinem Zimmer verschwunden war, schlich ich aus meinem Zimmer. Der große Umschlag, der mit Porto aus der Schweiz abgestempelt war, stach mir sofort ins Auge.

Beim Öffnen fielen mir die Kladde, die ich für Susanne geschrieben hatte, mein Feuerzeug und ein dreiseitiger Brief entgegen. Sogar das Feuerzeug hatte sie mir zurückgeschickt.

Susanne war in ihren Zurückweisungen immer bestimmter geworden und hatte sich immer weiter von mir entfernt. Ich war darüber so frustriert und empfand es als demütigend, daß es immer mehr Vorwürfe meinerseits hagelte. Ein Teufelskreis ohne Ende. Das Zurücksenden war vielleicht die logische Konsequenz meines Handelns. Dennoch empfand ich es wie einen Schlag mitten ins Gesicht. Es interessierte Susanne einfach nicht mehr, was ich zu sagen hatte, und sie interessierte es auch nicht mehr, wie es mir ging.

Deprimiert rief ich Mate an, der sofort bereit war, vorbeizukommen. Während er sich auf den Weg machte, saß ich kettenrauchend auf meinem Bett und wartete.

Ich verheimlichte ihm nicht den Brief, der einige unbequeme Wahrheiten enthielt. Susanne sprach von Psychoterror, Vorwürfen und Drohungen. Mate sollte ruhig einen Eindruck davon gewinnen, was ich in letzter Zeit getrieben hatte. Es las den Brief sehr aufmerksam durch und schüttelte immer wieder den Kopf.

Dann versuchte ich ihm in wenigen Sätzen meine Lage deutlich zu machen. Er verstand mich recht gut. Am Ende fragte ich ihn, was ich tun solle, da ich selbst mit meinem Latein am Ende war. Aber Mate konnte mir auch keine Patentlösung anbieten, wie konnte ich das auch von einem anderen Menschen erwarten.

»Es ist nicht alles deine Schuld«, meinte er.

»Ich glaube, ich bin ein schlechter Mensch.«

»Beiß dich nicht an solchen Überlegungen fest, du hast so viel erreicht, denk daran, ein Mensch ist nicht die ganze Welt.«

Das Gespräch drehte sich im Kreis.

»Glaubst du an ein Leben nach dem Tod?« fragte ich ihn ganz unverhohlen.

Er schluckte.

»Manchmal glaube ich daran, daß nach dem Tod etwas Besseres kommt. Stefan, dieses Leben kann nicht alles sein. Ja, ich wünsche mir das.«

Ich sollte mich bei ihm melden, wenn es mir nicht gut ginge. Ich hatte Mate verschwiegen, daß es mir seit fast sechs Wochen beschissen ging. Die Arbeit bei der Versicherung hatte ich vor einer Woche beendet, weil ich nicht mehr in der Lage war, mich zu konzentrieren. Ich kam morgens kaum noch aus dem Bett und sah keinen Sinn mehr darin, mich für andere zu quälen.

Nachdem Mate sich verabschiedet hatte, las ich noch einmal Susannes Zeilen. Sie schrieb mir nichts Neues, als sie mir sagte, daß sie Angst vor mir habe. Ich hatte bereits festgestellt, was für ein Scheißkerl ich war. Am Ende ihres Briefes bedankte sich Susanne artig für die schöne Zeit und erklärte, daß mir ein Platz in ihrem Herzen immer sicher sei. Hätte Susanne vor mir gestanden, hätte ich ihr ins Gesicht gespuckt. Ich scheiß auf den Platz in ihrem Herzen, ich scheiß auf alles!

Ich hatte viel erreicht. Diese Äußerung von Mate bezog ich auf mein Diplom. Aber es bedeutete mir nichts mehr. Es war nur die Eintrittskarte in eine materialistische Welt, ein Stück Papier, das mich weder umarmen, noch mir zu Liebe und Geborgenheit verhelfen konnte. Ich hatte um vieles im Leben gekämpft, aber dennoch nie einen wirklichen Sieg errungen. Ich war am Ende und fühlte mich so schwach und kraftlos wie nie zuvor. Noch nicht einmal Tränen kamen aus den Augenhöhlen, als ich vor mich hinwimmerte. Ich kam mir wie ein zerschossenes Kriegsschiff vor, das nach sinnlosem Kampf in der See trieb.

Müde fiel ich an diesem Nachmittag in einen seltsamen Traum. Ich sah mich vor Gericht auf der Anklagebank. Bekannte Gesichter saßen im Zuschauerraum. Jemand weinte. Neben dem Staatsanwalt erkannte ich Susanne mit eisiger, ausdrucksloser Miene. Der Staatsanwalt verlas die Anklageschrift, und seine zynische Stimme erinnerte mich an Roland Freisler vom Reichsgerichtshof. Die Anklageschrift war ellenlang und zeigte mir alle Vergehen meines Lebens auf. Er schoß seine Fragen wie Pfeile auf mich ab: Geben sie zu, kalt, herzlos, egoistisch und gemein zu sein, Angst und Schrecken zu verbreiten und der ganzen Welt nur Leid zu bringen? Still und heimlich nickte ich bei jedem Punkt der Anklage.

Das Urteil, das er über mich fällte, war vernichtend. Ich wurde zum Tod verurteilt, da es galt, lebensunwertes Leben zu beseitigen. Der Richter überließ mir aber die Wahl, selbst Hand an mich zu legen, um der Welt durch einen heroischen Akt zu beweisen, daß ich nach weiser Einsicht bereit war, der Menschheit einen Gefallen zu erweisen, auf daß sie nach meinem Ableben wenigstens eine Minimalachtung von mir behielten.

In meinem Traum starb ich tausendfach. Ich wurde von Zügen zerstückelt, lag zerquetscht nach einem Sprung auf dem Asphalt oder eine Kugel hatte mir das Gesicht zerfetzt.

Draußen dämmerte es bereits, als ich wieder aufwachte. Ich betrachtete mich im Spiegel. Ich erkannte darin nur eine häßliche Fratze. Eigentlich war ich bereits tot. Seelisch tot. Meine Gedanken waren nur noch der Staub der zuvor implodierten Seele, Hoffnungen, die sich an Vergangenes und Unwirkliches klammerten. Es mußte lediglich die Hülle beseitigt werden, der nutzlose Körper, den ich wie Ballast empfand. Angst vor dem Tod hatte ich nicht, nur vor dem, was zwischen Leben und Tod stand, dem Sterben. Bedauerte ich nicht oft, keinen Knopf an meinem Körper zu haben, den ich betätigen könnte, um mich schmerzlos und sicher ins Jenseits zu befördern?

Wenn ich auf mein vergangenes Leben zurückblickte, dann fragte ich mich, wieviel Leid ich mir und anderen in Zukunft ersparen könnte, wenn ich tot wäre. Hatte ich meiner Mutter nicht oft vorgeworfen, sie hätte mich besser abtreiben lassen sollen?

Mich hatte niemand danach gefragt, ob ich in dieser Welt leben wollte, also brauchte ich auch niemanden um das Recht bitten, abtreten zu können. Ständig unter anderen oder unter mir selbst zu leiden war nicht der Sinn meines Lebens. Vielleicht war es ungerecht denen gegenüber, die um ihr Leben kämpften, trotz schwerer Behinderung oder körperlicher Leiden lebten und gegenüber all denen, die verhungerten oder verdursteten, ungerecht meiner Familie gegenüber, meinen Freunden oder gegenüber Susanne. Sie alle würden dadurch automatisch zu Mitbetroffenen, aber es war mir so scheißegal, was sie danach dachten. Ich war es leid, im Leben eine Arschkarte nach der anderen zu ziehen und mich zu fragen, was ich falsch gemacht hatte. Sollten sie sich fragen, was sie falsch gemacht hatten. Diese Freiheit wollte ich mir nicht nehmen lassen. Aufhören, denken zu müssen, wenn man am Ende sowieso ins Gras biß. Entscheidend war nicht mehr, im Leben zu reifen, sondern im Tod die Befreiung von vielen Qualen zu finden.

Sicher würde ich vieles aufgeben, einen hohen Preis zahlen, aber die Verlockung, die der Tod hatte, war diesen Preis wert. Mit Selbstmord könnte ich vieles lösen. Ich müßte nicht mehr an Susanne denken, denn diese Erinnerungen hatten sich unauslöschlich in meine Seele gefressen, und ich könnte zu dauerhaftem Seelenfrieden gelangen, nach dem ich mich zeitlebens gesehnt hatte; alles andere würde zu einem Alptraum führen, der nie zu Ende wäre.

Lediglich ein Unwohlsein, daß es ein ewiges Leben nach dem Tod gäbe, blieb, denn leben war für mich gleichbedeutend mit leiden. Ich hoffte, das totale Nichts zu finden, das wäre eine schöne Belohnung für den Mut, den ich aufgebracht hätte. Und meinen Abschied würde ich wie einen Sieg über mich und das Böse im Leben feiern.

Je mehr ich darüber nachdachte, desto besser gefiel mir dieser Weg. Mit meinen knapp dreißig Jahren war ich zum Sterben zu jung, aber doch zu alt, um mich an die Hoffnung auf Besserung zu klammern. Das Maß war voll, und außerdem würde sich die Welt auch ohne mich weiterdrehen. Wenn es ein Recht auf Leben gab, dann mußte sich daraus auch das Recht auf den Tod ableiten lassen können; ich konnte nicht zum Durchhalten um jeden Preis gezwungen werden. Was hinterließ ich der Nachwelt? Ein Papier, auf dem Diplom stand und ein überzogenes Bankkonto.

Ich grübelte, ob ich diesen Todeswunsch nicht schon als Kind in mir getragen hatte. Ich erinnerte mich, daß ich, wenn ich meine Großmutter besuchte, immer beten mußte. Während sie das Gebet vorgesprochen hatte, dachte ich daran, daß der liebe Herrgott mich einschlafen und nie wieder in dieser Welt aufwachen lassen möge. Ich war oft enttäuscht, wenn ich wieder erwacht war und Gott meinen Wunsch nicht erhört hatte. Dann mußte ich wieder einen Tag das Gebrüll meines Vaters erdulden und mich vor seiner Hand fürchten. Ohne einen ausgeprägten Todeskult betrieben zu haben, genoß ich es, auf Friedhöfen spazieren zu gehen. Ich liebte ihre Stille und den Geruch von Blumen und Ginster. Manchmal fragte ich mich, welche Zahl sie wohl neben meinem Geburtstag in den Stein meißeln würden.

Stunde um Stunde faszinierte mich dieser Gedanke mehr. Allein die Vorstellung an das baldige Ableben erfüllte mich mit Frieden und verlieh mir ungeheure Macht.

Ich plante meinen eigenen Tod wie ein kaltblütiger Mörder, denn ich wollte auf keinen Fall unvorbereitet abtreten. Fast schon gutgelaunt ging ich ins *Coco Loco* und stellte meine Überlegungen bei einigen Altbieren an. Zunächst war die Frage nach der Methode zu klären. Da eilte mir mein alter Kindheitstraum zu Hilfe: Ruhig und schmerzfrei einschlafen und nie wieder aufwachen. Ich hatte schon genug gelitten, da wollte ich mir die letzten Minuten so angenehm wie möglich gestalten. Der Gedanke, daß man mich blutüberströmt fände, war nicht sonderlich prickelnd. Ich war einmal Augenzeuge geworden, wie eine ältere Frau von einem Zug überrollt wurde. Es war unappetitlich anzusehen, wie die Sanitäter entlang des Bahndamms die Einzelteile zusammensuchten.

Auf keinen Fall wollte ich einen Abschiedsbrief hinterlassen. Wozu auch? Meine Freunde würden sich sowieso ihren Teil denken und es als Tragödie ansehen, wenn sich ein so hoffnungsvolles Leben selbst auslöschte. Bevor ich ging, hatte ich nur einen brennenden Wunsch in mir. Ich wollte Susanne noch einmal in die Augen schauen, dem einzigen Menschen, für den ich ein tiefes Gefühl hatte. Mit einem Blick in ihre Augen wollte ich das Schmerzmaximum erreichen, ausreichend, um mit Leichtigkeit ins Nichts zu tauchen.

Oktober 1994

Während ich mit den Planungen beschäftigt war, wurde ich ruhiger und gelassener. Ich schlief besser und länger, fühlte mich freier und entspannter und hatte kaum noch das Bedürfnis, an Susanne zu denken, geschweige denn, sie anzurufen. Ich schrieb ihr einen letzten Brief als Antwort auf ihre Zeilen. Das würde genügen. Ich bedankte mich ebenfalls bei Susanne für die schöne Zeit, war mir doch durch sie endlich klar geworden, daß das Leben einfach beschissen war und auch die gemeinsamen Erlebnisse, die ja nur Illusion waren, das nicht wettmachen konnten.

Schwieriger war es, an geeignete Tabletten heranzukommen. Ich klapperte verschiedene Ärzte ab und klagte über fürchterliche Schlafstörungen, log quasi das Blaue vom Himmel herunter. Einige verordneten Hausmittelchen, andere meinten eine Therapie sei in meinem Fall angebrachter. Ein Arzt verordnete mir Tavor. Das Mittel kannte ich aus der Barschel-Affäre, und ich war mir sicher, was Barschel ins Jenseits befördert hatte, würde auch mir sehr gut tun. Als die erste Tablettendose vor mir auf dem Schreibtisch stand, überkam mich der Wunsch nach einem kleinen Selbsttest. Der Apotheker hatte mich zuvor über die korrekte Dosierung aufgeklärt. Die Tageshöchstdosis verdreifachte ich, ging abends in eine Kneipe und trank mein geliebtes Altbier.

Als ich am Nachmittag des folgenden Tages erwachte, konnte ich mich nicht mehr an den Heimweg erinnern und wußte auch nicht, wann ich mir die Kleidung vollgekotzt hatte. Ich besorgte mir noch ein sehr starkes Magenmittel, um vorzeitiges Erbrechen zu vermeiden. Nach einer Woche hatte ich weit über einhundert Tabletten gesammelt. Ein Arzt verordnete mir dankenswerterweise eine Fünfzigerpackung. Hin und wieder nahm ich eine der kleinen Wunderpillen und fühlte mich unendlich stark und mächtig.

Zu meinen Vorbereitungen gehörte auch, mein Zimmer auszumisten. Im Bettkasten bewahrte ich Fotos, Briefe und viele Erinnerungsstücke auf. Ich sah alles einzeln durch und überlegte, was die Nachwelt finden durfte und was ich verbergen wollte. Beim Durchstöbern entdeckte ich Fotos aus meinen Kinder- und Jugendtagen. Auf vielen lachte ich oder zog eine witzige Grimasse. Ich sah auch Fotos von meinem Vater, wie er mich auf dem Arm hielt. Vielleicht hatte es Gutes gegeben, aber ich konnte mich nicht daran erinnern. Er soll ein geachteter und beliebter Kamerad gewesen sein. Nicht für mich.

Fortsetzung, Dienstag, 18. Oktober 1994

Lange starrte ich die Telefonzelle in der Raststätte an. Noch könnte ich umkehren und mich dagegen entscheiden. Ich sollte Mate oder einen anderen guten Freund anrufen, denn ich hatte, kurz hinter Frankfurt, kaum die halbe Strecke zurückgelegt.

Nein, es gab kein Zurück, ich wollte es nicht mehr. Die Suche nach der grenzenlosen Freiheit war jetzt stärker als jeder andere Wunsch. Ich hatte die Hoffnung, daß meine Freunde mir diese Tat verzeihen würden und mir meinen Seelenfrieden gönnten. Die anderen, die mich nicht verstanden, würden ihre Interpretation oder Wahrheit finden.

Während ich meinen Kaffee in aller Seelenruhe zu Ende trank, kamen mir Erinnerungen an viele witzige Geschichten, die mir im Leben passiert waren, in den Sinn. Ich mußte lächeln. Wieviele Menschen hatte ich mit meinen Anekdoten erheitert? Wieviele Träume hatte ich gehabt? Wenigstens hatte ich sie einmal.

Als ich den Zündschlüssel umdrehte, zögerte ich noch einmal für einen kurzen Moment, doch dann fuhr ich entschlossen weiter. Ununterbrochen spielte die Kassette *unser Lied*.

Vor Heilbronn verließ ich die Autobahn und fuhr in das Dorf, wo meine Großeltern gelebt hatten. Das Haus war damals nach ihrem Tod verkauft worden, aber ich wollte noch einmal die Stelle sehen, wo ich als Kind am Zaun gestanden hatte, um meinen Zügen nachzuschauen. Der neue Eigentümer hatte einige kleine Veränderungen vorgenommen. Die Obstbäume in der Einfahrt gab es nicht mehr. Durch den Garten hindurch konnte ich den Zaun sehen. Meine ersten Erinnerungen reichten zurück in das vierte Lebensjahr. Das lag fünfundzwanzig Jahre zurück, und ich überlegte, ob es wirklich eines viertel Jahrhunderts bedurfte, bis ich endlich unter dem harten Druck der Realität begriffen hatte, daß ich nie leben wollte.

Kurz vor der Autobahnauffahrt hinter Heilbronn hielt ich auf dem Seitenstreifen an, um auszutreten. Die Sonne war längst untergegangen und schickte ihren letzten Schimmer in einen grünlichblauen Himmel. Über der Landschaft lag ein intensiver Duft nach schwerer, feuchter Erde. Ich hatte immer den Herbst geliebt, weil er die Vergänglichkeit allen Lebens symbolisierte und für meinen melancholischen Grundton im Leben wie geschaffen war. Wenn die Natur stirbt, zeigt sie sich in den schönsten Farben. In meiner Seele war es immer herbstlich gewesen, nur einmal hatte ich den Frühling erlebt, aber der lag schon so lange zurück.

Die Wagenkolonne rückte Schritt für Schritt vor. »Die Schweizer kontrollieren heute mal wieder sehr genau«, dachte ich.

»Guten Abend, ihre Ausweispapiere, bitte«, dröhnte eine tiefe Stimme im besten Schweizerdeutsch.

»Haben Sie etwas anzugeben?«

Erschreckt fuhr ich zusammen. Die Pillen! Was wäre, wenn mich die Grenzbeamten durchsuchten und dabei die ganzen Medikamente fänden. Wie sollte ich das erklären? Ich befürchtete Unannehmlichkeiten, da ich gehört hatte, daß die Schweizer Zöllner empfindlich reagieren können und Autos bis auf den letzten Zentimeter durchsuchten, sollte ihnen etwas suspekt vorkommen.

»Nein«, antwortete ich und versuchte so viel Gelassenheit wie möglich in meine Stimme zu legen.

»Was wollen Sie in der Schweiz?«

Verdammt! Jetzt fing er auch noch an, dumme Fragen zu stellen.

»Ich mache einen Besuch.«

»Und wen wollen Sie besuchen?«

Er nervte mich.

»Eine Bekannte, die ich im Urlaub in Spanien kennengelernt habe. Sie wohnt in Amriswil.«

Ich gab ihm bewußt eine umfangreichere Auskunft, damit er mir nicht noch weitere Fragen stellte. Er musterte meinen Ausweis.

»Gut, sie können dann passieren.«

Langsam fuhr ich an. Erst nachdem die Lichter der Grenzstation aus meinen Rückspiegel verschwunden waren, atmete ich erleichtert auf. Glück gehabt!

Ich bog an einer Kreuzung ab, an der der Wegweiser in Richtung Amriswil wies. Im Radio lief ein Sender, der deutsche Evergreens spielte. Als ich im Zentrum von Amriswil auf der Suche nach einem Quartier herumkurvte, lief gerade das Lied *Wir wollen nie auseinandergeh'n* von Heidi Brühl. Ich mußte laut über diesen sinnigen Text lachen. Ja, ja die Liebe und das, was davon so übrig blieb.

Es war nicht einfach, ein Zimmer zu finden, da im nahen St. Gallen eine Messe stattfand und die meisten Gasthöfe in der Umgebung ausgebucht waren. Nach einigen Versuchen hatte ich Glück und fand eine preiswerte Unterkunft für die Nacht. Das kleine Zimmer unter dem Dach, meine vorletzte Ruhestätte, hatte die Schlichtheit einer Todeszelle. Alles war in Weiß gehalten, die Kacheln, die Wände und die Decke. Allein das Hellbraun der Billigfurniermöbel brachte ein wenig Farbe ins Zimmer. Aber das war jetzt unwichtig. Bis zur Nachtruhe gönnte ich mir einige Biere in einer Gaststätte namens Freihof. Die Wirtin erkannte meine Nationalität und fragte, was mich wohl nach Amriswil getrieben haben mochte. Eine alte Liebe. Ihrer Meinung nach mußte das eine große Liebe gewesen sein, wenn ich mir die Mühe machte, einen so weiten Weg zurückzulegen. Ich pflichtete ihr bei.

Bei einem letzten Bier in der Wirtsstube der Pension besang eine Stimme im Nachtprogramm der ARD den Mond von Wanne-Eickel. »Wie schön«, dachte ich, »da sendet mir jemand zum Abschied Grüße aus der Heimat.« Ich nahm zwei dieser Wunderpillen und legte mich schlafen.

Mittwoch, 19. Oktober 1994

Vier Uhr morgens. Trotz der zwei Tabletten, die ich eingenommen hatte, fand ich keinen Schlaf mehr. Ich wälzte mich ruhelos von einer Seite auf die andere. Von Ferne hörte ich eine Kirchturmuhr im Viertelstundenrhythmus die Zeit schlagen.

Schwerfällig dämmerte der Tag durch die Fensterläden in mein Zimmer herein. Es war halb neun, als ich aufstand. Ich duschte lang und ausgiebig und rasierte mich so gründlich wie selten zuvor. Ich wollte ein schöne Leiche abgeben.

Mein Frühstück nahm ich in der Wirtsstube ein. Der Wirt saß am Nachbartisch, trank ein Bier und studierte seine Zeitung. Offenbar war es für ihn ein weiterer langweiliger Tag in seinem Leben. Obwohl es für mich ein besonderer Tag war, spürte ich in mir eine tiefe Ruhe und Gelassenheit.

Vor dem Showdown mit Susanne freute ich mich auf eine Begegnung der besonderen Art. Ich erkannte sie gleich, als sie mit dem Wagen am Amriswiler Bahnhof vorfuhr. Susanne schien ihr wie aus dem Gesicht geschnitten zu sein. Ich hatte Susannes Mutter erst vor vier Tagen telefonisch meine Identität preisgegeben, und ich nutzte die natürliche Neugierde einer Mutter schamlos aus, denn ich wollte auf keinen Fall dumm sterben.

»Angenehm, Elisabeth«, stellte sie sich vor, und sie schaute mich dabei an, als sei ich ein Außerirdischer. Schon am Telefon hatte ich ihre Verwunderung gespürt; sie konnte es nicht glauben, daß das Fräulein Tochter eine Affäre hatte. Zum Treffen lockte ich sie mit meinem Wissensvorsprung.

»Sie wissen, daß Susanne im Juni noch einmal nach Sevilla geflogen ist?«

»Ja, aber wer sind Sie denn?«

»Ich bin der Grund gewesen.«

Wir steuerten das Café Hollenstein an. Aus einer Tasche zog ich einen Umschlag hervor, der alle Schriftstücke von Susanne, die Zeichnungen, das Feuerzeug und die Fotos enthielt. Ich hatte es nicht übers Herz gebracht, diese Dinge zu vernichten. Jetzt, da ich sie übergab, kroch der Schmerz erneut in mir hoch, der Schmerz, den ich in den vergangen Tagen nicht mehr so deutlich gespürt hatte, weil ich ihn mit zu vielen Tabletten betäubt hatte. Jetzt spielte ich meine letzte Trumpfkarte aus, und die einzigen Zeugnisse einer Liebesaffäre schienen mir zu entgleiten. Tränen quollen aus meinen Augen hervor, als ich Elisabeth in Auszügen von Susanne und mir berichtete. Sie hörte mir aufmerksam zu, las dann die Briefe und war fassungslos. Sie schüttelte immer wieder den Kopf und war den Tränen nahe. Sie war ahnungslos gewesen und hatte für Susannes Verhalten keine Erklärung parat.

»Was haben Sie jetzt vor?«

»Ich fahre weiter zu Bekannten nach Zürich«, log ich eiskalt, und obwohl es mir schwerfiel, hielt ich Elisabeths zweifelnden Blicken stand.

»Stefan, ich wünsche Ihnen alles Gute. Es tut mir leid, was Ihnen mit Susanne passiert ist, ich hoffe einfach, daß Sie darüber hinwegkommen. Bitte machen Sie keine Dummheiten.«

Elisabeth ahnte wohl, daß mir die Trennung sehr zu schaffen machte. Ich verabschiedete mich und dankte für das Treffen.

Schlauer als zuvor war ich nach dem Treffen auch nicht. Aber ich hatte dafür gesorgt, daß jemand von dieser Affäre erfuhr. Zwar hatte ich kein Recht dazu, doch vielleicht hatte ich damit auch Susannes Willen gebrochen und ihr das Fremdgehen für alle Zeiten verleidet, indem ich in der kleinbürgerlichen und heilen Welt die Bombe platzen ließ, daß der Traum der Eltern und Schwiegereltern von der glücklichen Verbindung zwischen Susanne und Reto pure Illusion war. Nachdem ich wieder im Wagen saß, betrachtete ich mich im Rückspiegel. »Was bist du doch für ein mieses Schwein«, dachte ich, aber dennoch empfand ich eine tiefe Genugtuung in mir.

Gegen elf Uhr machte ich mich auf den Weg nach Romanshorn und parkte meinen Wagen in der Nähe ihres Geschäftes. Ihr Wagen stand in der Einfahrt neben dem Laden, daraus schloß ich, daß sie heute Dienst hatte. Aus ihren Erzählungen wußte ich, daß sie die meiste Zeit alleine arbeitete, während der Ladeninhaber Kunden besuchte. Ich würde erst kurz vor Ladenschluß eintreten, in der Hoffnung, daß sich dann keine Kunden mehr im Geschäft aufhielten. Die Zeit verbrachte ich in meinem Wagen wartend. Der Himmel zeigte sich in einem tristen Einheitsgrau; kein schöner Tag, um sich von dieser Welt zu verabschieden.

Um die Stimmung zu verschönern, nahm ich noch zwei Tabletten und spülte diese mit einem Bier herunter. Die Wirkung setzte rasch ein. Alles um mich herum fühlte sich wohl und behaglich an. Ich vertraute der Chemie, denn wenn einige Pillen ausreichen, mir das Gefühl der Schwerelosigkeit zu vermitteln, dann fragte ich mich, wie ich mich wohl nach der Einnahme der verbleibenden einhundert Tabletten fühlte. Sicher war es kein angenehmes Gefühl, wenn ich die ganze Ladung geschluckt hätte und realisierte, daß es nun dem Ende entgegenginge, wenn der Herzmuskel wie verrückt gegen den Tod anschlüge, doch dieses Angstgefühl würde ich vorher betäuben – ich wollte friedlich sterben.

Kurz vor zwölf stieg ich aus und ging auf den Laden zu. Susanne stand hinter dem Verkaufstresen und zeigte sich seltsam gefaßt über mein unerwartetes Erscheinen. Niemand sonst hielt sich im Laden auf. Früher hatte ich ihr tief in die Augen gesehen und dort einen Anflug von Zuneigung erkannt. Susannes Blick war jetzt so teilnahmslos und abwesend, daß es mich förmlich zu zerreißen drohte. In diesem Moment war mir, als habe mir jemand sämtliche Drähte aus dem Leib gerissen. Es herrschte verlegenes Schweigen. Erst nach einer Weile ergriff sie die Initiative.

»Was um Himmels Willen tust du hier?«

»Mich von dir verabschieden.«

Ich nickte vor mich hin und wollte mich abwenden, als sie mir hinterherrief, ich solle warten. Ich hatte die Absicht, nicht mehr mit Susanne zu sprechen, dennoch war ich neugierig, was sie mir jetzt noch zu sagen hatte. Ich wartete geduldig in meinem Wagen, bis sie das Geschäft verließ. Sie kam auf mich zu, blieb jedoch in einiger Entfernung vor dem Auto stehen, so als könne davon eine Gefahr ausgehen.

»Was willst du hier?«

»Ich habe es bereits gesagt.«

»Ich glaube, du spinnst total«, sagte sie mit unruhiger Stimme.

»Nun, so ist das im Leben, manchmal geht man eigene Wege.«

Ich brauchte nicht viele Worte zu wählen. Sie wußte genau, was mein Kommen bedeuten sollte.

»Das tust du doch nur, um mir weh zu tun, nicht wahr? Immer geht es nach deinem Willen.«

Sie wirkte verängstigt, schüttelte den Kopf und lief zu ihrem Wagen. Ohne mich eines weiteren Blickes zu würdigen, stieg sie ein und fuhr eiligst davon. Ich blieb noch eine Weile sitzen und überlegte, was als nächstes zu tun sei. Was in Susanne jetzt vorgehen mochte, war mir ziemlich egal. Sie hatte sich einen Dreck um mich geschert, wir hatten allein nach ihren Spielregeln gespielt. Warum sollte ich einen mitleidigen Gedanken an Susanne verschwenden?

Die Sonne kroch hinter dem Hochnebelschleier als milchigblasse Scheibe hervor. Vielleicht würde es doch noch ein schöner Tag. Ich entschloß mich, noch einmal zu der Stelle zu fahren, wo wir im August am Ufer des Bodensees gesessen hatten. Mühelos fand ich den Seehof wieder und lobte meinen guten Orientierungssinn. Ich ging am Seeufer spazieren. Die Sonne brach jetzt durch und es klarte auf. Es war kühl, und ich wanderte solange ziellos umher, bis mir fröstelte. Außerdem war es Zeit, mir ein nettes Plätzchen zum Sterben auszusuchen.

Als am Nachmittag die Geschäfte wieder öffneten, fuhr ich zunächst nach Amriswil, um Bier, einen Erdbeerjoghurt und einen Löffel zu kaufen. Ich trank eine Flasche Bier und warf mir noch eine Tablette ein. Die Spannungen in meinem Körper waren gänzlich verschwunden, nachdem ich das Bier geext hatte. An einem Sammelcontainer entledigte ich mich meiner Briefe und Dokumente, die ich aus Münster mitgenommen hatte, die niemanden etwas angingen und nach meinem Tod nicht gefunden werden sollten.

Ich fuhr ziellos in der Gegend von Amriswil herum. Die Sonne sandte ihre goldenen Strahlen über die Landschaft. Die Bauern waren auf den Feldern mit der Apfelernte beschäftigt. Es war ein stimmungsvolles Bild.

Ich bog in verschiedene Feld- und Waldwege ein, um einen geeigneten Platz zu finden, aber meistens endeten sie bei einem Haus oder Bauernhof. Erst in der Nähe einer kleinen Siedlung, die Kümmertshausen hieß, fand ich einen Weg, der durch ein kleines Waldgebiet führte. In einem Waldstück zweigte ein unbefestigter Weg ab, der in einer kleinen Lichtung mündete. Nach einigem Rangieren hatte ich das Auto hineinbugsiert. Vom Weg aus war der schwarze Wagen nicht zu entdecken, dieser Ort schien für mein Vorhaben wie geschaffen. Tod in Kümmertshausen, wen kümmert's, sinnierte ich, und mich durchzog ein Gefühl von Überlegenheit bei dem Gedanken, daß man mich bald an dieser Stelle tot auffinden würde.

Es wurde Zeit für das Abendessen. In Erlen, einem Nachbarort, fand ich neben dem Bahnhof ein Restaurant mit gutbürgerlicher Küche. Bis zur Öffnung des Lokals verbrachte ich die Zeit mit Warten. Ich setzte mich mit drei Bierflaschen auf den Bahnsteig und genoß die letzten Stunden dieses Nachmittages.

Als es dunkelte, betrat ich das Restaurant. Es war eine einfache Stube mit einem kleinen Tresen und einigen Holztischen. Die beiden vorderen Tische waren besetzt. Dort saßen Dorfbewohner, die sich beim Bier über Politik und den neuesten Klatsch unterhielten. Ich ließ mich an einem freien Tisch nieder, bestellte ein Bier und zum Essen ein Cordon Bleu mit Pommes und Salat. Schon während des Essens gesellte sich zu meinen Gedanken eine unendlich tiefe Traurigkeit, die ich zu verdrängen suchte. Es gelang mir nicht. Ich ging zum Telefon und rief Susanne in ihrem Geschäft an.

»Vertrau mir, ich werde dich nicht enttäuschen«, waren die einzigen Worte, die ich über die Lippen brachte. Sie fragte erregt nach meinem Aufenthaltsort und bedeutete mir, ich solle warten. Bis sie gegen viertel vor sieben eintraf, hatte ich bereits vier weitere Biere geleert und zusätzlich zwei Tabletten genommen. Um mich herum wurde alles schwammig, die Stimmen klangen fremd und eigenartig.

Susanne setzte sich mir gegenüber und schaute mich mit einem Blick an, der in der Lage gewesen wäre, alles Leben im Umkreis auszulöschen. Ich bekam nur noch bruchstückhaft mit, was wir miteinander sprachen. Sie ließe sich nicht erpressen und sie würde keinen Besseren als Reto finden und bereue alles. Danach stand sie auf und verschwand, ohne sich umzudrehen. Komischerweise fühlte ich mich in diesem Moment verbundener mit Susanne als je zuvor. Sie wandte sich von mir ab, und genau das würde ich auch tun, mich von mir selbst abkehren.

Ich trank ein letztes Bier und nahm einen kräftigen Zug aus der Flasche mit dem Magenmittel, das mich vor vorzeitigem Erbrechen bewahren sollte. Von meinem letzten Geld kaufte ich Zigaretten und einige Biere, weil Alkohol die Wirkung der Tabletten potenzierte. Mit schwankendem Schritt verließ ich das Restaurant und fuhr in das Waldstück bei Kümmertshausen. Ein blasser Mond als stummer Zeuge schob sich hinter den Wolken hervor, als ich den Wagen abgestellt hatte. Ich war jetzt alleine, und nur das Rauschen des Waldes war zu hören. Ich fühlte mich so geborgen wie selten zuvor.

Als erstes nahm ich mir die Dose mit den fünfzig Tabletten vor. Ich schüttete alle Tabletten in den Erdbeerjoghurt – ein 500-Gramm-Jumbobecher mit ganzen Früchten und ganzen Tabletten. Seelenruhig löffelte ich den fruchtig-bitteren Inhalt aus. Dazu trank ich rasch eine Flasche Bier. Danach wartete ich geduldig auf eine Reaktion meines Magens, doch nichts rührte sich. Ich hatte keine Angst, war nicht nervös und auch mein Magen machte keine Anstalten, sich umzudrehen. Ich rauchte einige Zigaretten und trank dazu ein weiteres Bier. Mir wurde immer schwerer und wärmer. Ich fühlte mich leicht, fast glücklich. Ich legte die Kassette ein, um noch einmal *unser Lied* zu hören. Die folgende Textstelle schien Bruce Springsteen für mich geschrieben zu haben:

the night has fallen,
I'm lyin' awake
I can feel myself fading away

Die restlichen Tabletten löste ich mit Bier in mitgeführten Plastikdosen auf. Als das Gemisch aufgehört hatte zu sprudeln, trank ich es in einem Zug. Ich schlürfte ein letztes Bier, dazu rauchte ich eine Abschiedszigarette. Kurz darauf traf es mich wie ein Schlag, der mich in die Tiefe zog. Mir wurde schwer, ganz schwer, so angenehm konnte das Sterben sein ...

Tot sein, ohne zu sterben

Mein Lächeln längst erfroren,
mein Gesicht zur Maske erstarrt,
hart wie Eis, wie der Schädel eines Toten.
Meine Augen sehen, aber ohne zu blicken,
gefühllos und abgestorben,
leblos – bereits tausend Tode gestorben,
meine Augen, die wie leere Höhlen wirken.

Lautlos zerfrißt die stille und ruhige Verzweiflung
meine Seele – fast unbemerkt,
doch immer ein Stückchen weiter,
unaufhaltsam bis zum Schluß.
Ich fühle mich fremd unter all den bekannten Gesichtern,
die immer ausdrucksloser und farbloser werden
– fast leichenhaft,
bis sie mich nicht mehr erreichen, tot sein,
ohne zu sterben und mitten im Leben.

Ulrike Schulz

Freitag, 21. Oktober 1994

Um mich herum war alles weiß. Langsam tastete sich mein Blick an der Decke entlang. Von einer Ecke zu anderen. Weiße Kacheln, und durch ein Oberlicht drang Licht in diesen Raum herein. Dann fiel mir die grüne Stahltür in die Augen, in deren Mitte sich eine Luke befand. Ich konnte die Zeit nicht bemessen, die vergangen war, bis ich realisierte, daß es sich um eine Gefängniszelle handelte.

Ich war benommen, so als würde ich aus einer schweren Narkose erwachen. Vorsichtig spannte ich alle Glieder an und versuchte herauszufinden, ob noch alles unversehrt vorhanden war. Ich war anscheinend unverletzt. Was war geschehen?

Ich kramte sorgsam in meinen Erinnerungen. Das letzte, woran ich mich erinnern konnte, war, daß ich den Wagen in dem Waldstück bei Kümmertshausen geparkt und die Tabletten eingenommen hatte. Warum hatte es nicht funktioniert, wer hatte mich gefunden und wo befand ich mich?

Während ich nachdachte, beschlich mich ein laues Gefühl. Ich hatte keine Bedenken davor, irgend etwas ausgefressen zu haben, ich hatte eigentlich Angst, noch am Leben zu sein. Man würde mich hier nicht ewig liegen lassen, irgendwann käme jemand vorbei, um mir dumme Fragen zu stellen.

Draußen vernahm ich Stimmengewirr. Schlüssel klapperten. Plötzlich wurde die Luke der Gefängnistür geöffnet.

»Frühstück!«

Schwerfällig erhob ich mich von meiner Matratze und torkelte auf das abgestellte Tablett mit der Kaffeetasse zu. Zum Kaffee gab es ein trockenes Brötchen. Gierig verschlang ich das Brot und trank dazu den scheußlich schmeckenden Instantkaffee. Ich hatte das Bedürfnis zu rauchen. Da man mir sämtliche Gegenstände abgenommen hatte, erbat ich beim Wachmann Zigaretten und Streichhölzer. Er brachte mir vier

Probepackungen Marlboro Lights und Zündhölzer. Ich rauchte einige Zigaretten in der Hoffnung, daß das Nikotin meine Gehirntätigkeit anregen und mich auf einen klaren Gedanken bringen würde.

Mich überkam tiefe Resignation. Anstatt im Himmel zu erwachen, lag ich auf einer einfachen Matratze in einem Gefängnis. Gescheitert! Verdammt!

Gerade wollte ich die leere Packung zerknüllen, als mir das Aluminiumpapier auffiel. Vorsichtig zog ich den Streifen aus der Packung heraus, strich ihn glatt und drehte ihn zwischen meinen Fingern hin und her. Dann faltete ich das Stückchen mehrfach zusammen. Ich ließ es über meine Haut gleiten. Es war scharf, aber noch nicht scharf genug. Mir kam eine zündende Idee: Ich würde mir die Pulsadern aufschneiden, keine elegante Lösung, aber unter diesen Umständen noch akzeptabel.

Ich stellte das Tablett auf das Bord und wartete, bis es der Wachmann es abgeholt und die Luke verschlossen hatte. Dann setzte ich mich wieder an den Tisch, mit dem Rücken zur Tür, so daß mir Zeit blieb, mein primitives Schneidewerkzeug zu verstecken, falls jemand auftauchte. Nachdem ich die Alustückchen aus den anderen drei Päckchen herausgezogen und sie vor mir ausgebreitet hatte, griff ich nach dem bereits gefalteten Stück und biß mit den Zähnen darauf herum, bis die Falz scharf wurde. Ich nahm den linken Arm, legte ihn auf die Tischplatte und zog mit der anderen Hand, in der ich das Alustück hielt, über die Haut an der Unterseite meines Armes, dort, wo ich die Pulsadern vermutete. Aus einem Buch hatte ich die Information, am Handgelenk immer längs, also in Aderrichtung zu schneiden, da man sich bei einem Querschnitt zuerst die Sehnen durchtrennte, bevor man die Pulsadern erreichte. Der Schmerz würde einen von diesem Vorhaben abbringen. Zunächst versuchte ich es mit leichtem Druck. Eine Kratzspur zeichnet sich ab. Fachmännisch begutachtete ich den Schnitt. Dann versuchte ich es mit aller Kraft. Ich biß die Zähne zusammen, als der Streifen meine Haut durchtrennte. Der Schmerz war gewaltig. Blut quoll aus dem kleinen Ritz hervor. Für einen Moment hielt ich inne. Verdammt, das könnte eine äußerst schmerzhafte Prozedur werden, bis ich die Pulsadern erreicht hätte.

Ich überlegte kurz. Auf keinen Fall wollte ich zurück nach Deutschland gebracht werden. Jetzt war ich Hunderte von Kilometern gefahren, hatte alles geplant, jetzt sollte die Tat auch ausgeführt werden. Ich bereitete ein neues Stück vor, versuchte, es noch schärfer als das vorangegangene herzurichten. Ich fuhr mit vollem Druck in den blutenden Ritz hinein. Den Schmerz ignorierte ich einfach. Nur jetzt nicht weich werden!

Ich wiederholte die Prozedur. Immer mehr Blut floß heraus, aber ich kam nur millimeterweise voran. Wie tief mußte ich wohl schneiden, bis das Blut rhythmisch herausspritzte, und wie lange würde es dauern, bis ich verblutet wäre? Ich hatte dafür keine Erfahrungswerte. Los weiter, nicht aufhören!

Ich hatte beide Unterarme bearbeitet, als die Luke erneut geöffnet wurde. Ich fuhr zusammen. Der Wachmann brachte das Mittagessen. Wie versteinert blieb ich auf der Bank sitzen, bis er sich von der Luke entfernt hatte.

Ich konnte das Tablett kaum tragen, so sehr schmerzten mir die Arme. Es gab Fischstäbchen mit Kartoffeln. Ich hatte nur Augen für das Plastikbesteck. Völlig ungeeignet für mein Vorhaben. Ich aß ein wenig und stellte das Tablett wieder auf das Bord in der Luke. Der Wachmann sagte mir, daß ich mich für das Verhör bereithalten solle. Scheiße! Mir blieb keine Zeit mehr. Vorsichtig säuberte ich die Wunden mit dem Toilettenpapier, warf dann das blutgetränkte Zeug in die Toilette und spülte es herunter. Die Unterarme umwickelte ich zusätzlich mit Papier und zog die Ärmel meines Sweatshirts darüber. Rauchend wartete ich, daß mich jemand abholen würde.

Kurze Zeit darauf saß ich im Büro des Verhörrichters, das mit dem Teppich und den Möbeln eher wie ein gemütliches Wohnzimmer denn wie eine Amtsstube wirkte. Er stellte sich und seine Sekretärin vor. Er machte auf mich den Eindruck eines frommen Propheten. Seine Stimme war ruhig, als er mich nach meinen Personalien fragte.

»Wollen Sie etwas aussagen?«
»Dazu müßte ich erst einmal wissen, wo ich bin und was passiert ist.«
Verdutzt schaute er seine Sekretärin an.
»Ja, hat man Ihnen denn nichts gesagt?«
Ich schüttelte den Kopf und beschwor, daß ich mich an nichts erinnern konnte, geschweige denn, daß ich wußte, wo ich mich befand und welcher Tag heute war. Der Richter klärte mich auf, daß ich mich in Bischofszell befand. Heute war Freitag. Die Polizei hatte mich Mittwochnacht in einem völlig demolierten Fahrzeug in Amriswil aufgegriffen. Danach hatte es eine medizinische sowie eine polizeitechnische Untersuchung gegeben, da ich mit dem Fahrzeug mehrere Kollisionen verursacht hatte. Allein die Tatsache, daß ich keinen Personenschaden verursacht hatte, entlastete mich in dieser Situation. Ein Wunder, daß ich die Irrfahrt, an die ich mich nicht erinnern konnte, unbeschadet überstanden hatte. Immerhin über zwanzig Kilometer.

Ich gab das Motiv meiner Reise zu Protokoll, was den Untersuchungsrichter ziemlich betroffen machte. Ich log ihn an, als er mich nach der Menge der eingenommenen Tabletten befragte. Ich gab zwanzig an. Unter allen Umständen mußte ich vermeiden, daß er mich in ein Krankenhaus einweisen ließ.

Nach der Aussage wollte ich zu meinem Fahrzeug gebracht werden, statt zur Landesgrenze, wie der Richter vorgeschlagen hatte. In dem Fahrzeug befanden sich noch einige persönliche Gegenstände. Danach würde ich zu Joachim nach Zürich fahren, log ich, und nachdem sich der Richter von seiner Existenz überzeugt hatte, wurde ein Polizist abgestellt, der mich begleiten sollte. Ich biß die Zähne zusammen, als ich das Protokoll unterschrieb.

»Kann ich Sie wirklich gehen lassen? Sie wissen, ich trage eine Mitverantwortung, wenn Sie sich noch einmal etwas antun.«

Ich nickte ihm zu, aber gleichzeitig tat er mir leid, denn ich würde es noch einmal versuchen, sobald ich draußen wäre. Auf keinen Fall hatte ich die Absicht, deutschen Boden zu betreten.

Der Polizist war sichtlich genervt, da er mir noch Geleit gewähren mußte, denn er hatte bereits Feierabend. Wir fuhren von Bischofszell die wenigen Kilometer nach Oberaach. Dorthin hatte die Polizei den Wagen in eine Garage schleppen lassen.

Wenn Autos eine Seele hätten, dann würde der Wagen wahrscheinlich geheult haben und sich darüber beschweren, wie ich ihn zugerichtet hatte. Irgendwie sah er traurig aus, wie er mit eingedrückter Front und der total verbeulten Fahrerseite dastand. Es war unschwer zu erkennen, daß es sich um einen Totalschaden handelte. Ich entnahm dem Kofferraum meine Reisetasche und suchte im Fahrgastraum nach weiteren Gegenständen. Ich hatte gerade die Kassette und Zigaretten an mich genommen, als mir eine unter den Fahrersitz gerollte durchsichtige Plastikdose auffiel. Ich begutachtete den Inhalt, eine trübe Brühe. Offenbar war noch eine Dose mit gelösten Medikamenten übrig geblieben. Vom Wachmann unbemerkt schluckte ich hastig den Inhalt.

Der Polizist setzte mich am Amriswiler Bahnhof ab. Ich kramte in meinen Taschen herum und fingerte meine ganze Barschaft hervor, die sie mir nach der Entlassung zurückgegeben hatten. Etwa fünfunddreißig Franken. Das würde für eine Fahrkarte ausreichen, aber Zürich war nicht mein Ziel. Ich kaufte eine Flasche Bier, verstaute mein Gepäck in einem Schließfach und setzte mich auf eine Bank. Ein leichtes Rieseln im Kopf zeigte mir, daß der Wirkstoff der Tabletten in die Blutbahn geraten war und begonnen hatte, seine Wirkung zu entfalten.

Niedergeschlagen dachte ich nach. All meinen Intellekt und meine Fähigkeiten hatte ich darauf verwandt, meinen Ausstieg zu planen, aber jetzt war mir noch nicht einmal das gelungen. Ich hatte mir gründlich bewiesen, was für ein Versager ich war. Es nervte, wenn ich keinen sauberen Abgang hinlegte. Ich beobachtete einen einfahrenden Zug, und mir schauerte bei dem mahlenden Geräusch, das die Lokomotive auf den Gleisen verursachte.

In so einer Lage suchte ich Bundesgenossen und hoffte, daß Urs, der sich damals vor den Zug geschmissen hatte, mir einen Wink gäbe, wie man es fertig brächte, auf den Schienen zu bleiben, wenn sich ein Zug näherte. Wahrscheinlich war es der Mut der Verzweiflung. Ich entschloß mich, meine letzten Franken in Bier zu investieren, um mich dann irgendwo außerhalb von Amriswil auf die Schienen zu legen. Ich ging in die der Station gegenüberliegende Kneipe und trank ein Bier nach dem anderen. Nach und nach stellte sich ein Schwere- und Gleichgültigkeitsgefühl ein. Laß es nur klappen, selbst wenn ich als Brei auf den Schienen ende.

Samstag, 22. Oktober 1994

»Steh auf!«

Diese Stimme hallte tausendfach in meinem Kopf nach, als ich zu mir kam.

»Los, komm, steh auf!«

In mein Blickfeld rückten aufgestapelte Holzscheide und landwirtschaftliches Gerät. Ich befand mich in einer Scheune. Die Stimme gehörte zu einem hochgewachsenen dunkelhaarigen Kerl. Offenbar der Besitzer dieser Scheune.

Mühselig rappelte ich mich auf. Ich war kaum in der Lage, mich auf den Beinen zu halten, da ich kein Gefühl darin hatte. Das Tageslicht schmerzte in meinen Augen und trübte den Blick. Hinter der Scheune erstreckte sich im dunstigen Morgenlicht eine Wiese, auf der Obstbäume standen. Ich hatte keine Ahnung, wo ich mich befand. Ich ließ mich abführen und erwartete hinter der nächsten Ecke die Polizei, die mich in Empfang nehmen würde.

Wir schritten durch das hohe Gras auf eine Straße zu, überquerten sie und betraten ein Grundstück. In der Einfahrt bückte sich der Mann und hob meine Brille auf. Ich hatte nicht bemerkt, daß sie mir abhanden gekommen war. Über eine kleine Treppe betraten wir das Haus.

»Schuhe ausziehen!« herrschte er mich an.

Wer war er, und wie gelangte meine Brille auf die Einfahrt? So langsam dämmerte es mir, wo ich mich befand. Als er mich in die Küche führte und ich Susanne erblickte, war mir alles klar. Ich befand mich in ihrem Haus. Wie ferngesteuert mußte ich den Weg gefunden haben, ohne mich wirklich an ihn zu erinnern. Ich ließ mich in einen Stuhl am Küchentisch fallen. Susanne glotzte mich stumpf und starr an, während sich Reto ans Fenster auf den Spülstein hockte. Allgemeine Verzweiflung machte sich breit.

»Und, hast du jetzt endlich genug?« fuhr er mich an.

»Was soll das ganze Theater? Weißt du eigentlich was du hier angerichtet hast?«

Mir wurde das Absurde meiner Lage bewußt. Ich kam mir wie ein drittklassiger Schauspieler vor, der für seinen dramatischen letzten Akt noch nicht einmal Szenenapplaus verdient hatte. Es gibt viele Situationen im Leben, in denen man sich vor lauter Scham wünscht, nicht zu existieren, aber noch nie hatte ich es mir so sehr gewünscht wie in diesem Moment. Was sollte ich jetzt noch sagen?

Susanne verabschiedete sich zum Dienst und würdigte mich noch eines letzten, mitleidigen Blickes. Sie flüsterte Reto etwas an der Tür zu, was ich nicht verstand. Dann wandte sich Reto wieder mir zu. Er bot mir Kaffee und Zigaretten an. Er stellte mir Fragen, auf die ich keine Antworten parat hatte. Er wirkte ziemlich aufgeregt.

Von der Kneipe in Amriswil aus hatte ich Susanne noch einmal angerufen. Eine schwarze Lücke klaffte in meinem Kopf, denn so sehr ich in meinen Gehirn kramte, konnte ich mich doch nicht daran erinnern, mit ihr gesprochen zu haben. Die beiden waren dann dorthin gefahren. Ich hatte nur die unterste Kategorie an Schimpfwörtern für sie übrig gehabt. Später in der Nacht hatten sie mich dann vor dem Haus gefunden, und als sie einen Arzt rufen wollten, hatte ich mich bereits wieder aus dem Staub gemacht. Reto brach die Suche nach mir in der Dunkelheit ab, ahnte aber, daß ich in meinem Zustand nicht weit gekommen sein konnte. Er fand mich dann in einem naheliegenden Schuppen.

Reto berichtete weiter, wieviel Angst Susanne in den letzten Tagen und Wochen meinetwegen ausgestanden hatte. Er fand, daß ich das mieseste Schwein sei, das ihm je begegnet war. Als ich ihn fragte, ob er eigentlich wisse, was sich zwischen Susanne und mir abgespielt hatte, lehnte er ab, es zu erfahren. Es interessierte ihn nicht. Das einzige, was ihm wichtig erschien, war, daß die Beziehung zwischen Susanne und ihm jetzt wieder sehr intensiv war. Ich mußte innerlich lachen. Nun, dann hatte es sich ja alles so entwickelt, wie man es aus dieser Situation erwarten konnte. Ich war der böse und Reto der gute Junge in diesem Spiel, und ich hatte Susanne in die Arme des guten Jungen getrieben.

Am liebsten hätte ich ihm meinen Unwillen darüber ins Gesicht geschrieen, aber ich mußte Reto ja noch dankbar sein, daß er mich nicht der Polizei auslieferte. Allen Grund dazu hatte ich ihm ja geboten.

»Was willst du jetzt tun?«

Erst allmählich schaltete sich mein Verstand, der mich zu klaren Gedanken befähigte, ein. Ich fand darauf keine Antwort. Wen sollte ich jetzt über meine Misere informieren? Diese Geschichte würde mir niemand glauben.

»Willst du ewig hier bleiben? Das tut dir doch nur weh. Wenn du willst, leihe ich dir das Geld für eine Fahrkarte nach Hause.«

Ich fand das Angebot mehr als großzügig, wollte in dieser Situation aber nicht alleine sein. Reto stellte mir das Telefon vor die Nase.

Ich wählte Christians Nummer, bei dem ich mich seit unserem gemeinsamen USA-Aufenthalt nicht mehr gemeldet hatte. Er war überrascht, meine Stimme zu hören.

Christian war über meinen Ausflug in die Schweiz schockiert, setzte sich aber ohne zu zögern in Bewegung, um mich abzuholen. Ich beschrieb ihm den Weg und legte nach dem Gespräch erleichtert auf. Gegen Abend würde er eintreffen.

Ich war so gerädert, daß ich auf der Wohnzimmercouch einschlief. Als ich am Nachmittag erwachte, schlief Reto auf der anderen Couch, die schwarze Hauskatze döste zwischen uns. Ein friedvolles Bild. Durch meine Bewegungen war sie wach geworden. Sie hob gelangweilt den Kopf, würdigte mich nur eines kurzen, teilnahmslosen Blickes und wandte sich ab.

Am späteren Nachmittag umsorgte mich Reto und bot mir Kaffee und etwas zum Essen an. Er kümmerte sich um mich, und ich empfand es als biblisch großzügig: Liebe deinen Feind.

Er tat das alles, obwohl er mich verachtete, in der Hoffnung, daß ich für immer und ewig aus seinem Leben verschwinden würde. Susanne verbrachte den Nachmittag bei Alexandra, wahrscheinlich um sich meinen Anblick zu ersparen. Bis zum Eintreffen von Christian hatten Reto und ich die Gelegenheit, uns zu unterhalten. Sein Fazit war, daß ich kein so schlechter Mensch sei, wie ich vorgab, denn wenn sich ein Freund die Mühe machte, mich aus dieser Lage zu befreien, müßte an mir etwas dran sein. Vielleicht hatte er recht, aber was nützte es mir.

Christian stand mit verwunderter Miene vor der Haustür und nahm mich in Empfang. Als der Wagen rollte, spürte ich Erleichterung, daß er gekommen war. Zunächst schwiegen wir. Irgend etwas mußte ich ihm erklären. Warum fährt ein Mensch fast eineinhalbtausend Kilometer, um mich abzuholen?

Während der ganzen Rückfahrt tauschten wir uns über den tieferen Sinn des Lebens aus, ohne jedoch auf einen gemeinsamen Nenner zu kommen. Mit jedem Kilometer, den wir uns Münster näherten, bereute ich, bei meinem Vorhaben versagt zu haben, denn was mich zu Hause empfangen würde, war mir klar. Nicht nur Spott, sondern auch eine Menge an Unannehmlichkeiten.

Als mich Christian zu Hause absetzte, fand ich keine Worte, die geeignet gewesen wären, seinen selbstlosen Einsatz zu würdigen. Ich dankte kurz und versicherte ihm, keinen Blödsinn anzustellen.

Da stand ich wieder in dem Zimmer, das ich nie wieder sehen wollte. Alles wirkte so ordentlich und aufgeräumt, so als sei es für jemand anderen hergerichtet worden. Im Kühlschrank herrschte gähnende Leere, und mir war, als würde mich jeder Gegenstand in meinem Zimmer vorwurfsvoll fragen, warum ich ihn im Stich gelassen hatte.

Sonntag, 23. Oktober 1994

Als ich Daniels Stimme im Vorflur vernahm, stand ich auf. Ich würde mir von ihm ein paar Mark leihen müssen, da mein letztes Vermögen zehn Rappen ausmachte. Zu meiner Verwunderung wußte er bereits Bescheid. Susanne hatte mehrfach in der Wohngemeinschaft angerufen. Er lud mich ein, mit ihm zu frühstücken. Wir verquatschten den Vormittag.

Daniel konnte mein Handeln überhaupt nicht nachvollziehen. Er war der Meinung, daß ich froh sein sollte, Susanne losgeworden zu sein. Ihr Freund müsse sich nun mit ihr auseinandersetzen. Ich bekam einen Spruch nach dem anderen zu hören. Er mußte immer wieder lachen, dennoch fühlte ich mich nicht ausgelacht. Vielleicht wollte er mir die Augen öffnen. Als ich ihn überzeugen wollte, daß ich in Spanien einen anderen Menschen kennengelernt hatte, wiegelte er ab. Wahrscheinlich hätte ich mir, genau wie Reto, alles bieten lassen, nur um sie nicht zu verlieren. Ich wollte protestieren, mußte ihm aber insgeheim zustimmen.

Er machte mir Mut, als er mir von einer völlig durchgedrehten Bekannten erzählte, die nach einer Therapie ein ganz normales Leben führte. Dennoch erschien mir meine Situation ausweglos. Jetzt hatte ich eine Menge Schulden am Hals, und die ganzen rechtlichen Folgen konnte ich nicht einmal abschätzen. Ich war ruiniert.

Nachmittags ging ich über den Send, so nennt man die Kirmes hier in Münster. Ich hatte den Eindruck, daß mich jeder mit seinen Blicken verfolgte. Ob man mir wohl ansah, was ich gerade hinter mir hatte?

Als ich abends am Fenster stand, sah ich, wie meine Mutter mit ihrem Wagen vorfuhr. Sie stieg aus, schaute zu mir auf und wartete. Sie sah bekümmert, eher hilflos aus, wie sie so dastand. Sie hatte seit Wochen kein Lebenszeichen mehr von mir vernommen. Irgendwann mußte es meine Mutter ja erfahren. Sie lud mich, noch ahnungslos, zum Essen ein. Während wir sprachen und ich ihr die Wahrheit offenbarte, kam ich mir unendlich schuldig vor.

»Wie kannst du mir das antun«, waren ihre einzigen Worte, die sie herausbrachte. Ja, wie konnte ich das überhaupt jemandem antun? Meine Mutter war kein Unmensch. Sie war eine aufrichtige Person und galt als pflichtbewußt. Mag sein, daß es ihr Wunsch gewesen war, nach dem Tod meines Vaters hart zu arbeiten und uns allen ein sorgenfreies Leben zu ermöglichen. Sie würde ihr letztes Hemd dafür hergeben, aber nun mußte sie mit ansehen, was aus dem Traum geworden war. Pure Illusion.

Oft war meine Mutter total erledigt, wenn sie nach der Arbeit nach Hause kam. Und dann gab es auch noch mich und meinen Bruder, die ihre Ansprüche hatten. Meine Mutter war ständig überfordert, und was war der Lohn der ganzen Mühe? Ich hatte nichts Besseres zu tun, als mich auszuknipsen. Steckte hinter der ganzen Aufopferung nicht doch etwas wie verborgene Liebe, und waren wir nicht alle unfähig, es uns gegenseitig zu zeigen und dem anderen dafür zu danken?

Ich bat meine Mutter, mich nach Hause zu bringen. Ich fühlte mich so elend, daß ich ihre Gegenwart nicht mehr ertrug. Ich wollte nur noch allein sein und das Ende einer Odyssee betrauern.

Montag, 24. Oktober 1994

Bevor ich eine Chance hatte, mich auf die Realität vorzubereiten, überfiel sie mich morgens um acht. Der Chef der Autoverleihfirma stand urplötzlich in meinem Zimmer und führte sich wie eine wildgewordene Furie auf. Niemand hatte ihn über den Verbleib des Wagens informiert, der seit vier Tagen überfällig war. Ich hatte Bedenken, daß der arme Mann einen Herzinfarkt erleiden würde, als ich ihm berichtete, daß sein Mietwagen nur noch Schrottwert hatte. Er verschwand tobend aus der Wohnung und ließ mir genau eine Stunde Zeit, um mich bei ihm im Büro zu melden.

Als ich mich auf den Weg machen wollte, fand ich einen Brief von meinem Freund Antonio, der in Madrid studierte, auf der Treppe. Ich las seine Zeilen bei einer Tasse Kaffee in einer nahegelegenen Bäckerei. Ich hatte Antonio zuletzt im Juli geschrieben, als ich noch begeistert von Susanne und mir erzählt hatte. Er fragte scherzhafterweise an, wann denn unser Hochzeitstermin sei. Außerdem erkundigte er sich, ob ich schon einen gutdotierten Job gefunden hätte. Antonio, der mich auch wegen meiner guten Studienleistungen immer bewundert hatte, was würde er wohl denken, wenn ich ihm die Wahrheit über mich und mein Leben mitteilte?

Während ich die wenigen Meter zur Verleihstation zurücklegte, ersann ich mir ein paar passende Worte. Auf Mitleid konnte ich wohl kaum hoffen, denn ich hatte zumindest billigend in Kauf genommen, fremdes Eigentum zerstört zu haben. Für mich war es der Gang nach Canossa, aber das sollte nur der Anfang sein.

Freitag, 28. Oktober 1994

Tiefer konnte ich nicht sinken, als ich an diesem Vormittag vor dem Stadthochhaus stand. Es wirkte düster und drohte mich zu erschlagen. Da ich kein Geld hatte und durch den Totalschaden bankrott war, wußte ich weder ein noch aus. Bei Freunden wollte ich auf keinen Fall betteln gehen. Aus purer Verzweifelung hatte ich mich an die Schuldnerberatung gewandt. Wenigstens wurde ich dort als Mensch behandelt. Die Mitarbeiterin sagte mir ihre moralische und tatkräftige Hilfe zu, mahnte aber gleichzeitig an, ich solle mich um ärztliche Hilfe bemühen. Einen Arzt hatte ich indes noch nicht aufgesucht, da ich befürchtete, in eine Anstalt eingewiesen zu werden.

Es war einfach nur Hunger, der mich zum Sozialamt trieb. Seit Tagen hatte ich nicht mehr richtig gegessen und da ich einen Anspruch hatte, wandte ich mich hilfesuchend dorthin. Anspruch hin oder her, ich konnte mir gut vorstellen, warum sich jemand trotz seines Anspruches nicht an das Amt wendete. Der Ausdruck »sich schämen« beschrieb nur unzureichend die Gefühle, die mir durch den Kopf schossen. Vor vier Monaten sah alles noch nach einer blühenden Zukunft aus, die ich mir aufgrund meiner Fähigkeiten hätte aufbauen können. Und wo stand ich jetzt?

Ich fühlte mich, als hätte mich jemand auf die Müllkippe des Lebens geworfen. Man sah mir äußerlich meine Bedürftigkeit nicht an, im Gegensatz zu manchen, die mit ihren hohlen und ausgemergelten Gesichtern auf den Gängen herumlungerten. Bei einigen konnte man vermuten, daß sie zwangsläufig hier landen mußten, weil sie aufgrund ihres Umfeldes nie eine echte Chance gehabt hatten. Und ich? Ich hätte alle Chancen gehabt, vor allem, mir durch Selbstmord diese Peinlichkeit zu ersparen.

Da ich nicht alle notwendigen Bescheinigungen vorweisen konnte, wurde mir eine Frist von einer Woche gesetzt, diese nachzureichen. Für das Wochenende mußten fünfundsiebzig Mark für den Lebensunterhalt reichen. Das war ein lächerlicher Betrag. Früher hatte ich mühelos das Doppelte in einer durchzechten Nacht ausgegeben. Beim Einkaufen im Supermarkt begann ich, jede Mark dreimal umzudrehen. Ich kaufte nur die billigen No-Name-Produkte und hoffte inständig, niemandem zu begegnen, den ich kannte, einfach nur, damit mir peinliche Fragen oder mitleidige Blicke erspart blieben.

November 1994

Nur einigen wenigen Freunden hatte ich von meinem Schicksal erzählt. Ich wurde schon vermißt, da ich mich seit Wochen nicht mehr gemeldet hatte. Natürlich waren meine Freunde mehr als schockiert, da sie mir einiges zutrauten, nur, daß ich soweit gehen würde, damit hatte niemand gerechnet. Trotz ihrer Betroffenheit sprachen sie mir Mut und Unterstützung zu, aber wer weiß, was meine Freunde wirklich dachten. Ich fühlte mich elendig und schuldig. Wie konnte ich jetzt darauf hoffen, daß sie sich mir zuwendeten, war ich doch derjenige gewesen, der sich wortlos von ihnen abgewandt hatte; als Dank jahrelanger Freundschaften und gemeinsamer Erlebnisse, wollte ich mich heimtückisch hinter ihrem Rücken aus dem Leben schleichen.

Ich kam mir vor wie eine Ameise, die in eine trübe Brühe gefallen war, und verzweifelt versuchte, am Tassenrand nach oben zu klettern, aber die Adhäsion des Wassers machte dies zu einem unmöglichen Unterfangen. Irgendwann würde mir die Kraft ausgehen und mir schmerzlich bewußt werden, daß alles Strampeln nichts nützte. Nie wieder würde ich das Licht der Welt erblicken. Ich hatte es so gewollt, oder nicht?

Martin, der für einige Tage in den Urlaub gefahren war, überließ mir sein Zimmer zum Fernsehen. Er hatte Unmengen an Spielfilmen aufgezeichnet. Das stumpfe Berieseln sollte mir helfen, den harten Schlag der Realität abzumildern.

Das erste Wochenende verbrachte ich mit Dauerglotzen. Ich sah mir die komplette *Star Wars-Trilogie* an und dann meinen Lieblingsfilm *Jenseits von Afrika*, den ich mir insgesamt neunmal zu Gemüte führte. Ich mochte diesen Film nicht nur wegen seiner imposanten Landschaftsbilder und der Filmmusik. Ich konnte mich gut mit dieser Dreiecksgeschichte identifizieren. Zwischen den beiden Liebenden kam es am Ende zur Auseinandersetzung über die Liebe. Was war die wahre Liebe – die, die man sich nicht beweisen mußte oder die, die es erlaubte, einander zu brauchen und vom anderen etwas zu erwarten? Am Schluß der Geschichte starb der Liebhaber, was ich besonders tragisch fand.

Den Arzt suchte ich gezwungenermaßen auf. Für das Sozialamt war ich arbeitsfähig, und ich war verpflichtet, mich um Arbeit zu bemühen. Ich hingegen empfand mich als krank und untauglich. Jede kleinste Anstrengung hätte mich überfordert.

Bevor ich seine Sprechstunde aufsuchte, erklärte ich dem Arzt telefonisch und anonym meine Lage. Er mußte mir hoch und heilig versprechen, mich trotz meiner angespannten Situation nicht in ein Krankenhaus oder eine geschlossene Abteilung einweisen zu lassen. Der Gedanke, eingesperrt zu sein, löste bei mir klaustrophobische Empfindungen aus.

Erst als ich seine Zusage hatte, setzte ich mißtrauisch einen Fuß in die Praxis. Ich war erleichtert, als er mich für einen ganzen Monat arbeitsunfähig schrieb, denn damit konnte ich dem Druck des Sozialamtes ausweichen. Der Arzt legte mir die Pflicht auf, mich um therapeutische Hilfe zu bemühen, da er mir in meiner Lage nicht weiterhelfen konnte. Seiner Meinung nach bestand Suizidgefahr. Ich drohte ihm, falls mir irgend jemand in weißen Kitteln zu nahe trete, mich erst recht aus dem Fenster zu stürzen.

Leider verschrieb er mir keine Mittelchen, mit denen ich mich hätte betäuben können. Das einzige für mich verwertbare aus diesem Gespräch war, daß das eingenommene Mittel für einen Selbstmordversuch nicht gerade der Bringer war. Tavor war in erster Linie ein Beruhigungsmittel und wirkte in höheren Dosen zwar schlaffördernd, konnte aber nur bei erheblicher Überdosierung gefährlich werden; außerdem hatte ich meinen Organismus bereits durch die ständige und überdosierte Einnahme derart konditioniert, daß mir auch die ganze Ladung nicht den Rest gegeben hatte. Ärgerlich!

Hätte mir dann nicht bei meiner Irrfahrt wenigstens einer dieser schönen thurgauer Obstbäume oder ein sonstiges Hindernis im Weg stehen können? Ich hätte von der Kollision noch nicht einmal etwas mitbekommen.

Laut Untersuchungsprotokoll war Barschel angeblich an einer Übermedikation von Tavor und Alkohol gestorben. Mir war es nicht gelungen. Ich würde mich auf die Suche nach einem geeigneteren Mittel machen. Die Universitätsbibliothek befand sich direkt vor meiner Haustür und jetzt war mein kriminalistischer Instinkt geweckt, den richtigen Hammer zu finden.

Meine Mutter fühlte sich auf den Plan gerufen, mir helfen zu müssen. Anstatt ihres Verständnisses hagelte es Vorwürfe, eigentlich lebte sie nur ihre eigene Ohnmacht an mir aus, was mich noch hysterischer machte. Anfangs diskutierte ich noch mit ihr über meine Ansichten und über den Sinn des Lebens. Ich fand keinen Sinn in einer Welt, in der es unausgesprochene Verhaltensnormen gab, an denen wir alle kurz oder lang erstickten. Alles hatte seine Ordnung, alles wurde geregelt und gesteuert, und niemand war in der Lage, diesem System zu entrinnen. Und jeder, der daran partizipierte, spielte nur eine unwichtige Rolle, und mit dieser Durchschnittlichkeit und Mittelmäßigkeit kamen viele nicht zurecht.

Meine Mutter hatte da ganz andere Vorstellungen vom Leben. Sie warf mir Destruktivismus vor, weil ich mit meinen scheinbar unschlagbaren Argumenten kein gutes Haar am Leben ließ und die Menschen verurteilte, die Spaß und Freude empfanden. Das nannte man also Destruktivismus, eine Welt, wo das Anormale zum Normalen wurde.

Ich bezeichnete mich als Realisten und erwiderte, daß diejenigen, denen dieses Leben etwas gäbe, früher oder später aus ihrer Lebenslüge aufwachen würden und dann unter dem Schmerz ihrer Erkenntnis zusammenfielen, mit der Folge, daß die Menschen durch Selbstmord oder durch gesteigerten Drogen- und Alkoholkonsum – die fast gesellschaftsfähige Variante des Selbstmordes – auf dem Friedhof oder in der Psychiatrie landen würden.

Sie war der Ansicht, daß meine Thesen falsch seien und daß es zu jeder Bewegung auch eine Gegenbewegung gäbe, wie beispielsweise die Blumenkinder als Reaktion auf Atomwettrüsten und Vietnamkrieg. Würde die Masse erst einmal kapieren, was diese Gesellschaft mit ihren geltenden Normen und ihrem Wertekatalog krank und kaputt machte, würden sie sich dann alle zusammenschließen und gegen das kämpfen, was kaputt machte? Lächerlich!

Wie sähe diese Gegenbewegung wohl aus, die die Menschheit aus dem Sumpf, einer Mischung aus Bequemlichkeit und Lethargie, befreien würde?

Mir kam die Idee, mich jetzt, da meine bürgerliche Existenz gescheitert war, als Terrorist, zum Beispiel als Umweltterrorist zu betätigen, um in einer neuen Gemeinschaft das zu zerstören, was uns zerstörte. Wenn ich meinem Haß freien Lauf ließe, könnte ich mit dieser Energie vieles bewegen.

Die Gespräche endeten regelmäßig mit den Vorwürfen, daß ich mit meinem negativen Denken ein kaputter Mensch sei. Auf die Frage, wer mich kaputt gemacht habe, folgte wie üblich das Bild vom liebenden Vater und die Unschuld aller Beteiligten. Ich war in dieser Betrachtung ausgegrenzt, denn ich hatte an allem Schuld. Meine Mutter schämte sich für mich. Einmal wünschte ich ihr, daß sie mit ihrer Lebenslüge ruhig ins Gras beißen solle, ich kannte die Wahrheit und würde sie vehement verteidigen. Auf meine Frage, warum sie mich überhaupt in die Welt gesetzt hatte, fand sie keine Worte.

Wenn ich nach solchen Gesprächen alleine war, quälte mich die Frage, was in einer Mutter wohl vorging, wenn sie erkannte, daß der Sohn sich in ein Bündel aus Haß und Niedertracht verwandelt hatte.

Eigentlich müßte ich meine Intelligenz nutzen, um aus dieser Misere wieder herauszukommen. Aber vielleicht war ich ja auch nicht intelligent, sondern dumm. Hatte ich nicht unendlich viele Fehler in meinem Leben begangen, und sollte man aus Fehlern nicht lernen und seine Schlüsse ziehen?

Mein Leben war eine Schallplatte. An einer bestimmten Stelle knackste es zunächst leise, und im Laufe der Jahre musste sich dieser Knacks verschlimmert haben. Dieses Mal war die Nadel vom Plattenteller geflogen. Anstatt ein frohes Lied zu spielen, war nichts anderes zu hören, als stumpfes Rauschen.

Ich ließ mich einfach in das Schweigen der Depression fallen. Während ich aus früheren Zeiten melancholische Verstimmungen kannte, lernte ich die sprichwörtliche Niedergeschlagenheit am eigenen Leibe spüren. Das Schlimmste daran war, daß ich wußte, daß es mir dreckig ging, ich aber noch nicht einmal in der Lage war, mir Hilfe zu suchen, geschweige denn, Hilfe zuzulassen. Diese Krankheit war unberechenbar, da ich sie nicht sehen konnte. Ich war von ihr total durchdrungen. Depression wird als gelebter Tod umschrieben. Es war eine Sackgasse, aus der es kein Entrinnen gab. In mir machte sich das Bild einer düsteren Zukunft breit. Der Zug für eine berufliche Karriere war abgefahren, und auf der menschlichen Ebene malte ich mir aus, daß mich mit so einem Lebenslauf, der in das gesellschaftliche Abseits geführt hatte, niemand akzeptieren würde. Das Gefühl von Sinnlosigkeit würde nie wieder verschwinden. Ich war unheilbar krank.

Es war nicht so, daß ich keine Energien mehr hatte. Mein Kopf war voller Gedanken, und in mir tobte eine Unruhe, etwas Nervöses, daß mich glauben ließ, etwas tun zu müssen. Man sollte annehmen, daß das untätige Herumlungern erholsam war. Aber das Gegenteil war richtig. Nach und nach wurde alles anstrengender, selbst Alltägliches.

Ich klebte auf meinem Bett fest, ließ alle Energien wie aus einer Wunde ungenutzt ins Nichts verströmen. Je schwächer ich mich fühlte, desto empfindlicher wurde ich auch. Ich stand an einem Abgrund, und der leiseste Hauch würde mich hineinfallen lassen. Während sich draußen vor meinem Fenster das normale Leben abspielte, vegetierte ich in meinem Zimmer vor mich hin. Das einzige, was mir mühevoll gelang – und das kostete schon Überwindung – war, mir einen Kaffee zuzubereiten. Manchmal konnte ich nicht aufstehen, um dringend benötigte Lebensmittel zu kaufen. Dann hungerte ich einfach und verkroch mich unter meiner Decke.

Ich rasierte mich nicht mehr und räumte mein Zimmer nicht auf. Nach einiger Zeit lag überall Abfall herum, Dutzende von Zigarettenkippen füllten Aschenbecher und Gläser. In meinem Zimmer herrschte ein Gestank aus Schweiß, Abfallmief und Asche und manchmal auch Urin: Wenn ich zu faul war, mein Zimmer zu verlassen, pißte ich einfach ins Waschbecken, weil ich niemanden sehen wollte und mit niemandem reden wollte.

Nur unter äußerem Zwang konnte ich meine Wohnung verlassen, dann, wenn ich eine Verabredung mit der Schuldnerberatung, dem Rechtsanwalt oder dem Sozialamt hatte. Dann wusch im mich ausgiebig, rasierte mich und setzte beim Verlassen eine vorsichtig hoffnungsvolle Miene auf, aber ich war jedesmal froh, wenn ich die Termine überstanden hatte.

Manchmal hatte ich das Gefühl, jeden Moment durchzudrehen oder schreien zu müssen, gleichzeitig überfiel mich die Angst, daß mich die Männer im weißen Kittel abholten. Dann zog ich mir die Decke über den Kopf und heulte in mein Laken hinein, bis die Anspannung nachgelassen hatte.

Ich wurde immer empfindsamer, je mehr ich mich hinter meinen Mauern zurückzog. Meine sensiblen Stimmungsschwankungen würde niemand ertragen, so daß ich die Nähe anderer Menschen mied. Für meine Kritiker war das ein gefundenes Fressen. Ihnen hatte ich etwas geliefert, damit sie neuen Stoff hatten, sich ihre Lästermäuler zu zerreißen. Aus diesen Gründen traute ich mich selten vor die Tür. In einer Welt der Oberflächlichkeiten interessierte es keinen mehr, wie es im Inneren eines Menschen aussah. Meine Freunde hatte ich durch das konsequente Ablehnen ihrer Hilfsangebote zu Nebendarstellern degradiert. Ich wollte einzig und alleine in Ruhe gelassen werden. Ich floh regelrecht vor dem Moment der Wahrheit, ihnen meine Schwäche und die Peinlichkeit der Situation zu offenbaren. Außerdem hatte ich Angst vor dem Satz: »Du mußt dir Hilfe suchen!« Was mußte man überhaupt in dieser Welt?

Ich traute keinem Psychologen und seinen Weisheiten. Für mich waren das Menschen, die immer eine Lösung für zwischenmenschliche Konflikte parat hatten, die anderen Menschen Verhaltensregeln mitgaben. Aber was machten sie mit ihrem Wissen? Was geschähe, wenn sie gezwungen wären, ihr Normengerüst auf sich selbst anzuwenden?

Was nutzte es mir, zum Psychiater zu gehen und Seelenrecycling zu betreiben? Ich stellte mir das vor wie beim Recycling von Papier. Aus dem unbefleckten Weiß würde eine graue Masse, zwar gebrauchsfähig, aber eben nicht mehr weiß. Wenn ich den ganzen Müll meiner Seele aufarbeitete, wozu wäre ich dann noch zu gebrauchen?

Hatte ich mich durchgerungen, einkaufen zu gehen, fragte ich mich, ob man mir wohl ansah, was in mir vorging. Im Supermarkt arbeitete eine Kassiererin, die mich vom Sehen her kannte. Sie nickte freundlich oder manchmal hielten wir einen kurzen Schwatz über das leidige Thema Arbeit. Für einen kurzen Moment erschien ich auf der Bühne des normalen Lebens, spielte mit, und sobald ich die Ausgangstür des Supermarktes passiert hatte, tauchte ich wieder ab in meine tiefschwarze Welt wie ein U-Boot.

Vielleicht glaubten andere, denen ich draußen über den Weg lief, sei es die Kassiererin oder vorübergehende Passanten, denen man beim Ausweichen auf dem Bürgersteig oder beim Erteilen einer Auskunft freundlich zulächelte, ich sei der nette Junge von nebenan, dem es an nichts fehlte. Denen hätte ich mitten in ihre blasse Freundlichkeit gesagt, daß ich am liebsten seit gestern tot wäre, aber dennoch darauf wartete, daß morgen das große Wunder geschähe, das mich rettete. Nur heute wollte ich nichts tun.

Wer war ich wirklich, ein Mensch oder ein Produkt dieser kranken Gesellschaft? Mir war es so scheißegal, wie man mich kategorisieren würde. Sollten sich die anderen darüber Gedanken machen, was mit mir nicht in Ordnung war.

Ich hatte einmal über meine Generation gelesen. Die wurde Generation X genannt. Das klang für mich wie eine Unbekannte in der Mathematik. Wer war das, und sollte ich ein typischer Vertreter *dieser* Generation sein?

Dann hätte ich lieber eine neues Kapitel über diese Generation geschrieben. Leben am Rande von X. Oder war ich ein Mitglied einer neuen Generation? Ich sollte sie V nennen, V wie Verlierer. Dazu gehörten jene, die ihre Midlifecrisis mit dreißig bekamen, da sie dreißig Jahre nicht bemerkt hatten, daß sie für das Leben untauglich waren und sich schließlich umbrachten. Bedauerlich, daß die Vertreter dieser Generation bei ihrer Geburt nur einen Klaps bekommen hatten und der Arzt vergessen hatte, ihnen ein großes V auf die Stirn zu schweißen, dann könnte man seine Gesinnungs- oder Leidensgenossen gleich erkennen, ohne sich durch eine Fassade aus maskierter Glückseligkeit zu kämpfen. Verlierer dieser Welt, vereinigt euch, das wäre doch eine schöne Bewegung, und ich mitten drin und ganz vorne dabei.

Manchmal fragte ich mich, wie weit ich noch von den Megapsychopaten, von denen man im Film oder in den Nachrichten hörte, entfernt war. Der Wahnsinn stand einem oft näher, als man annehmen mochte. Ich empfand mich als eine besondere Spezies, und alle Menschen, die nicht so dachten wie ich, hielt ich für verrückt und bedauerte sie, weil sie ihr Leben in latenten Bewußtseinstrübungen auslebten und ahnungslos waren. Das Leben war für mich eine Spirale, die sich unweigerlich nach unten auf den Tod hin drehte, nur daß ich dem Tod wahrscheinlich näher war als dem Leben und sich daher meine Spirale etwas schneller drehte.

Diesen Prozeß würde ich mit dem Medikament, das ich neu für mich entdeckt hatte, etwas beschleunigen. Ich war erstaunt, was ich zum Thema Selbstmord in der Universitätsbibliothek oder in den Buchhandlungen entdeckte. Da gab es wahre Gebrauchsanleitungen zum Suizid, die sogar Techniken und Dosierungsanleitungen für den sanften Tod vorschlugen. Meist waren es Bücher von sogenannten Gesellschaften für das humane Sterben, beispielsweise der amerikanischen Helmlock Society.

Ich stieß auf den Namen eines Medikaments, das als echter Hammer bezeichnet wurde: Rohypnol. Rohypnol wurde eigentlich bei Drogenabhängigen eingesetzt, um sie ruhig zu stellen. Die schlaffördernde Wirkung war laut den Angaben, die ich den Büchern entnahm, ausgezeichnet. Nun machte ich es mir zum Sport, an dieses Medikament heranzukommen. Ich hatte mir genug Wissen angelesen und konnte die Ärzte über angeblich wirkungslose Medikamente informieren.

Ein Arzt zuckte quasi ohne nachzudenken seinen Rezeptblock und verschrieb mir auf Privatrezept die gewünschten Tabletten, nicht ohne mich über das hohe Abhängigkeitspotential aufgeklärt zu haben. Natürlich war die Zwanzigerdröhnung nicht ausreichend für den sanften Tod. Mir kam die rettende Idee: Canon Farbkopierer waren nicht nur besser, als die Polizei erlaubte, sondern nach eigenen Tests auch besser als Apothekeraugen. Binnen eines Nachmittags hatte ich aus einem Rezept fünf gemacht. Munter spazierte ich von einer Apotheke zur anderen, und niemand sprach mich auf eine mögliche Fälschung an.

Am ersten Tag hatte ich vier Packungen vor mir auf dem Schreibtisch liegen. Als ich die kleinen rautenförmigen Tabletten begutachtete, schwärmte ich nicht mehr von der Magie der Liebe, sondern von der Magie des Todes. Der erste Selbsttest mit zehn Tabletten fiel phantastisch aus. So schnell und nachhaltig hatte mich noch nichts in den Schlaf befördert, es wirkte wie eine Langzeitnarkose.

Die Energie, einen neuen Selbstmordversuch zu verüben, fehlte mir momentan. Es gehörte eine ganze Portion Mut und Verzweifelung dazu, um den Überlebenstrieb bewußt auszuschalten. Ich würde die Zeit für mich arbeiten lassen. Den Leidensdruck würde ich stufenweise verstärken, bis er so gewaltig wäre, daß ich mich wieder nach dem Tod sehnte. Ich spekulierte darauf, daß ich irgendwann von dem zähflüssigen, klebrigen Gedankenschleim so eingehüllt war, daß mir eine mehr oder weniger beabsichtigte Überdosis ein Ende setzen würde. Genau wie die Tage kürzer und die Nächte länger und kälter wurden, sank auch die Temperatur in meiner Seele, es ging beständig auf den absoluten Nullpunkt, die totale Lähmung zu. Wie lange es dauerte, konnte ich nicht bemessen, denn was das Leiden betraf, hatte ich große Ausdauer.

Nach einiger Zeit hatte ich einen festen Tagesrhythmus gefunden. Ich stand am Nachmittag auf, lungerte herum oder hörte Musik, um dann abends die einzige Mahlzeit zu mir zu nehmen: Currywurst mit Pommes und zu Hause einige Flaschen Altbier. War der Leidensdruck zu groß, gab es als Nachtisch einige Tabletten, die mich außer Gefecht setzten. Dann wurde das Dahinsiechen erträglicher. Die Tabletten bewirkten nicht nur einen lang andauernden Schlaf, sondern ließen mich an den Tagen, an denen ich sie nicht einnahm, sonderbar klar träumen, wunderschöne Träume, nach denen ich süchtig wurde. Ich visionierte die große Liebe, die Innigkeit und Geborgenheit, die man wohl nur als

Kleinkind erleben kann. Ich liebte diese Tabletten. Meine neue Wunderwaffe im Kampf gegen das Leben.

Der Virus Susanne, der sich in mir festgesetzt hatte, trieb, ähnlich wie im September, neue Blüten. Vielleicht brauchte ich Susanne, um überhaupt noch funktionieren zu können; ich mußte sie in gewissen Abständen konsumieren wie ein Drogensüchtiger.

Einige Male stöberte ich in Büchereien herum. Dort schaute ich mir Bücher über die Schweiz, Thailand oder Indien an. Ich prägte mir die schönen Bilder, die ich ausgiebig betrachtete, ein. Zu Hause verreiste ich mit Susanne, lag an Traumstränden oder streifte mit ihr Hand in Hand, so glücklich und unbeschwert wie damals, durch ferne Länder. In meinem Kopf spulten sich ganze Filme ab. Ich genoß sie ausgiebig, waren es doch Stunden, in denen ich ungestört meinen Schmerz genießen konnte. Ich träumte mich in schönere Wirklichkeiten, die so farbenfroh und authentisch waren, als hätte ich sie gestern oder vorgestern erlebt. Das ging solange, bis die Phantasie erschöpft war.

War eine Traumreise vorüber, und schlich sich das Wissen in meine Gedanken, daß diese Reisen niemals stattfinden würden, daß alles nur noch Gedankenspielerei war, dann gab es abends zum Nachtisch einige Tabletten zusätzlich, gut genug für einen vierundzwanzigstündigen K.o.

Manchmal ließ ich mich einfach nur vom Fernseher berieseln, um Abstand von meinen verstrahlten und abstrusen Visionen zu gewinnen. Bevorzugt sah ich mir die Magazinsendungen von RTL oder SAT 1 an. Ich brauchte diese Sendungen, um mich davon zu überzeugen, wie schlecht, korrupt und falsch diese Welt wirklich war – denn wollen Sie wirklich wissen, wie die Welt heute ist, dann schauen Sie bei uns rein, gleich nach der Werbung.

Samstag, 10. Dezember 1994

Es hatte keinen Zweck mehr, mich auf dem Absatz umzudrehen, wegzulaufen und so zu tun, als hätte ich sie nicht gesehen. Anja kam mir auf der langen Treppe der Buchhandlung entgegen, und sie lächelte schon von weitem. Das letzte Mal hatten wir uns im Juli gesehen, bevor ich mich von allem zurückgezogen hatte. Während ich wie angewurzelt auf der Treppe stehenblieb, überlegte ich, was ich ihr erzählen sollte. Vieler Worte bedurfte es kaum, man sah mir schon äußerlich an, daß etwas nicht stimmte. Mein Gesicht war durch die ungesunde Lebensweise blaß und ausdruckslos geworden, ich hatte mich seit Tagen nicht rasiert, und auch mein Haarschnitt war mittlerweile aus der Form geraten.

Anstatt zu fragen, wie es mir ging, stellte Anja fest, daß irgend etwas nicht in Ordnung war. Als sie vorschlug, sich abends mit mir zu treffen, sagte ich leichtfertigerweise zu, aber je näher die Verabredung rückte, desto mehr Zweifel beschlichen mich. Warum sollte ich Anja mit meinen Problemen belasten? Anja würde mir auch nicht helfen können, wenn ich schon für mich selbst festgestellt hatte, daß niemand auf der Welt in der Lage wäre, mir zu helfen. Vielleicht war es mir auch peinlich, Anja meine momentane Situation zu offenbaren, obwohl ich mich ihr bedenkenlos hätte anvertrauen können. Anja war kein Mensch, der vorschnell verurteilte. Als ich sie anrief und ihr vorschlug, das Treffen zu verschieben, ließ sie keinen Einwand gelten. Ich war gespannt, wie sie auf die Überraschung, die ich zu bieten hatte, reagieren würde.

Anja war schockiert, als ich ihr meine vernarbten Unterarme zeigte und ihr die Geschichte und meinen Werdegang der letzten Monate auftischte. Dennoch bekam ich in den drei Stunden, die unsere Unterhaltung dauerte, nicht einen Vorwurf aus ihrem Mund zu hören. Sie ließ sich auch nicht von meinen abstrusen Gedankenkonstruktionen, die ich mir in meinem Elfenbeinturm zurechtgeschmiedet hatte, aus der Fassung bringen. Selbst als ich zugab, Rezepte gefälscht und in meinem Zimmer ein ganzes Lager an Tabletten angelegt zu haben, hörte mir Anja geduldig zu. Anstatt mir Vorhaltungen zu machen oder mir schale Imperative zu setzen, nach dem Motto, tu dies oder jenes, wirkte sie auf mich ein, indem sie mir einige Gedanken mit auf den Weg gab, die ich mir zu Gemüte führen sollte. Wenn einer ihrer Gedanken dennoch das Wort *müssen* enthielt, wurde damit eine Lösungsmöglichkeit angedeutet, ohne einen Zwang. Es schuf einen Raum, der zumindest eine Alternative andeutete, die ich nicht zu wählen brauchte, wenn mir nicht danach war.

Nachdem wir uns verabschiedet hatten, dachte ich lange darüber nach, warum mir Anja trotz allem als Mensch begegnet war und mich nicht wie manch anderer verurteilt hatte? Anja war ein sehr gläubiger Mensch, ohne die Kirche mit ihrer Politik zu unterstützen. Auf Nächstenliebe und Fürsorge legte Anja großen Wert. Ihre Worte wirkten nicht billig oder aufdringlich wie die scheinheiligen Worte manches Geistlichen. Ich war bis zu einem Wiedersehen angehalten, ihre Gedanken mit meinen zu verbinden.

Dezember 1994

Ich hatte lange über Anjas Worte nachgedacht, die für mich wie ein vorsichtiger Appell klangen, in das Leben zurückzukehren. Irgendwo mußte ich einen Anfang setzen, wenn es wieder bergauf gehen sollte. Selbst wenn er lediglich darin bestand, daß ich begann, mich regelmäßig zu rasieren und mein Zimmer aufzuräumen.

Auch mit Tabletten und meinen Träumereien war es mir nicht gelungen, die Wahrheit gänzlich auszublenden. In lichten Augenblicken konnte ich schon bemessen, auf welcher Stufe des Lebens ich stand. In solchen Momenten überkamen mich Schuldgefühle, da mir bewußt wurde, daß ich viel Zeit mit Nichtstun vergeudet hatte. In jedem Menschen waren Energien vorhanden, die einen im Leben vorwärtsbewegten. Wo waren all meine Energien verschüttet, oder hatte ich sie einfach ins Negative verkehrt?

Man könnte dieses Stadium auch mit einer Endstation vergleichen. Mein bisheriges Leben war nichts anderes als ein langer Schienenstrang, der dorthin gemündet hatte. Sicher gab es Weichen in meinem Leben, die auf andere Wege hätten führen können, doch ich hatte nie die Kurve gekriegt.

Ich befand mich noch immer im Anziehungsbereich des schwarzen Loches und hatte Angst, weiterleben zu müssen. Es gab sogar ein Lied, das diesen Umstand besang. Es handelte von einem jungen Mann, der zu Gott betete und sagte, er habe gewußt, daß es im Leben Weichen gäbe, an denen man sich für etwas anderes hätte entscheiden müssen, aber er hatte sich für diesen einen Weg entschieden, und er würde es niemals bereuen.

Wenn es in meinem Leben nichts gäbe, das ich bereute, dann würde ich mich nicht permanent schuldig fühlen. Selbst Susanne rief ich nach einiger Zeit erneut an, aber ich konnte mir das Motiv nicht genau erklären. Was wollte ich ihr noch sagen, daß mir alles leid täte und ich es nicht gewollt hatte?

Anjas Gedankengänge, daß man einen Schlußstrich ziehen und sich vor allem selbst verzeihen müsse, waren für mich unerreichbare Wertedimensionen.

Wo sollte ich hingehen, um neu anzufangen? Ich hatte mir schon überlegt, nachts heimlich die Koffer zu packen und zu verschwinden. Besser würde es mir auch nicht in der Rolle eines Dauerflüchtlings oder Nomaden ergehen, der von Ort zu Ort zieht, auf der Suche nach ein bißchen Glück. Daß die angeblichen Aussteiger in Goa oder Thailand wirklich glücklich waren, bezweifelte ich. Mir würde es an einem anderen Ort kaum besser gehen, weil ich den Ballast in meinem Kopf mitschleppte, und der nach einigen Wochen, die es vielleicht brauchte, um neue Eindrücke zu verarbeiten, wieder durchschimmerte.

Ich hatte mir auch überlegt, zuerst das Geld, das mir Susanne in Sevilla geliehen hatte, zurückzuzahlen und mich dann umzubringen. So sehr ich auch über mögliche Wege nachdachte, sie brachten mich nicht weiter, weil es keine wirklichen Lösungen waren.

Es kam das große Fest der Liebe. Weihnachten war ein Fest, an dem man normalerweise zur Familie ging oder seiner Lieben gedachte. Dieses Jahr war es bei mir nicht die übliche Festtagsdepression, die mich in meinem Zimmer gefangen hielt. Es war viel schlimmer. Niemandem hatte ich geschrieben, und ich bekam so viel Post an Weihnachten wie nie zuvor. Diejenigen, die über meine Situation Bescheid wußten, schenkten mir aufmunternde Worte, andere sandten Grüße und fragten an, ob es mich noch gäbe. Sogar die Mitarbeiter meiner Abteilung aus Japan schrieben mir. Ich hatte so viel Aufmerksamkeit nicht verdient und vergrub mich noch weiter in meinem Schmerz. Und immer wieder dachte ich an Susanne. Allein der Gedanke, sie könne mit Reto ein versöhnliches Weihnachts- oder Sylvesterfest feiern, ließ mich nicht ruhen. An Weihnachten nahm ich insgesamt fünfzig Tabletten, an Sylvester zwanzig, nur um die öden Tage nicht erleben zu müssen. Die Tabletten garantierten mir eine dumpfe Reise in die Bewußtlosigkeit.

Sonntag, 8. Januar 1995

Das bißchen Sozialhilfe reichte kaum zum Leben, und so nutzte ich den Trödelmarkt, um mich von Dingen zu trennen, die sich in Bares verwandeln ließen. Meinen Stand hatte ich in der hinterletzten Ecke aufgebaut, da ich niemandem begegnen wollte und auch keine Lust hatte, irgend jemanden über meinen Werdegang anzuschwindeln.

Es war ein sehr kalter Sonntagnachmittag, und das wenige Geld, das ich eingenommen hatte, war hart verdient. Mate, der als Marktaufsicht arbeitete, versorgte mich mit heißem Kaffee. Früher, als wir noch zusammen auf den Märkten gearbeitet hatten, beendeten wir gemeinsam den Tag beim abendlichen Bier. Als wir jetzt in seinem Wagen saßen, verspürte ich nur den Wunsch, mich so schnell wie möglich in meinem Zimmer zu verkriechen.

Vielleicht hatte mir Mate das Lied der Gruppe Selig aus lauter Unwissenheit über meinen Gemütszustand vorgespielt. Nie zuvor hatte mir ein Text solche Tritte in mein kaputtes Inneres gegeben. Zudem jaulte der Sänger das traurige Lied mit einer solchen Intensität, als trete er mir direkt auf meine blankliegenden Nerven. Immer wieder schwirrten mir die Textzeilen durch den Kopf:

Es kommt so anders, als man denkt
Herz vergeben, Herz verschenkt.

Ich legte mein Leben in deine kleine Welt
wer auch immer dir jetzt den Regen schenkt,
ich hoffe, es geht ihm schlecht.
Wer auch immer dich jetzt durch die Nacht bringt,
bitte glaub ihm nicht.

Es ist so ohne Dich,
Es ist so widerlich, ich will das nicht,
denkst du vielleicht auch mal an mich.

Ich war so aufgewühlt, daß ich es in meinem Zimmer nicht aushielt. Oft hatte ich mich gefragt, ob Susanne an mich dachte und ermessen könne, was ich durchmachte und inwiefern sie mir dankbar war, daß ich ihrer toten Beziehung ein wenig Leben eingehaucht hatte, da ich Susanne durch mein Verhalten förmlich auf Reto draufgeschoben hatte. Die vergangenen Monate waren unerträglich gewesen, und während ich noch am Tresen der Kneipe saß, in der Hoffnung, den Schmerz mit ein paar Gläsern Bier niederkämpfen zu können, brach es durch. Ich lief zum Telefon. Verzweifelt krallte ich mich am Hörer fest und wählte Mates Nummer. Als er antwortete, brach ich in heilloses Schluchzen aus und wiederholte immer wieder, daß ich es nicht schaffte, daß alles keinen Sinn mehr hatte. Er wollte vorbeikommen, aber ich lehnte es ab. Warum sollte ich ihn mit meiner Not übergießen, dadurch würde es auch nicht besser. Nie zuvor hatte ich einen derartigen Zusammenbruch. Früher hatte ich mehr Energien, die Schmerzen niederzukämpfen. Ich schämte mich für den Anruf. Mate befand sich mitten in den Klausurvorbereitungen, und ich hatte nichts Besseres zu tun, als ihn mit meiner jämmerlichen Schwäche zu überziehen.

Januar 1995

Noch schlimmer wurde es, als meine Mutter Geburtstag hatte. Seit Wochen lebte ich von ihr zurückgezogen. Sie schrieb mir immer wieder Briefe, und eigentlich war mir nicht klar, warum ich sie las. Der Brief, der mich an diesem Tag erreichte, stöhnte in seinen Worten nur so von der erlebten Ohnmacht. Immer wieder hatte ich meine Mutter gebeten, mir nicht zu schreiben, aber sie konnte oder wollte nicht begreifen, daß ich kaum in der Lage war, meine eigene Ohnmacht zu ertragen. Wie sollte ich mich noch mit den Gefühlen anderer auseinandersetzen? Der Selbstmordversuch hatte alles noch schlimmer, noch unerträglicher gemacht. Dachte ich im September noch, die Hölle zu erleben, so war dies die Apokalypse.

Ich konnte sehr gut nachvollziehen, daß sich viele aus meinem nahen Umfeld hilflos fühlten. Sie wollten mir helfen, doch fanden sie für so einen Fall kein geeignetes Konzept. Ich selbst fand überhaupt kein Mittel, um mit mir selbst ins Reine zu kommen. Zudem hatte ich eine Verweigerungshaltung gegen professionelle Hilfe.

Birgit, eine alte Freundin, versuchte ihr Glück, mich mit einer Metapher auf den rechten Weg zu bringen. Sie schrieb, ich solle mir vorstellen, ein Vogel zu sein. Mir waren alle Möglichkeiten gegeben, meine Flügel auszubreiten und zu fliegen, aber ich alleine müsse darüber entscheiden, zu starten. Selbst wenn der Flug anfangs nicht elegant und gradlinig verlaufe, sollte ich wenigstens die Chance nutzen. Sicher war dies eine nette Idee, aber wie sollte ich ihr klar machen, daß ich keine Lust hatte, loszufliegen?

Wie lange ich diese Verweigerungshaltung wohl noch durchhielt? Irgendwann mußte etwas passieren, das Sozialamt würde mein untätiges Herumlungern nicht ewig dulden. Mit Gewalt gelänge es nicht, mich zum Losfliegen zu bewegen, allerdings mußte ich einen Weg finden, die Furcht, die mich hinderte, den wahren Dingen auf den Grund zu gehen, zu überwinden, denn hierin sah Anja eine Notwendigkeit, damit ich anfinge, mein Leben wieder selbst in die Hand zu nehmen.

Anja war überhaupt der einzige Mensch, der mühelos zu mir durchdrang. Ihre Hilfe bestand nicht nur aus Gesprächen. Manchmal waren es ganz unkonventionelle Mittel. Sie lud mich eines Abends nach Hagen ein, um bei einem Abendessen im Kreise ihrer Familie zu weilen. Es fiel kein Wort über meine Ohnmachtssituation. Wir verbrachten einen unbeschwerten Abend, und es war der erste Tag seit Monaten, an dem ich wieder lachte. Für ein paar Stunden hatte ich Ruhe vor mir selbst, und das tat so gut wie ein tiefer Atemzug.

Ich fragte mich, womit ich das Glück verdient hatte, so einen Menschen zu meinen Freunden zählen zu können. Ich brauchte mich meiner Hilflosigkeit nicht zu schämen. Anjas Hilfe war nicht bevormundend, sondern sie bemühte sich, konstruktiv auf mich einzuwirken. Anja ließ nicht locker, traf sich trotz ihrer beruflichen und privaten Verpflichtungen in regelmäßigen Abständen mit mir. Anja war überzeugt davon, daß man mit wachem Blick durchs Leben gehen müsse. Es gab Begegnungen mit Menschen, an denen wir verzweifelten, genauso wie man Menschen traf, die einen positiv beeinflussen konnten. Dafür sollte ich offen sein.

Mir klangen diese Worte noch in den Ohren, als ich zwei Tage darauf Elena kennenlernte. Sie war eine Spanierin, die zusammen mit einer Freundin nach Münster gekommen war, um Deutsch zu studieren. Wir lernten uns zufällig in einer Kneipe kennen, und es wurde ein fröhlicher Abend, da ich es genoß, nach langer Zeit wieder spanisch zu sprechen. Wir trafen uns in den folgenden Wochen regelmäßig, und während ich ihr Nachhilfe in Deutsch erteilte, übte ich mein Spanisch.

Es war ein gutes Gefühl, denn hier fühlte ich mich auf den Plan gerufen. Ich konnte ihr etwas geben, fühlte mich nützlich, und es bewahrte mich davor, im Tabletten- oder Alkoholrausch zu versinken.

Einmal, als Elena und ich uns abends nach ihrem Unterricht trafen, begegnete ich Conny. Sie zeigte sich verwundert, warum ich so lange nichts von mir hatte hören lassen.

Noch in der gleichen Woche telefonierten wir stundenlang und diskutierten meine Situation. Sie hätte damals, als wir uns im September trafen, nicht im entferntesten vermutet, daß es mir so dreckig ging. Erst als sie mir verriet, daß sie selbst bei einem Psychologen in Behandlung war, um eine lang zurückliegende Trennungssituation aufzuarbeiten, ließ ich mich überreden, mir einen Termin bei ihrem Therapeuten, den sie mir wärmstens empfahl, geben zu lassen. Ich mußte ihr in alter Freundschaft versprechen, ihn wenigstens einmal aufzusuchen, danach könnte ich noch immer frei und unverbindlich entscheiden, ob ich an einer Therapie Interesse hätte.

Mittwoch, 8. Februar 1995

Mit gemischten Gefühlen begab ich mich an diesem unwirklichen Februarmorgen auf den Weg zum Therapeuten. Ich war nicht unerfahren, was eine Therapie betraf. Damals hatte ich viel geredet, aber gebracht hatte es mir wenig. Es gab vieles, was im Dunkeln lag, etwas, was ich in mir spürte, aber nie in seiner Gesamtheit greifen konnte.

Ich war gespannt, was sich Connys Therapeut, Armin, einfallen ließe, um mich auf den rechten Weg zu bringen. Mein Ich war so durcheinander, daß es lange dauern würde, bis daraus wieder eine Identität entstünde, dessen war ich mir vor Betreten der Praxis bewußt. Das Sprechzimmer glich einem Wohnzimmer und sollte vermutlich eine angenehme Atmosphäre ausstrahlen. Armin wirkte anfangs auf mich so nüchtern wie ein Dorfschullehrer. Zunächst sollte ich ihm meinen Beweggrund für den Besuch schildern. Zum x-ten Mal wiederholte ich die Lüge von der Liebe, die wundersame Verwandlung und den anschließenden Fall ins Bodenlose. Er hörte mir geduldig zu und stellte nur hin und wieder eine Verständnisfrage. Ich war ganz in meiner Erzählung gefangen, als Armin entsetzt »Stop!« rief.

»Um Himmels Willen, merken Sie eigentlich noch was?«

Ich war durch die abrupte Unterbrechung ganz aus dem Konzept geraten.

»Sind Sie sich eigentlich Ihres Tuns bewußt? Merken Sie nicht, was für ein Erpresserpotential Sie in sich tragen?«

Armin spielte auf die Situation mit Susanne an. Er schüttelte den Kopf.

»Was wollen Sie denn hier? Suchen Sie etwa Hilfe?«

Ich war nicht auf eine derartige Konfrontation vorbereitet und wurde unsicher.

»Hören Sie mir mal gut zu! Ich sage Ihnen, wo sie stehen. Wenn Sie so wie bisher weitermachen, landen Sie in kurzer Zeit auf dem Friedhof oder in der Klapsmühle. Wo wollen Sie denn hin?«

Auf eine derart klare Aussage war ich nicht gefaßt. Dieselbe Frage hatte ich mir selbst gestellt, wohin es mich denn treiben sollte. Die Hoffnungen auf ein freies und selbstbestimmtes Leben hatte ich schon lange aufgegeben.
»Kann man mir nicht mehr helfen?« fragte ich verlegen.
»Das müssen Sie doch wissen!«
Er war über meine Erzählung sehr schockiert und meinte, daß ich mit meinem dramaturgischen Talent wohl besser beim Film aufgehoben sei. Ein langweiliger Patient wäre ich wohl nicht. Armin schärfte mir ein, daß ich selbst Hilfe akzeptieren, also zulassen sollte, sonst bestünde keine Aussicht auf Erfolg. Er bezeichnete meine Situation als sehr kritisch, hielt aber nichts von einer Einweisung in eine geschlossene Abteilung. Mit Zwang erreiche man überhaupt nichts. Armin gab mir Bedenkzeit. Er riet mir, in Ruhe darüber nachzudenken, denn die Hilfe bestünde nicht aus passivem Sich-helfen-lassen-Wollen, sondern aus aktiver Mitarbeit. Er brach das Gespräch ab und bat mich um einen Gefallen. Ich müsse mit einer Aktivität beginnen, sei es Laufen, Radfahren, Lesen oder Schreiben, das sei ihm gleichgültig, Hauptsache ich beschäftige mich mit etwas Konstruktivem. Am Ende des Gespräches sagte Armin, ich solle froh sein, mit dem Leben davongekommen zu sein, meine Spielereien hätten leicht ins Auge gehen können. Ich hätte ihm am liebsten ins Gesicht gelacht. Woher sollte er auch wissen, wie oft ich bereut hatte, am Leben zu sein? Schließlich stellte das Leben keine Belohnung dar, für die ich unbedingt dankbar war. Über die Tabletten, die ich zu Hause hortete, schwieg ich, denn ich hatte nicht die Absicht, den armen Mann über Gebühr zu schockieren.

Ziellos lief ich an diesem Nachmittag durch die Stadt. Ich hielt mich solange in der Kälte auf, bis ich ganz von ihr durchdrungen war. Den Kälteschmerz wollte ich nicht aus masochistischen Gründen spüren, sondern er diente dazu, mir ins Gedächtnis zurückrufen, daß ich überhaupt in der Lage war, etwas zu empfinden.

Ich war von Armin beeindruckt. Anstatt mich aufzumuntern oder meine Situation zu beschönigen, sagte er mir zuerst knallhart ins Gesicht, auf welcher Stufe des Lebens ich stand. Ich hielt es für richtig, eine Sprechpause einzulegen, denn ich wollte mit der Plapperei nicht etwas zerreden, das ich sorgfältig überdenken mußte. Vielleicht war ich ja doch schlimmer dran, als ich es mir selbst eingestand. Das Ziel lautete, mir der Tragweite meines Denkens und Handelns bewußt zu werden und den Gedanken der Überlegenheit aufzugeben. Meine Persönlichkeit, die in all den Jahren und unter all den Eindrücken herangewachsen war, schien Armin nicht uninteressant zu sein, aber ich hatte mich an die Schwelle zum Irrsinn gebracht, und das war kein überlegener Weg.

Mich beschlich Unwohlsein. Die erste gute Tat nach der Sitzung bestand darin, mich der Tabletten zu entledigen. Ich drückte alle Rohypnoltabletten aus den Verpackungen heraus. Das ergab einen stattlichen Haufen von einhundertfünfzig Tabletten. Ich spülte den ganzen Dreck die Toilette hinunter, auch wenn ich damit vielleicht den gesamten Bestand an Kanalratten unseres Bezirkes ins Koma befördert hatte. Ich wollte das Selbstzerstörungspotential einfach nicht mehr in meiner Nähe wissen.

Vor Geschäftsschluß kaufte ich eine DIN-A5-Kladde und einen guten Kugelschreiber. Die Aktivität der nächsten Tage bedeutete für mich, zu schreiben. Schon damals, in der Zeit mit Susanne, hatte ich viel geschrieben, um die Gefühle, die mich bewegten, zu bewältigen. Jetzt schrieb ich erneut, aber dieses Mal ging es um mein eigenes Leben.

Februar – März – April 1995

Ich fühlte mich nackt und hilflos, als ich die weißen unbeschriebenen Blätter vor mir sah. Ich fing einfach mit dem Gefühl des Tages an und versuchte auszudrücken, wie es war, wenn man sich nach dreißig Jahren Mißwirtschaft den Bankrott seiner Gefühle eingestehen mußte.

In den nächsten Tagen gab es für mich nur drei Beschäftigungen: Essen, Schlafen und Schreiben. Es entstand eine regelrechter Zwang zu schreiben. Ich ließ die Gefühle noch einmal Revue passieren, von der Begegnung mit Susanne bis zum heutigen Tag. Manchmal konnte ich beim Schreiben alles um mich herum vergessen und ergoß mich im stummen Sprechen.

Wie mein Therapeut andeutete, eine gute Methode, dem sogenannten Burn-Out-Syndrom vorzubeugen, also der Hyperaktivität im Kopf, die nicht ausgelebt wurde und zu einem Gefühlsstau führte. Endlich hatte ich ein Ventil gefunden, und es machte Spaß, sich mit mir selbst und meinen Gedanken zu beschäftigen. Anstatt sinnentleert auf dem Bett zu liegen und stundenlang die Decke anzustarren, drückte ich das Leidvolle nach außen. Die Bilder waren immer in meinem Kopf gewesen, nur hatten mir die passenden Worte gefehlt. Je mehr ich schrieb, desto mehr Druck baute ich ab, und desto weniger Potential hatte ich übrig, Dummheiten zu begehen.

Ich diskutierte lange mit Anja über die Möglichkeit, mir helfen zu lassen. Die ganze Angelegenheit war nicht in einem Therapieschnellkurs zu bewältigen. Wenn ich wirklich eine Veränderung suchte, dann mußte ich einen anderen Weg einschlagen, selbst wenn dafür das Zurückgehen in die Vergangenheit Voraussetzung wäre.

Alles in allem würde es keine bequeme und angenehme Reise werden, und ein neuer Weg ging sich nicht von alleine. Ich mußte mir eingestehen, daß er nicht ohne fremde Hilfe zu bewältigen war. Schon jetzt fühlte ich mich unwohl, da ich des Beistands anderer bedurfte, um zu funktionieren. Und woher würde ich den Mut und die Kraft beziehen?

Den Mut, oder besser die Überwindung, könnte ich aufbringen, weil es für mich die letzte Chance war, wirklich etwas zu bewegen, also der Mut, der sich aus der Hoffnungslosigkeit der derzeitigen Situation ableitete. Aber woher generierte ich die nötige Kraft? Ich fühlte mich nach monatelangem Kampf, den ich gegen mich selbst geführt hatte, total ausgelaugt. Wieviel Zeit bliebe mir?

Anja meinte, ich sollte mich nicht so sehr von dem Argument der Zeit unter Druck setzen lassen. Sicherlich klaffte in meinem Lebenslauf eine Lücke, aber wenn ich mir jetzt nicht die Zeit für mich selbst nähme, würde ich eine Chance verpassen, die Chance, in meinem Leben ein Stück voranzukommen. Der Fortschritt käme sicherlich langsamer und schleichender daher, als ich es selbst wünschte, doch ich wollte den neuen Weg nicht mit Gewalt und Anstrengung gehen, denn manchmal überforderten mich bereits alltägliche Dinge. Ich traf diese Entscheidung in Freiheit und war meinem Therapeuten dankbar, daß er mich nicht hatte einweisen lassen.

Ich war noch nicht tot, aber als Leben konnte man die letzten Monate auch nicht bezeichnen. Ich hatte keine Lust mehr, als Leiche unter Lebenden zu wandeln. Anja war sehr froh und zollte mir Respekt, daß ich den Schritt zum Therapeuten gewagt hatte. Sie war mit ihrem Optimismus und dem guten Glauben ein ganzes Stück weiter als ich. Für mich galt es, darüber nachzudenken, wie ich mir Raum verschaffen könnte, um den Todeswunsch, der mich noch immer überfiel, ein Stück weit von mir wegzuschieben. Ich mußte mich erst einmal an den Gedanken gewöhnen, daß ich noch lebte.

Ein weiteres Problem, das es zu lösen galt, bestand darin, wie ich den verlorenen Respekt vor mir selbst wiederfände. Was ich angestellt hatte, war nicht zu bagatellisieren und einfach abzuhaken, als sei nichts passiert. Auf der anderen Seite mußte ich mich fragen, wie ich den Schuldenberg abzahlen sollte. Dank der Unterstützung und der Beratung durch die Arbeiterwohlfahrt waren die Verbindlichkeiten mittels notarieller Schuldanerkenntnisse abgesichert worden. Aber irgendwann mußte ich sie abzahlen.

Mit diesen Belastungen hatte ich zu kämpfen, wenn ich mich auf der Straße zeigte. Ich hatte Bedenken, daß man mich abwerten könnte, und es war kein gutes Gefühl, mit knapp dreißig Jahren eine Menge Unrat mit sich herumzuschleppen, denn zu dem eigenen Lebenslauf zu stehen, egal was in der Vergangenheit passiert war, wurde mir fast unmöglich.

Ich stellte fest, daß ich zu oft darüber nachdachte, was andere von mir hielten, anstatt mich zu fragen, wie ich selbst die Achtung vor mir zurückgewinnen könnte. Noch hatte ich keine genaue Vorstellung, wo ich anfangen mußte. In Anjas Worten hörte sich eine Lösung für mich manchmal zu einfach an. Sicher hatte Anja recht, wenn sie meinte, daß ich zuviel nachdachte und es an gutem Glauben und Willen mangeln ließe. Um eine Krise meistern zu können, bedurfte es des Selbstvertrauens und Glaubens an die eigene Stärke, Dinge, die bei mir nicht in dem notwendigen Maße ausgeprägt waren.

An Elena war meine Geschichte nicht vorbeigegangen. Nach und nach hatte ich ihr erzählt, wo ich eigentlich stand. Oft bedauerte sie, nicht mehr für mich tun zu können. Aber ohne daß sie es wußte, tat mir unsere gemeinsame Zeit sehr gut. Während ich mit ihr lernte, Kaffee trank oder ins Kino ging, fing ich an, mich wieder unter Menschen zu bewegen. Ich verbrachte mehr Zeit außer Haus als in meinem Zimmer und dadurch hatte ich seltener Gelegenheit, meinen tristen Gedanken nachzuhängen.

Irgendwann sagte mir Elena, daß ich tief drinnen ein guter Mensch sei, und sie würde mich nicht wegen meiner Probleme, sondern als Mensch lieben. Dieses Geständnis war seit langem ein ehrliches Wort, das ich einfach mal im Raum stehen ließ, ohne mich zu fragen, ob ich es verdient hatte oder nicht; es tat mir sehr gut.

Elena arbeitete während des Sommers in einem Hotel als Rezeptionistin. Sie hatte oft gefragt, ob dieser Berufszweig nicht meinen Fähigkeiten entspräche, weil ich doch leidenschaftlich gerne Fremdsprachen sprach. Ich begann, darüber nachzudenken, welche Vorstellungen ich von einem Beruf hatte. Es sollte ein Beruf sein, bei dem ich möglichst viele meiner Talente einbringen konnte. Sprachen und der Umgang mit Menschen waren mir sicher wichtig. Wenn ich eine Arbeit fände, die mir einigermaßen Spaß brächte, so wäre dies ein weiterer Schritt auf dem Weg der Genesung.

Jordi, Elenas Chef, hielt sich für einige Wochen in Münster auf, um sein Deutsch zu verbessern. Er war ein lustiger Kerl, und wir verstanden uns prächtig, wenn wir zu dritt etwas unternahmen. Ich mußte annehmen, daß ihm Elena von mir und meinem Schicksal erzählt hatte. Einmal, nachdem wir gegessen hatten und beim Kaffee zusammen plauderten, sprach mich Jordi direkt an. Er riet mir, die Koffer zu packen, um irgendwo neu anzufangen. Vor zehn Jahren hatte er sich in einer ähnlichen Misere befunden. Damals brach er in die USA auf, ohne viel Hab und Gut, einzig mit dem Wunsch, ein neues Leben zu beginnen. Anfangs war es sehr hart und unbequem für ihn, aber mit der Zeit besserte sich seine Lage, und heute, im nachhinein, bewertete er es als positiv und hatte niemals bereut, diesen Schritt gewagt zu haben.

Ich hatte meine Einwände, daß ich noch sehr unsicher sei, wofür er Verständnis zeigte. Wie wollte er denn beurteilen, wie man sich nach einem ernsthaften Selbstmordversuch fühlte? Er lächelte mich an und zeigte mir seine Unterarme.

Elena fragte einmal, ob ich nicht Lust hätte, sie nach Spanien zu begleiten. Sicher war das wieder eine fixe Idee. Ich konnte doch nicht einfach meine Koffer packen und verschwinden – oder vielleicht doch? Ich wog zum wiederholten Male die Vor- und Nachteile des Weggehens ab. Hier in Münster sah ich kaum noch eine Zukunft für mich. Würde ich die Koffer packen, hätte es den Vorteil, aus dem gewohnten Umfeld und der Enge meines Zimmer zu entfliehen. Ich wäre von der Bildfläche verschwunden und entginge dem Rechtfertigungsdrang vor Freunden und Bekannten, die mich wiederholt nach meinen Zukunftsperspektiven fragten. Je weniger ich selbst darauf eine Antwort fand, desto größer wurde der Druck, etwas tun zu müssen. Mit meinen Freunden könnte ich auch aus der Distanz in Verbindung bleiben, und außerdem war ich nicht ganz alleine, wenn ich mit Elena wegginge.

Ich hatte das Bedürfnis, wieder frei zu atmen und diesen Nebel der Depression zu verscheuchen.

Ich gelangte zu dem Ergebnis, daß ich es versuchen würde, wenn es eine Möglichkeit gäbe. Das ständige Herumreiten auf Alternativen, das Für und Wider beleuchten, brachte mich nicht vorwärts. Sicher war es in meiner Lage nicht einfach, sich wieder ein normales Leben vorzustellen, da ich das Leben so grundsätzlich abgelehnt hatte. Diese Ablehnung kam ja aus den Tiefen meines Gefühlslebens und es brauchte Zeit, bis die Extreme wieder in einer Normalität schwingen würden. Die Belastungsgrenze mußte zudem schrittweise ausgedehnt werden, und ich war mir nicht sicher, ob ich der neuen Herausforderung wirklich gewachsen wäre. Ich zog meinen Therapeuten zu Rate. Ich fragte, ob es ratsam sei, der gewohnten Atmosphäre für eine Weile zu entfliehen. Er gab die Frage an mich zurück. Auszuprobieren sei in meiner Lage positiv, da ich etwas gewinnen könne. Schlechter als vorher würde es mir wohl kaum ergehen, und sollten dennoch Schwierigkeiten auftauchen, bestünde die Möglichkeit der Rückkehr. Er hatte recht, denn niemand, außer mir selbst, hinderte mich am Weggehen. Mit dem Wunsch verband ich auch die Hoffnung, mich dauerhaft von meinem Tablettenkonsum zu entfernen. Mit wieviel Mengen an Drogen, Alkohol und Tabletten hatte ich mich in meinem Leben zugeschüttet? Wenn ich ewig so weitermachte, würde ich die Steuerungsfähigkeit verlieren, und dann hätte ich mich jeder Chance beraubt. Jordi sagte, daß ein Aufenthalt an einem anderen Ort nicht zwangsläufig etwas mit beruflicher Qualifikation gemein haben müßte. Allein der psychologische Effekt des Ortswechsels zählte.

Die Lücke, die zwischen Wollen und Zweifeln klaffte, müßte ich mit gutem Glauben überbrücken, echtem Glauben, der nicht Illusion oder Wunschdenken war, da so etwas zu weit vom Machbaren entfernt wäre.

Glauben erfordert Mut. Es sollte nicht der Mut der Verzweiflung sein, den ich seit November praktiziert hatte. Als ich noch im Besitz der Tabletten war, bedeuteten sie mir einen Notausstieg, so nach dem Motto, versuchen wir es einmal, wenn es nicht klappte, hatte ich mir eine offene Hintertür bewahrt. Mut über so einen Anreiz zu schöpfen, war wenig produktiv, genauso als übte man eine Arbeit mit Unlust aus, mit dem Hintergedanken, jederzeit kündigen zu können.

Den Aufenthalt in Spanien würde ich dazu nutzen, Neugierde zu entwickeln und die Lust, im Leben wieder etwas auszuprobieren und ein Stück weit meine Fassung wiederzugewinnen; Schritte in eine neue Identität.

Elena freute sich sehr über meinen Entschluß und versprach, etwas für mich zu organisieren. Ende März verabschiedete sie sich aus Münster, da am ersten April die Sommersaison in Rosas begann.

Ich hätte niemals geglaubt, daß sie sich bereits am sechsten April telefonisch meldete. Es gab eine freie Stelle im Hotel als Nachtrezeptionist. Jordi mußte diese Stelle umgehend besetzen und hatte dabei an mich gedacht, da der Hoteldirektor jemanden suchte, der, aufgrund der vielen deutschen und schweizer Touristen, des Deutschen mächtig war. Großzügigerweise gab er mir vierundzwanzig Stunden Bedenkzeit. Die angebotene Stelle war sicher kein Traumberuf, und so grübelte ich und verbrachte eine weitere schlaflose Nacht, aber nicht, weil mich die Vergangenheit plagte, sondern mir die Zukunft Sorgen machte. Ich sagte zu und nahm die Arbeitsstelle an. Es gab für mich eine Chance, einen Schritt vorwärtszugehen, worauf ich mit bescheidenem Stolz reagierte. Mal sehen, was da auf mich zukam.

Am zwölften April setzte ich mich in Dortmund in den Zug und fuhr, wie fast vor einem Jahr, wieder nach Spanien. Nach fast sechs Monaten, nach all dieser Verwirrung tauchte ich langsam wieder auf und versuchte, mein Leben in aussichtsreichere Bahnen zu lenken, nicht ohne Zweifel, aber auch mit Hoffnungen.

Es war ein merkwürdiges Gefühl zwischen Heimweh und Fernweh, das mich begleitete, dennoch wünschte ich mir selbst viel Glück.

II. Teil

1995 - 1996

Im nachhinein war der Aufenthalt in Spanien als positiv zu werten, obwohl es für mich eine sehr schwere Zeit gewesen war. Ich hatte einen unsicheren Weg gewählt, aber es bestand zumindest die Möglichkeit, ein Stück weit Halt zu finden. Ich brauchte diese Zeit, die ein einziges Wechselbad der Gefühle war, um mich aus dem Dunst der totalen Depression zu befreien. Dennoch war ich froh, als ich Ende Oktober die Heimreise antrat.

Bei der Ankunft in Figueras betete ich um Schutz und Kraft und hoffte, daß der permanente Druck mit der Zeit weichen würde.

Am Karfreitag gegen zweiundzwanzig Uhr begann ich mit der Arbeit. Vor lauter Unsicherheit hätte ich mir am liebsten in die Hose gemacht. Der erste Gast war ein Franzose, und mein Wortschatz umfaßte nicht mehr als *bonsoir*. Ich bat eine Kollegin um Hilfe. An sich war daran nichts Schlimmes, dennoch kam ich mir mehr denn je unfähig vor.

Wenn man in ein neues Umfeld kommt, ist man anfangs ein wenig zögerlich, aber mit meinen blank liegenden Nerven zweifelte ich, ob ich dem Neuen gewachsen war, zudem war meine neue Umgebung mehr als gewöhnungsbedürftig.

Anfangs war ich weder zufrieden noch glücklich, denn es folgte eine Enttäuschung nach der anderen. Mein Gehalt war niedriger, als mir von Jordi telefonisch zugesagt worden war, ein Hungerlohn. Da ich nachts arbeitete, hatte ich auf eine Einzelunterkunft gehofft, statt dessen teilte ich mir mit fünf weiteren Personen ein kleines Zimmer. Noch heute hängt mir der muffige Geruch nach verbrauchter schwüler Luft und Schweiß in der Nase, der mir entgegenkam, wenn ich morgens nach der Arbeit das Zimmer betrat. Meine wenige Habe hatte ich in rostigen Spinten untergebracht, an der Decke bahnte sich Schimmel seinen Weg. Die Fenster waren vergittert, wie eine Gefängniszelle. Anfangs empfand ich den Aufenthalt als Bestrafung.

Nachmittags betraten die Köche das Zimmer, um sich auszuruhen. Sie konnten kaum so leise und rücksichtsvoll sein, daß sie mich nicht ständig aus dem Schlaf rissen. Mein Zimmer lag strategisch ungünstig neben dem Einfahrtstor zum Parkplatz. Jedem Gast oder Lieferanten mußte das Tor geöffnet werden, und das Quietschen drang noch durch die Watte, die ich mir in die Ohren gestopft hatte. Es half nichts. Manchmal arbeitete ich zwei Nachtschichten, ohne zwischendurch ein Auge zugemacht zu haben.

Für meine angeschlagenen Nerven war dies eine zusätzliche Belastung. Ich wäre am liebsten sofort wieder zurückgegangen, aber ich wollte nicht so schnell klein beigeben und bei den ersten Hindernissen davonlaufen. Also biß ich die Zähne zusammen und machte weiter. Ich bat Jordi mehrfach, er möge mir ein anderes Zimmer besorgen, aber er konnte mir nicht helfen.

Mitte Juli hatte ich dann die Schnauze voll. Ich fand in Rosas eine preiswerte Pension und mietete mich dort ein. Die Wirtin, eine ältere Dame, sorgte sich rührend um mich. Manchmal bekam ich zwei Milchkaffees für den Preis von einem, oder sie hörte sich mein ständiges Klagen geduldig an. Dennoch gingen für diesen Luxus fast zwei Drittel meines Gehalts drauf.

Wenigstens war die Arbeit anspruchsvoller, als ich dachte. Meine Befürchtungen waren gewesen, daß ich nur ein Nachtportier war, der die Schlüssel ausgab und sich den Rest der Nacht langweilte. Meine Berufsbezeichnung war Nachtrezeptionist, und ich übernahm zusätzlich zu den Kontrollgängen die Aufgaben der allgemeinen Verwaltung.

Nach einiger Zeit bekam ich auch Kontakt zu den Mitarbeitern, was gegen das Gefühl des Alleinseins hilfreich war. Im Grunde genommen saßen wir alle im gleichen Boot. Die Arbeitslosigkeit in Spanien war sehr hoch, und jeder war froh, überhaupt einen Job zu haben. Dieser Umstand wurde radikal ausgenutzt. Die Folge waren niedrige Löhne und unmenschliche Arbeitszeiten, fast wie in einem Land der Dritten Welt. Der Besitzer des Hotels, ein schamloser Ausbeuter, betrachtete sich wohl noch als Wohltäter und grüßte beim Abendessen scheinheilig mit »Hallo Familie«.

Während man gemeinhin denkt, daß in Spanien wenig gearbeitet wird und alles schluderhaft sei, machte ich andere Erfahrungen. Ich arbeitete anfangs sieben Tage die Woche, durchschnittlich zehn Stunden pro Nacht, und meinen ersten freien Tag bekam ich Anfang Juli. Ein Mitarbeiter zählte nicht viel, vor allem war er aufgrund der Arbeitslosigkeit beliebig austauschbar. Wer aufmuckte, flog. Wieviele ausgelaugte und genervte Mitarbeiter hatte ich dort gesehen, und da wir alle das gleiche Elend durchlebten, fühlten wir uns verbunden, egal, ob man im Service, als Spüler oder in der Wäscherei arbeitete. Da gab es keine Unterschiede mehr.

Der Umgangston zwischen Vorgesetzten und Untergebenen war nicht so zimperlich und weniger höflich als in Deutschland. Flüche, Kommandos im Kasernenhofton waren eher die Regel als die Ausnahme. Jordi bemängelte oft meine Unsicherheit und fragte, warum ich mich denn so verändert hatte. In Münster war ich ihm immer als lustig und unbeschwert aufgefallen. Seine Feststellung traf zu. Ich fragte mich ständig, ob das, was ich hier tat, das Richtige war, ob Spanien der richtige Ort war, ob ich selbst überhaupt richtig war. Mit diesem Ballast und der nervlichen Dauerbelastung gestaltete sich das Abenteuer Spanien anfangs als schwieriges Unterfangen.

Aber auch Jordi hatte sich verändert. Manchmal war es besser, jemanden nur privat zu kennen, als für ihn zu arbeiten. Er war oft sehr launisch, hatte immer das letzte Wort und vor allem immer Recht. Wenn aber der große Boß vorbeikam, schlenderte Jordi um ihn herum wie ein Hund um sein Herrchen, der ein Leckerli in der Hand hält. Das kotzte mich total an.

Als Jordi mich einmal wegen eines harmlosen Fehlers anschnauzte, brach ich fast in Tränen aus. Die Verunsicherung rührte daher, daß ich überzeugt war, Spanien sei die einzige Chance, und ich zwang mich ums Verrecken alles richtig oder es besonders gut zu machen. Sicher hatte ich mir diesen Druck, der ständig an mir nagte, selbst auferlegt.

Ein anderes Mal hatte ich mit Jordi eine schwere Auseinandersetzung, als er mich wegen einer Harmlosigkeit zum wiederholten Male zwecks Rapport aus dem Schlaf riß. Ich war so frustriert, daß ich mich am Nachmittag zulaufen ließ. Abends trat ich nicht zur Arbeit an, normalerweise ein eindeutiger Kündigungsgrund. Erst nach langem Hin und Her und aus Rücksicht auf meine Lage ließ mich der Boss weiterarbeiten. Elena und Jordi, die sich dafür eingesetzt hatten, daß ich diesen Job überhaupt bekam, erwies ich damit keine Ehre.

Meine Hoffnungen, daß wir viel zusammen unternähmen, hatten sich nicht erfüllt. Jordi hatte einen anstrengenden Tag und zusätzlich noch familiäre Verpflichtungen. Elena arbeitete tagsüber. Da ich anfangs keinen freien Tag hatte, sahen wir uns privat kaum. So verbrachte ich viel Zeit alleine. Aber diese Einsamkeit war nicht so gravierend. Ich hatte mich oft in meinem Leben einsam und verlassen gefühlt. Ich nutzte die Zeit, um über mich und mein Leben nachzudenken. Oft wurde ich dabei sehr traurig. Dann ließ ich dem Schmerz freien Lauf und weinte. Das Weinen war nicht schlimm, nur dann, wenn ich nicht wußte warum. Es gab genug zu betrauern. Dennoch war ich froh, nicht in Münster in meiner kleinen Bude zu hängen und gar nichts zu tun. Hier ging ich immerhin einer Beschäftigung nach.

Ich erlebte aber auch angenehme Momente. Ich machte es mir zur Regel, nach dem Abendessen die drei Stunden bis zum Arbeitsbeginn für mich zu nutzen. Ich lief gerne über die Strandpromenade am Meer entlang. Sie war von Touristen übervölkert, und Schwarzafrikaner boten auf ihren Decken allerlei exotischen Kram feil. Ich lief dann zum Ende der Promenade an die Mole der Hafenausfahrt bis zum kleinen Leuchtturm, der ein einsames klägliches Licht in die Abenddämmerung warf, und hörte dem Rauschen des Meeres zu. Ich liebte die Geräusche des Meeres und genoß es, meinen Blick über den Strand schweifen zu lassen und mit mir und meinen Gedanken alleine zu sein. Es war ein Stück Freiheit, das ich brauchte.

Manchmal dachte ich an Susanne, was sie wohl in diesem Moment tat oder was aus uns geworden wäre, wenn wir noch zusammen gingen. Würden wir dann jetzt an irgendeinem exotischen Strand liegen und auf das Meer schauen?

Oft stellte ich mir die Frage, ob mich diese Erinnerungen für den Rest meines Lebens verfolgen würden. Sie entsprangen ungewollt meinem Gehirn und waren nicht auszulöschen. Andere Male fischte ich bewußt nach solchen Erinnerungsfetzen, und wenn sich ein Gedanke festgesetzt hatte, versuchte ich mich an jede Einzelheit des Zusammenseins zu erinnern. Dann wieder wurde ich auch von Erinnerungen verfolgt. Am zweiten Mai, dem Jahrestag unserer Begegnung, saß ich im Personalraum beim Mittagessen. Den ganzen Morgen über hatte ich an die Begegnung vor einem Jahr zurückgedacht. Während wir aßen, der Fernseher lief wie üblich, wurde eine Reportage ausgestrahlt. Es war ein Stadtportrait über Sevilla. Ich war fassungslos.

Meine Gedanken kreisten auch um mich selbst und mein Leben. Durch meinen Selbstmordversuch hatte ich zum Ausdruck gebracht, daß ich nicht mehr leben wollte. Dadurch, daß ich ihn überlebt hatte und mir der Mut für einen weiteren Versuch fehlte, spürte ich, daß ich auch nicht sterben wollte. In welcher Ebene sollte sich die Zukunft also gestalten? Wohl kaum in diesem undefinierbaren Bereich zwischen Leben und Tod. Mein ganzes Leben war immer ein Schwingen zwischen ganz oder gar nicht, alles oder nichts.

Ich hatte nie über die Vielfältigkeit der Farben nachgedacht, die zwischen diesem Schwarz-Weiß-Denken lagen, und sie waren es wert, zumindest einmal gesehen zu werden. Wenn man schwarz und weiß mischt, entsteht daraus ein grauer Ton. Dies war immer die Grundfarbe in meinem Leben gewesen, das undefinierbare Grau meiner Schwermut.

Ganz allmählich entstand in mir die Sehnsucht nach etwas Normalem, Durchschnittlichem, da in der Mitte zwischen dem polaren Denken eine Ruhe zu liegen schien, nach der ich mich zeitlebens gesehnt hatte. Ich hatte immer eine Wut auf dieses normale Leben, weil es mir zu flach schien, aber gelebt hatte ich es nie. Vielleicht läge in der Mitte ein Frieden, denn mein bisheriges Leben mit seinen Höhen und Tiefen erinnerte mich an die nervösen Ausschläge eines Seismographen.

Mit diesen teils widersprüchlichen Gedanken wollte ich alleine sein. Es gab genügend Möglichkeiten, sich der Einsamkeit zu entziehen, aber es drängte mich nicht nach einer neuen Beziehung, da ich zunächst einmal eine Beziehung zu mir selbst herstellen mußte. Ich wollte die

Macht über mich selbst zurückgewinnen und versuchen, wieder ein Mensch zu werden, in dessen Inneren eine lebendige Seele wohnte.

Anfang September löste ich im gegenseitigen Einvernehmen das Arbeitsverhältnis vorzeitig auf. Es bestand nie die Absicht, dauerhaft in Spanien zu bleiben, und außerdem sah ich in diesem Ausbeuterladen für mich keine berufliche Zukunft. Ich hatte etwas Besseres verdient als das, was ich gerade noch ertragen konnte. Es war Jordi zu verdanken, daß ich dennoch ein komplettes Monatsgehalt als Abfindung bekam. Trotz seiner manchmal fiesen und ungerechten Art, hatte er sich Sorgen um mich gemacht. Wir hatten abschließend die Gelegenheit zu einem langen Gespräch. Er ermutigte mich, meine Genesung an oberste Stelle zu setzen. Mit dem Geld erlaubte ich mir, noch einen Monat in Rosas zu bleiben. Ich wollte nicht unmittelbar nach Arbeitsende nach Deutschland zurückkehren.

Für einen kleinen Zusatzverdienst arbeitete ich noch als Kartenverkäufer für einen Freund, der ein Ausflugsboot für Touristen hatte. Es war ein einfaches Leben, das ich führte, aber dennoch liebte ich die Stunden am Strand, die Sonne, den salzigen Geruch, das Kreischen der Möwen und das Rauschen des Meeres. Es spielte für mich keine Rolle, ob ich nun ein diplomierter Kartenverkäufer war oder nicht. Ich lebte, und dieser Umstand zählte; alles andere war weniger bedeutend.

In zufriedenen und seligen Stunden keimte die Hoffnung, daß es mit Hilfe möglich wäre, meine Schwierigkeiten aufzudecken. Ich spürte, daß in mir Positives vorhanden war. Sobald ich in der Heimat ankäme, würde ich mich um einen Termin bei einem Psychologen bemühen. Irgendwann müßte ich mich der Angst vor der Therapie stellen. Die Entscheidung für die Hilfe hatte ich eigentlich zu spät gefällt, wenn man es genau betrachtete, denn sie kam nach dem Supergau der Gefühle. In Spanien hatte ich genügend Zeit damit verbracht, über den Sinn und Zweck einer Therapie nachzudenken.

Mein Zustand hatte sich zwar stabilisiert, doch wollte ich nicht auf diesen Frieden bauen. Ich hatte viele Fehler begangen. Aus Fehlern lernt man bekanntlich, oder eben auch nicht, denn in meinem Leben war ich im Kreis gelaufen; zugegeben, er hatte einen großen Radius, doch am Ende der letzten Beziehung hatte ich alle Fehler wiederholt, nur gewaltiger und absurder als jemals zuvor. Ich hatte beschlossen, mich im Vertrauen einem Therapeuten zuzuwenden, mein Ich auseinandernehmen zu lassen, in der Hoffnung, daß es sich diesmal in einer lebenstauglicheren Reihenfolge zusammensetzen ließe.

Mit diesem Entschluß kam es mir vor, als habe ich eine Tür aufgesperrt, die mich in das Dunkel eines Raumes blicken ließ, dessen Dimension ich nicht bemessen konnte, aber es gab zumindest eine Schwelle, die ich übertreten konnte. Ich brauchte nur zu gehen, und mit der Zeit käme Licht in die Finsternis. In dem Raum, in dem ich mich bislang befand, lief immer das gleiche Drama ab: Selbstzerstörung. Vielleicht war mein ganzes Hirn auf Selbstzerstörung programmiert, wer weiß.

Ich hatte bereits dreißig Jahre gelebt und Erfahrungen gesammelt. Bevor ich begänne, müßte ich erst einmal dreißig Jahre Gelebtes verdauen, und ich fragte mich, wie schwierig es sich gestalten würde, mein krankmachendes Verhalten zu ändern.

Wie aber sah die hilfreiche Therapie aus? Es existierten eine ganze Reihe von Therapieformen, genauso wie es verschiedenartige, hochkomplexe Erkrankungen der Seele gab. Ich hatte von einem Zwölf-Schritte-Programm für den Seelenfrieden gehört, das mit standardisierten Methoden Hilfestellung bot. Ich hielt nichts davon, da ich jemanden für mich alleine in Anspruch nehmen wollte, der mich individuell betreute. Ich hatte mich schon längst für Armin entschieden, da ich ihm und seiner Professionalität vertraute. Ich fand es gut, daß er mir damals offen ins Gesicht gesagt hatte, wie es um mich stand, mir aber dennoch die Freiheit ließ, mich zu entscheiden. Ihm war mein inneres Wollen wichtiger als ein Zwang zur Hilfe. Trotz meiner Bereitschaft regte sich anfangs ein Widerstand in mir. Er resultierte aus einer gewissen Scham. Dadurch, daß ich mich um professionelle Hilfe bemühte, mußte ich mir in gewisser Weise eine Unfähigkeit im Umgang mit meinem Leben eingestehen. Ich war nie gut im Eingestehen von Schwäche, denn das setzte ich immer gleich mit einem Ohnmachtsgefühl und Ausgeliefertsein. Ich würde Armin als Partner betrachten, der mir half, mich aus dem Labyrinth meines Seelenlebens zu befreien. Und diese Lenkung erachtete ich als Hilfe zur Selbsthilfe, denn ein Dauerzustand sollte daraus nicht erwachsen.

In der ersten Sitzung sprach ich meine Unsicherheit an. Armin zeigte sich verständnisvoll und wirkte dem mit erstaunlicher Offenheit entgegen, anstatt sich in geheimnisvollen Blödsinn zu hüllen. Armin erläuterte mir eingangs das Ziel der Therapie und hatte sogar einige mutmachende Worte für mich übrig.

Meinem Therapeuten war es wichtig, daß ich von einer Krankheit sprach, denn eine verletzte und traumatisierte Seele ist krank. Ich hatte damit meine Mühe, denn eine Krankheit, die ich nicht sah, die sich nicht in Hautrötungen oder körperlichen Schmerzen oder Verunstaltungen ausdrückte, kam mir bedrohlich und unberechenbar vor.

Während Armin mir das Ziel erläuterte, fühlte ich mich an meine Studienzeit erinnert. Hatte ich da nicht auch etwas über die Methode der Zielerreichung gelernt, und könnte ich dieses Prinzip nicht auf meinen künftigen Lebenslauf anwenden? Zuerst formuliert man ein Ziel, das in Teilziele zerlegt wird. Dann werden Inhalt und Zeitbezug festgelegt und mit permanentem Soll-Ist-Vergleich wird der Grad der Zielerreichung kontrolliert. Die Frage, die sich mir stellte, war, wie der Grad der Zielerreichung in der Therapie zu messen sei. Man kann den Fortschritt nicht quantifizieren, um eine Orientierungsgröße zu erhalten. Eine Aussage, daß sich mein Zustand um soundsoviel gebessert hatte, wäre unmöglich. Aber dies war auch nicht der wichtigste Punkt. Bedeutend wog die Tatsache, daß ich ein Ziel hatte und mich darauf zubewegte.

Ich hatte die Vorstellung verinnerlicht, daß die letzte Beziehung in ihrer Tragik der Grund für den Selbstmordversuch war. Aber dieser Gedankenansatz war bereits völlig danebengegriffen. Die Trennung war der Auslöser gewesen, *trigger* nennen das die Experten, aber man brachte sich nicht aus Liebe oder enttäuschter Liebe um, von dieser schwachsinnigen Idee mußte ich Abstand gewinnen. Die wahren Gründe reichten zurück in die früheste Kindheit, denn bevor ich mich selbst der Liebe wegen opferte, wie ich unsinnigerweise annahm, waren meine Gefühle schon einmal eskaliert, wurde ich schon einmal, lange vor dem sexuellen Mißbrauch, zum Opfer. Auf eine gewisse Weise klang das banal oder stereotyp, weil es anscheinend immer die gleichen Erklärungsmuster waren, die Kindheit oder das, was von ihr übrig geblieben war.

Ein Neugeborenes ist unbefleckt, aber es ist auch mit einer extremen Lernfähigkeit ausgestattet. Entwickelt es sich zu einem ängstlichen und selbstbezogenen Menschen, oder quälen es tiefe Selbstzweifel und Schuldgefühle, so hat es diese in Reaktion auf seine Umwelt erlernt. Mithin war meine Selbstzerstörungstendenz ein früh erlerntes Verhaltensmuster, das von klein auf gelitten wurde. Schwere Krisen lösten bei mir ein automatisiertes Verhalten aus, selbst wenn dies zu einer Verschlechterung der Lage beitrug. Es resultierte aus gestörten Denkprozessen, die ihrerseits auf falschen Vermutungen und Verzerrungen der Realität basierten.

Die Strategie, die mich von den schädigenden Mechanismen abbringen sollte, bestand darin, zu lernen, meine gesamte Persönlichkeit zu akzeptieren, auch mit den negativen Gefühlen. Das sollte zu einer Einheit der Person führen. Solange ich einen bedeutenden Teil meines Gefühlslebens ausblendete, war ein Bewertungswandel ausgeschlossen und eine Besserung der Lage nicht möglich.

Als Gegengewicht zu meiner negativen Intelligenz, wie ich mein destruktives Denken bisweilen auch nannte, wurde Vertrauen gegen Misstrauen, Zweifel, Aktivität und Initiative gegen Schuldgefühle und Selbstachtung gegen Minderwertigkeit gesetzt. Ausgehend von diesem Gleichgewicht, konnte ein selbstbestimmtes Leben erst seinen Anfang nehmen. Um dorthin zu gelangen, nahm ich quasi einen Grundkurs in Psychologie durch. Für eine Veränderung der Mechanismen mußte ich die falschen Überzeugungen, negativen Gefühle und mein Verhalten enttarnen und begreifen, denn das Verstehen der Beziehung zwischen Überzeugungen und Gefühlen war ein wichtiger Schritt zur Verhinderung des selbstzerstörerischen Verhaltens. Erkenntnis, Akzeptanz und Veränderung waren für Armin interdependente Größen.

Das hörte sich für mich wie eine Operation an, nur daß es sich nicht um einen Knochen oder das Herz handelte, sondern um die Seele, sagen wir, eine emotionale Operation. Dazu mußte ich eine Reise in die Vergangenheit antreten, zurück zu den alten Wunden. Ich wollte aber nicht nur an den alten Narben popeln, sondern sie mußten vollständig von dem Dreck gereinigt werden, bevor sie wirklich heilten. Der Professor, der mich auseinandernahm, war mein Therapeut. Wird man beispielsweise am Knie operiert, dann erfolgt nach der Operation eine Bewegungstherapie. Zunächst bewegt man sich mit Hilfe von Krücken fort, muß das Laufen wieder lernen. Die Gehhilfe, um wieder leben zu lernen, war für mich die Therapie.

Armin vermittelte mir das sehr sachlich und überzeugend, aber dennoch hatte ich meine Bedenken. Natürlich war es mein Wunsch, ohne Krücken zu laufen, aber kann man die alten Wunden wirklich verarbeiten, oder nur bearbeiten?

Wenn es mir in dreißig Jahren nicht gelungen war, meine Vergangenheit, die mich hartnäckig verfolgte, zu begreifen, so fragte ich mich, wie lange dieser Reifeprozeß in Anspruch nähme. Meine Tragödie und die Aufarbeitung würde sich wohl nicht mit ein paar Aha-Erlebnissen bewerkstelligen lassen. Eine kurzzeitige Entlastung würde es nicht geben, auch nicht nach zehn Sitzungen. Ich war schon immer ein ungeduldiger Mensch, aber wenn ich dieses Unternehmen mit Hast und Eile anginge, stünde am Ende nur ein leeres Euphoriegefühl, da ich annähme, dem Leben durch das Umstellen einiger Gedanken ein Schnippchen geschlagen zu haben. Ich würde mir die Zeit nehmen, die ich brauchte. Mein Argument war nun, daß ich erst dreißig Jahre alt war, und es kam mir vor, als hätte ich alle Zeit der Welt.

Die Therapie war für mich nicht nur eine Zeit-, sondern auch eine Geldfrage, da die Krankenkasse nur einen Teil der Kosten erstattete und ich verpflichtet war, einen Eigenanteil zu leisten. Wenn ich mir vor Augen führte, wieviel Geld ich in nutzlose Auslandsgespräche, in Tabletten und Bier gesteckt hatte, ohne daß es etwas bewirkt hatte, wäre das Geld hier auf jeden Fall sinnvoller angelegt.

In einem Selbsthilfebuch über die Lösung von Problemen las ich, daß man eiserne Disziplin bei der Veränderung von Verhaltensweisen walten lassen sollte. Wenn man über sich spricht und versucht, sich der Wahrheit zu nähern, erfordert das Konzentration und Disziplin, soweit konnte ich dieser Aussage zustimmen. Es kostet Überwindung und Anstrengung, einen anderen Weg zu beschreiten. Aber wenn das Wort Disziplin alleine im Raum stand, verband ich damit die Vorstellung von Mühsal und Plackerei. Gerade in der Anfangsphase wollte ich mich nicht durch zuviel Kampf und Krampf zu einer Veränderung drängen. Das konnte schnell zur Entmutigung führen, und ich war der Meinung, daß nicht übermächtige Anstrengungen, sondern eine Mischung zwischen Sich-gehen-Lassen, Geduld, Konzentration, Disziplin und vor allem der inneren Bereitschaft einen Erfolg wahrscheinlicher machten.

Die Sitzungen waren interessant und sie machten mir Spaß. Ich diskutierte, grübelte und manchmal mußte ich auch von Herzen über mich lachen. Das Nachdenken über Vergangenes beschränkte sich nicht auf die Sitzung alleine, sondern ich hatte Hausaufgaben zu erledigen. Armin gab mir zu ausgewählten Themenkreisen Artikel aus Fachzeitschriften mit, die ich durcharbeiten sollte und zu denen eigene Gedanken vorzubereiten waren. Meine Reaktionen auf das Gelesene waren unterschiedlich. Mal ließ es mich gleichgültig, dann fühlte ich mich peinlich ertappt, war betroffen oder verfiel in tiefe Traurigkeit, und nicht selten waren die Erkenntnisse und Schlüsse, zu denen ich kam, ernüchternd. Es waren nicht die Tatsachen, die mich verstimmten, sondern die damit verbundenen Gefühle und Reaktionen. Der Weg der Befreiung von negativen Emotionen, und darin lag der Sinn der Therapie, führte durch sie hindurch, und die Erinnerung und das Wiedererleben trugen zu ihrer Verarbeitung bei.

Armin gelang es bereits nach wenigen Sitzungen ein Verhaltensmuster zu enttarnen – das der Verdrängung. Er kritisierte meinen Redefluß. Mit vielen Worten hielt ich feinste Schwingungen in mir zurück. Mir wurde bewußt, daß viele meiner Worte nichts anderes als ein guter Schutzmantel waren, um meine Gefühle von Unsicherheit, Angst oder Erregtheit zu unterdrücken. In mir hatte Armin einen Meister gefunden, denn ich konnte beispiellos reden, ohne eine Aussage zu machen. Es galt, mich für momentane Gefühlsregungen zu sensibilisieren. Sprechen kann eine Befreiung sein, aber dazu mußte ich zunächst einmal lernen, meine Gefühle wahrzunehmen und für sie die richtigen Worte zu finden.

Begleitend zu den Sitzungen mußte ich eine nichtgeistige Aktivität ausüben, damit die Therapie nicht zu kopflastig würde. Es sollte ein Bewegungssport sein, sei es Dauerlauf oder Radfahren. Wichtig war Armin ein längere Belastungsperiode, die ich dreimal pro Woche ausüben mußte. Gefühle sind nichts anderes als Reaktionen der Seele, die sich über den Körper ausdrücken, und Bewegung kann helfen, sie von außen positiv zu beeinflussen. Meine neuentwickelten Aktivitäten, Schreiben und Radfahren, gaben mir das beruhigende Gefühl, auf dem richtigen Weg zu sein.

In dem Zusammenspiel von Gefühlen und Verhaltensweisen brannte mir eine Frage unter den Nägeln. Ich verfüge über eine gewisse Intelligenz. Warum erkannte ich nicht, daß ich falsches oder schädigendes Verhalten an den Tag legte? Wenn es um Probleme ging und mein Rat gefragt war, konnte ich anderen zur Seite stehen, bei mir selbst gelang das offenbar nicht.

Ich befaßte mich mit der Macht des Unterbewußtseins, das im Vergleich zum Bewußtsein eine riesige Dimension hat. Wenn ich es mir recht überlegte, mochte ich eigentlich gar nicht wissen, welche Gewalten dort schlummerten.

Das Nichterkennen schädigender Muster hatte nichts mit mangelnder Intelligenz zu tun, sondern zeigte nur, wie nachhaltig sie in meinen Tagesablauf integriert waren. Die Schädigung meiner Seele erfolgte im wesentlichen in den ersten sechs Lebensjahren, und an einen großen Teil dieser Jahre hatte ich keine bewußten Erinnerungen. Meine Eltern haben einen nicht unwesentlichen Beitrag zu meiner Neurotisierung geleistet. Jedes normale Kind, das das Licht der Welt erblickt, ist ein extrem abhängiger Mensch. Abhängig von der Liebe, Fürsorge und Geborgenheit der Eltern. Es will wertfrei für das Sein geliebt und akzeptiert werden. Meinen Vater habe ich meistens brüllend erlebt, mich ständig mit seinen Zurückweisungen quälend, und so sehr ich in meinen Erinnerungen kramte und mir auch wünschte, mich an positive Gefühle zu erinnern, gelang es mir nicht. Meine Mutter war zwar physisch anwesend, aber ich fragte mich, warum ein sehr starkes Empfinden meiner Kindheit mit Kälte zu tun hatte. Um die Verletzungen nicht spüren zu müssen, werden sie verdrängt, aber Kinder haben, im Gegensatz zu erwachsenen Menschen, einen ganz anderen Verdrängungsmechanismus, das heißt, das Verdrängen wird als solches nicht wahrgenommen. Meine Eltern haben mir diese Verdrängung durch ihr Verhalten quasi aufgezwungen. Die Gefühle meiner Kindheit gegenüber meinen Eltern habe ich immer zweischneidig erlebt. Auf der einen Seite empfand ich Haß und dann auf der anderen Seite wieder Liebe, womit die Einheit meines Gefühlslebens gespalten war. Der Haß wurde immer größer und damit auch meine seelische Not, denn mir war klar, daß ich meine Eltern nicht hassen durfte. Ich hatte Angst, dadurch erst recht ihre Aufmerksamkeit zu verlieren, und so hatte ich versucht, die Demütigungen zu verdrängen. Die Zwickmühle, in der ich mich befand, hassen zu wollen, aber nicht zu dürfen, ließ starke Schuldgefühle entstehen. Schon früh glaubte ich, ihren Liebesentzug verdient zu haben. Verzweifelt versuchte ich, fast schon mit Ungehorsam, ihre Zuwendung zu erzwingen, aber es schien eine unüberwindbare Mauer zu sein. Die Quelle meiner Schuldgefühle hatte ich eigentlich nie erkannt. Es waren immense Aggressionen, die im Unterbewußtsein eingefroren wurden. Nun weiß ich nicht, ob die Situation in unserer Familie typisch war, kleine Neurotiker heranzudressieren, da ich Menschen kenne, die noch Schlimmeres erlebt haben, aber vielleicht ist nicht allein die Schwere der Schädigung ausschlaggebend, sondern auch die Dauer.

Ohne Zweifel gibt es im Leben ganz andere Grausamkeiten, doch der Vergleich hinkt. Wenn ich mir das Beispiel vergegenwärtige, daß Menschen als Unschuldige im Krieg sehr viel Not und Ungerechtigkeiten erleben, so haben Erwachsene immerhin die Möglichkeit, ihre Aggressionen im Kampf auszuleben oder dadurch, daß sie sich Feindbilder aufbauen und hassen können. Als Kind hatte ich diesen Mechanismus eben nicht, da ich völlig schutz- und wehrlos dastand.

Ich begann, mich auf mein Schicksal zu besinnen und mich nicht mit anderen zu vergleichen. Mangelnde Zuwendung ist meiner Meinung nach eine der schlimmsten Wunden, die man bei der Menschwerdung erleiden kann. Zudem ist es schwierig, anderen seine eigene Art begreifbar zu machen, denn was in einem Menschen vorgeht, der nach Liebe hungert, kann niemand, der es nicht selbst erlebt hat, nachvollziehen, geschweige denn darüber urteilen. Meist haben Außenstehende, die das Glück einer unbeschwerten Kindheit hatten und auch sonst vor Schlimmerem bewahrt wurden, Probleme, die Gedanken an die Todessehnsucht, den Orientierungsverlust und die Entfremdung nachzuvollziehen.

Ich sollte meinem Unterbewußtsein dankbar sein, daß es vieles vergraben hatte, denn sonst wäre ich an den Schmerzen oder der Angst oder dem, was auch immer dort schlummerte, wesentlich früher zusammengebrochen. Das Verdrängen war für mich zur Überlebensfrage geworden. Verdrängung bedeutete aber nicht, daß die Haß- und Aggressionspotentiale aus meinem Gefühlshorizont ausgeblendet waren. Oft genug wurde ich schmerzhaft an ihr Vorhandensein erinnert, nämlich immer dann, wenn die Gefühle in ihrer Zerrissenheit einen Kampf führten. Verstand gegen Seele kommt dem Versuch gleich, mit bloßen Händen das Wasser aus einem sinkenden Boot herauszuschöpfen. Statt verantwortlich mit den Erinnerungen umzugehen, habe ich sie verdrängt, selbst wenn ich mich dabei gewisser Hilfsmittel bediente. So entstand mein Suchtverhalten. Je mehr ich versuchte zu verdrängen, desto mehr Macht gewann die Vergangenheit über mich, und um so dringender mußte ich flüchten, egal in welcher Form es sich ausdrückte: Viel reden, viel trinken oder selbstgestrickte Erklärungsversuche. Um die alten Schmerzen nicht spüren zu müssen, war mir jedes Mittel recht. Kaum hatte ich mich von einer Sucht losgesagt, tat sich die nächste auf. Zuerst nahm ich Drogen, und als ich die nicht mehr vertrug, wechselte ich zum Alkohol. Nicht selten hatte ich mir die

Birne weggebrannt. Dann kamen Tabletten hinzu. Vor einigen Jahren ergab eine Routineuntersuchung, daß meine Leberwerte erschreckend schlecht waren. Auf die Frage des Arztes nach Alkoholkonsum antwortete ich »gelegentlich bis selten«, so daß er eine geheimnisvolle Lebererkrankung vermutete und mich eher tot als lebendig sah. Als ich von der Einnahme von irgendwelchen bunten Wunderpillen Abstand genommen hatte, verlagerte ich die Sucht schließlich auf die Beziehungssucht.

Nach und nach kamen immer mehr Erinnerungen an die früheste Kindheit zurück. Ich sprach über Gefühle, die ich in mir spürte, deren Existenz eindeutig war, die ich aber weder in ihren Dimensionen noch in ihrem kausalen Zusammenhang gedeutet hatte. Daher galt es, bei starken Gefühlen nach der Ursache und ihren Auswirkungen zu suchen. Der Erkenntnisgewinn stand an oberster Stelle. Das Gefühl, nicht ausreichend oder genügend zu sein, empfand ich nicht nur durch die Demütigungen meines Vaters, sondern auch bei anderen Gelegenheiten. Wenn ich mich an die Gewaltszenen erinnerte, die mein Vater vom Stapel gelassen hatte, und zwar nicht nur, wenn Tomaten, Wecker oder sonstige Gegenstände gegen die Wand flogen, sondern wenn er total durchdrehte, versuchte ich immer meine Mutter zu beschützen, aber so sehr ich mich auch bemühte, es gelang mir nicht. Ich glaube, daß ich sie vor ihm retten wollte. Während meiner Schulzeit bildete sich eine schwere Legasthenie heraus. Meine linke Hand dominierte, jedoch wurde ich gezwungen, mit der rechten Hand zu schreiben, nach heutiger Ansicht von Experten ein schwerer Eingriff in die Psyche eines Kindes. Nach dem regulären Unterricht besuchte ich einen Förderunterricht. Ich kann mich gut daran erinnern, wie meine Mitschüler spotteten. Ich litt sehr darunter. Die Folge war, daß ich mich nicht nur gegenüber meinem Bruder als minderwertig empfand, sondern eigentlich gegenüber der ganzen Welt. In mir brodelte eine besondere Unruhe, es mir selbst und dem Rest der Welt beweisen zu müssen, ich steckte mir Ziele, die ich nie erreichen konnte. Mich behaupten zu müssen, auch in der familiären Situation, war für mich ein einziger Kampf. Statt realen Zielen wandte ich mich fiktiven Zielen zu, träumte von Sieg und Überlegenheit, und in meinen Fluchtphantasien führten mich Züge in ein Land, das mir die erhoffte Erlösung von der Minderwertigkeit bringen sollte. Irgendwann lernte ich, das Gefühl des Schwachseins geschickt zu meinem Vorteil zu missbrauchen, und dies war kein bewußter, sondern ein unbewußter Vorgang. Ein Muster entsteht, wenn ein bestimmtes Verhalten mit angenehmen Gefühlen verbunden wird. Dadurch, daß ich hilfsbedürftig erschien, bekam ich die erhoffte Zuwendung. Mit meiner Bedürftigkeit konnte ich andere Menschen für mich verpflichten, was mir eine gewisse Macht gab. Dieses Verhalten erkannte ich in späteren Beziehungen wieder. Ich lehnte mich immer an den vermeintlich Stärkeren an, so war es auch bei Peter geschehen. Hinzu kam bei ihm, daß ich die Liebe und Achtung eines Mannes suchte, da ich nie von meinem Vater anerkannt wurde. In Peter fand ich schließlich das Väterliche. Er hatte meine Bedürftigkeit sofort durchschaut, und durch meine Naivität leichtes Spiel gehabt. Dadurch, daß er mich mißbrauchte und verstieß, erlebte ich wiederholt das Gefühl, unfähig zu sein.

Die Verhaltensmuster waren demnach sehr früh erworben worden. Da die Grundmauern meiner Seele erschüttert waren, blieb die Angst und die Unsicherheit auch nach dem Tod meines Vaters bestehen. Mithin war mein Leben nicht unbedingt ein Reifeprozeß, sondern eher eine chronische Lebensverunstaltung. Die Kette von Mißerfolgen riß nicht ab, so daß ich dem Leben und neuen Aufgaben immer skeptischer und unsicherer gegenübertrat. Aus dem erlittenen Schaden bin ich nicht klug geworden, und daher nahm ich nur äußerlich Veränderungen vor. Die Schuldgefühle nahmen weiter zu und mündeten in dem Hang, mich selbst zu bestrafen. Und der Selbstmord ist eine Form der Selbstbestrafung.

Ich denke, daß ich nie richtig erwachsen wurde, sondern immer an sehr naiven Vorstellungen festgehalten habe. Vielleicht hatte ich die geistige Reife eines Dreißigjährigen, aber nie die entsprechende seelische Reife. Ich müßte mir sogar vorwerfen, richtiggehend mein Kindsein betrieben zu haben, weil ich lieber andere für mich denken und entscheiden ließ.

Der Todeswunsch kam nicht plötzlich über mich. An diesem Leben zwischen wahrem Kern und äußerer Hülle bin ich langsam erstickt. Ich habe mich durch mein eigenes Verhalten selbst versklavt, und letztlich hat mich der Wunsch nach Geborgenheit in die Katastrophe getrieben. Ich wurde Opfer meiner selbst.

Betrachte ich einmal meine depressiven Phasen: Befand ich mich in einer Krise, ging es mir nach Ablauf einer gewissen Zeit wieder besser, und ich glaubte, alles sei in bester Ordnung, die aber nur dem äußeren Anschein nach bestanden hatte. Ich nahm an, daß die Depression zu meinem Leben gehörte wie das Atmen. Während ich innerlich zerrissen war, schuf ich nach außen ein perfektes Image: Alles easy, alles locker und vor allem alles im Griff, und wenn ich einmal litt wie ein Hund, war garantiert ein Retter zu Stelle. Das würde schon wieder gut werden. Eigentlich hatte ich Angst, Entscheidungen zu treffen und diese so lange hinausgezögert in der Hoffnung, daß jemand anderes die passend vorgekaute Lösung parat hätte.

Dennoch fiel es mir schwer zu glauben, daß alles nur Maskerade und Selbstbetrug war. So ganz blöde war ich ja nicht. Als ich nach Sevilla ging, war mir schon bewußt, daß es sich um eine kleine Flucht handelte, aber es ging mir gut, bevor ich Susanne kennenlernte. Warum ging es mir in der Zeit mit ihr besonders gut?

Ich glaubte natürlich, daß es die große Liebe gewesen sei, die mich mitten im Leben überfallen hatte. Nach und nach mußte ich erkennen, daß das, was uns verband, wenig mit Liebe gemein hatte. Ich stellte mir die Frage, ob ich es nicht hätte besser wissen müssen, daß mein Seele nicht in der Lage war, frei zu sein, um das, was wir erlebten, in mir aufzunehmen und richtig zu beurteilen.

In unserer Verbindung schwangen sehr starke Gefühle, aber diese in die Nähe von Liebe zu rücken, wäre vermessen. Mit derart tiefen seelischen Wunden kann man nicht lieben.

Der Fehler lag in der Wahrnehmung und Beurteilung der Erlebnisse. Nach der Trennung hatte ich Höllenqualen gelitten und setzte diesen übermächtigen Schmerz der Liebe gleich. Und während unserer Beziehung meinte ich, daß der Zustand des Verliebtseins, als wir verrückt nacheinander waren, und die Gleichheit der erlebten Gefühle, die Harmonie, Liebe war. Ein Irrtum, und die Erkenntnisse, die in mir reiften, warfen ein armseliges Licht auf das, was uns tatsächlich verband. Während ich Susanne vorwarf, mich und meine Gutmütigkeit mißbraucht zu haben, um ihrer toten Beziehung neues Leben einzuhauchen, war ich überzeugt, mein Gefühl für sie wäre ehrlich und aufrichtig gewesen und allein die schmerzliche Enttäuschung der Zurückweisung habe mich in die Verzweifelung gestürzt. Es hatte damit zutun, daß sich zum Trennungsschmerz lang zurückliegende Verletzungen gesellten. Um zu begreifen, was für eine Form des Liebens ich betrieb, blickte ich einmal mehr in meine Vergangenheit.

Für das Neugeborene ist es in erster Linie die Mutter, die unsere Bedürfnisse nach Zuneigung, Wärme und Geborgenheit erfüllt. Wenn sich das Bewußtsein entwickelt, realisieren wir im Reifeprozeß, daß wir von der Verbundenheit der Mutter getrennt sind. Dies bedeutet, daß die Mutter nicht immer zu Stelle ist, wenn wir nach ihrer Nähe suchen. Dieser Ablöseprozeß ist begleitet von der Angst, alleine und verlassen zu sein. Unterstützen die Eltern diesen Prozeß, wächst das Vertrauen, und es hilft, die mit dem Ablöseprozeß verbundene Unsicherheit zu überwinden. Dennoch bleibt in jedem Menschen der Wunsch zeitlebens bestehen, sich wieder mit einem anderen Menschen zu vereinigen, um das selige Gefühl der Verbundenheit wiederzuerleben.

Dadurch, daß ich in meiner Kindheit dazu gezwungen war, um Liebe und Anerkennung zu buhlen und meinen Bedürfnissen nicht ausreichend entsprochen wurde, blieb ich auf einer sehr kindlichen Stufe der Liebe stehen, mit anderen Worten der eines Dreijährigen. Der Wunsch der Wiedervereinigung wurde für mich zu einem dominierenden Trieb, denn ich war gezwungen, die Atmosphäre meiner Kindheit immer wieder zu inszenieren, man nennt dies auch Bindungs- oder Wiederholungszwang. Er trieb mich dazu an, Situationen zu suchen, in der ich bedeutende Gefühle meiner Kindheit ausleben konnte, die es mir ermöglichen sollten, die alten Wunden zu überwinden.

Der Angst und der Unsicherheit konnte ich nur durch ein ausgesprochenes Kontrollbedürfnis Herr werden. Solange ich mich mit Susanne oder unseren Phantasien beschäftigte und auf eine gemeinsame Zukunft spekulierte, überwog der Eindruck, daß ich die Angelegenheit im Griff hatte. Gleichzeitig war mir aber bewußt, daß mir Susanne keine absolute Sicherheit bot, da sie gebunden war, und dort hatte der eigentliche Kampf begonnen, den ich zeitlebens geführt hatte. Wäre es mir gelungen, Susanne auf meine Seite zu ziehen, hätte ich in meiner naiven und unbewussten Vorstellung ein für allemal die Ängste meiner Kindheit besiegt.

Ich hatte Susanne mit meinen Eltern identifiziert, dieser Gedanke war mir bereits in Sevilla gekommen, und er ist für mein Krankheitsbild gar nicht so untypisch. Ihre Liebe zu gewinnen und zu erhalten, bedeutete für mich, die Zuwendung und Achtung meines Vaters zu verdienen. Ein Teil meiner Zuneigung zu Susanne bestand aus Mitleid. Es schmerzte, daß sie solange in einer Beziehung lebte, in der ihren Bedürfnissen nicht annähernd entsprochen wurde, ein Grund mehr, um Susanne zu kämpfen. Ich glaubte, sie retten zu können, so, wie ich damals meine Mutter retten wollte, und der Lohn für die Erlösung von Susannes Seelenqualen hätte sich in ihrer Zuneigung ausgedrückt.

Um diesen Kampf aufrechtzuerhalten, führten wir in der kurzen Zeit eine recht spannungsgeladene Beziehung, in der ich mich so wohlfühlte, weil mich dieses permanente Spannungsverhältnis an meine Kindheit erinnerte. Diese Beziehung gab mir das Gefühl, ganz besonders lebendig zu sein.

Mein Problem in der Liebe bestand nicht darin, jemanden zu lieben, sondern geliebt zu werden. Nicht nur durch meinen Wunsch nach Zärtlichkeit und Geborgenheit, sondern auch im selbstlosen Geben wollte ich Susanne an mich binden und damit *meine* Bedürfnisse stillen. Mein Geben war zu sehr auf Empfangen ausgerichtet, und das Sich-Hingeben war keine reife Form der Liebe. Die Form meines Liebens hatte extrem masochistische Tendenzen. Susanne war nicht mehr der Partner, sondern wurde zu einem Objekt meiner Bedürfnisse, mithin war meine Selbstlosigkeit, meine Aufopferung, nichts anderes als maskierter Egoismus, weil ich Susanne um keinen Preis der Welt verlieren wollte. Aber Selbstlosigkeit bedeutet auch Selbstzerstörung im weitesten Sinne. Susanne war für mich alles: Meine heile Welt, die Luft, die ich zum Atmen brauchte. Ich hätte persönliche Schmerzgrenzen weit überschritten, Demütigungen und Verletzungen ertragen, nur um Susanne nicht zu verlieren.

Je mehr ich mich auf sie und unsere Welt konzentrierte, desto mehr brauchte ich Susanne auch. Ich hatte es wie eine Drogensucht erlebt. Fatal war natürlich das Ende der Beziehung, da der Alptraum des Verlassenwerdens erneut aufbrach. Ich versuchte alles, um die Trennung rückgängig zu machen. Je bestimmter ihre Zurückweisungen wurden, desto stärker entwickelte sich mein Kampftrieb. So begriff ich schließlich, warum ich über das Ende der Beziehung hinaus nicht von Susanne ablassen konnte, sondern mich weiterhin an jede noch so kleine Hoffnung klammerte. Ich unterlag dem Irrglauben, einfach einen Schlußstrich ziehen zu können und realisierte nicht, daß ich nach diesem Kampf süchtig war. Es begann ein Nervenkrieg. Anfangs konnte ich die Sucht, weil sie nicht auf einem Stoff basierte, mit dem Deckmantel der Verliebtheit tarnen, und erst nach der Trennung brach die Gier richtig aus. Am Ende verlor ich jedes Maß. Selbst die emotionale Erpressung und die Drohgebärden waren der hilflose Versuch, die Situation unter Kontrolle zu bringen.

Für mich stellte sich die Frage der Verhältnismäßigkeit. Trennungen verlaufen selten friedlich, das scheint heute *normal* zu sein, aber wenn die Trennung lebensbedrohliche Formen annimmt, liegt das jenseits der Normalität. Für mich ging nicht nur eine Beziehung zu Ende, sondern mein ganzes Trauma lebte wieder auf. Wenn der Selbstmord als Motiv eine gescheiterte Liebesbeziehung hat, spricht man vom verhinderten Mord. Man tötet nicht nur sich selbst, sondern auch das vermeintliche Liebesobjekt. Es ist das Endstadium einer Sucht. Da ich der Sucht nicht Herr werden konnte, wollte ich das zerstören, wonach ich süchtig war. Ich will aber nicht verheimlichen, daß hinter dem Selbstmordversuch auch das Abreagieren meiner Wut und eine Form der Bestrafung liegen sollte, denn ich wollte Susanne auch noch nach meinem Tod in Form von Schuldgefühlen an mich binden.

Nach diesen Mustern führte ich fast alle meine emotionalen Beziehungen, nur war mir das nie bewußt geworden. Zuvor hatte ich keine meiner Exfreundinnen mit einem Elternteil identifiziert und nie so deutlich eine Retterfunktion übernommen, geschweige denn, so radikal um die Erhaltung einer Beziehung gekämpft. Dies beweist, wie perfekt ich mein verletztes Ich in der letzten Beziehung ausleben konnte, und aus diesem Grund gestaltete sich für mich das Aufgeben der Beziehung als unmöglich. Dadurch, daß ich nie die Verhaftung der Muster erkannt hatte und folglich auch meine Krankheit unbehandelt ließ, hatte sich mein Zustand schleichend verschlechtert und eigentlich das Endstadium erreicht. Statt das pure Leben einzusaugen, war die letzte Beziehung nichts anderes als ein kräftiger Schluck eines Süchtigen. Mich wundert es nicht mehr, daß der Zusammenbruch innerhalb von zwei Monaten erfolgte. Mit einer derartigen Krankheit, die sich durch Wahrnehmungsverzerrung und Realitätsverlust ausdrückte und am Ende noch mit Tablettenkonsum einherging, konnte das nur schiefgehen. Das Leben im Grenzbereich wird schnell unkalkulierbar.

Das Bösartige daran ist, daß ich diese Krankheit geleugnet habe und kein Außenstehender darauf gekommen wäre. Nehmen wir an, im April, als ich mich in Sevilla aufhielt, wäre mir eine gute Fee begegnet und hätte mir prophezeit, daß ich ein halbes Jahr später einen ernsten Anschlag auf mein Leben verüben würde, dann hätte ich sie lauthals ausgelacht. Auch Georg, Brian und Andrew, mit denen ich in Sevilla so viel Spaß hatte, waren tief betroffen, als sie davon erfuhren. Das Bild vom netten Jungen von nebenan war perfekt, niemand hatte etwas bemerkt, nicht einmal ich selbst, und als mir der ganze Wahnsinn bewußt wurde, war es bereits zu spät für mich. Die Macht der letzten Beziehung hatte ich völlig falsch eingeschätzt.

Susanne und ich erlebten eine tiefe Harmonie, nennen wir es *positive vibrations*. In der Anfangsphase einer Beziehung projiziert man seine ganzen Erfahrungen, Wünsche und Hoffnungen auf den anderen, also seinen gesamten persönlichen Rahmen. Je perfekter die Projektionen beider, desto harmonischer die Schwingungen der Rahmen, die aufeinanderfallen. Da frage ich mich, ob Susannes Form der Liebe nicht ebenso unreif war wie meine und sie ebenfalls seelische Not litt. Beziehungen bestehen aus zwei Menschen, und jeder hat seine eigenen unbewältigten Wunden. Eine Tatsache ist, daß ein Mensch, der nicht geliebt werden will, ebenso unfähig ist, zu lieben, und in ihrem Herzen war zunächst einmal sehr viel Platz für ihre eigenen Bedürfnisse. Diese Erkenntnisse waren für meinen Heilungsprozess nicht unrelevant.

Nachdem ich die Ursache meines Denkens und Handelns begriffen hatte, begann der eigentliche Ablöseprozeß von Susanne. Jemanden loslassen geschieht nicht augenblicklich, sondern ist ein langwieriger Prozeß. Ich hatte Susanne nicht wirklich geliebt, und auch sie war ein Mensch, der nicht in der Lage war, zu lieben. Die ganze Beziehung war nichts anderes als das gegenseitige Degradieren zu Objekten, die versuchten, am anderen die eigenen Bedürfnisse zu befriedigen. Dies geschah nicht in böser Absicht, wohlgemerkt, denn keiner wollte den anderen vorsätzlich verletzen, und daß im Rausch der Gefühle nicht die Wahrheit ans Licht tritt, erübrigt sich zu erwähnen. Für mich war es, als die Beziehung begann, bereits zu spät. Solange ich aber Susanne für die Demütigung haßte, fand keine Ablösung statt, weil auch der Haß, genau wie die Liebe, an eine Person gebunden war. Durch die gewonnenen Erkenntnisse schwand der Haß, und dadurch konnte ich erst beginnen, mich seelisch von ihr zu lösen.

Wenn die letzte Beziehung wenig mit Liebe gemein hatte, was ist dann die wahre Liebe? Die Liebe hat etwas mit Respekt, Fürsorge und Vertrauen zu tun und ist ein Miteinander. Sie ist immer bedingungslos und akzeptiert, statt nach Veränderung eines Menschen zu verlangen. Das Geheimnis mag darin liegen, daß sich zwei Menschen binden, aber dennoch zwei unabhängige Personen bleiben, und das verlangt nach reifen und selbstdefinierten Menschen, die Vertrauen in die eigenen Fähigkeiten haben und ihr Sein vor dem anderen vertreten können. Mag auch die Beziehung ein Ort sein, an dem man Schwäche oder Bedürftigkeit nicht nur äußern kann, sondern wo einem auch entsprochen wird, so hat die Liebe aber nicht die Aufgabe und wahrscheinlich auch nicht die Kraft, alle Wunden zu heilen. Ich hätte das Gefühl, das ich mit Liebe verwechselt hatte, nie als Ansporn genutzt, mich weiterzuentwickeln. Für mich war es doch wesentlich bequemer, bedürftig und abhängig zu bleiben, denn Veränderung erfordert Mut und ist unbequem. Somit hatte ich falsche Erwartungen an die Liebe und folglich auch die falsche Fragestellung in den Raum geworfen. Anstatt zu fragen, was die Liebe von mir erwartet, hatte ich gefragt, was die Liebe mir bringen kann.

Es gibt diesen sinnigen Spruch: *Die Liebe ist ein Kind der Freiheit.* Dies ist sehr treffend ausgedrückt. Die Liebe ist eben nur ein Kind und niemals die Freiheit selbst. Kein Mensch ist unausgesprochen selbstdefiniert, wenn er in einer Beziehung oder als Mitglied einer größeren Gruppe lebt. Es gilt, ein Verhältnis zwischen eigenen Interessen und denen anderer herzustellen und herausfinden, wo die Grenzen liegen. Ich denke, daß obiger Satz meint, daß Menschen ihre Liebe um so freier erleben, je reifer sie sind. Die Liebe als Freiheit ist ein unerreichbares Ideal.

In den Standardsätzen, die man überall zu hören bekommt, man müsse sich selbst lieben, respektieren und vertrauen, bevor man jemand anderen wirklich lieben kann, steckt eine unumstößliche Wahrheit. Nun, da bot sich für mich genügend Entwicklungspotential, um das verletzte Kind in mir reifen zu lassen, denn bevor ich von der Magie der Liebe zu einer Partnerin träume, sollte ich zunächst einmal die Magie der Eigenliebe erfahren. Und dies hat nichts mit Selbstsucht zu tun, sondern für mich war das eine gesunde Form des Egoismus, eben der Beginn, eine Beziehung zu mir selbst herzustellen.

Selbst wenn man es mir in Abrede stellen mag, ich bin kein kaltblütiger Mensch. Ich habe ein Gewissen und nach und nach tauchten Gefühle von Schuld und Reue auf, was mich intensiv zum Nachdenken über Schuld und Unschuld bewog.

Nun, niemand kann etwas dafür, in welches Umfeld er hineingeboren wird und unter welchen Bedingungen er aufwächst. Irgendwann aber verfügt man über eine geistige Reife, die einen dazu befähigen sollte, der Wahrheit ins Auge zu blicken. Es gab Momente, in denen ich realisierte, daß nicht alles Gold war, was unter meiner präsentierfähigen Oberfläche lag. Ich fand es ungerecht, daß ich unschuldig zum Krüppel gemacht wurde und den Mist selbst auszubaden hatte. Und genau dieses Argument hatte mich davon abgehalten, bei mir selbst anzufangen. Am Ende waren die Schuldigen für mein Unheil nicht nur meine Eltern oder Susanne, sondern die ganze Gesellschaft. Die Gesellschaft ist ein Objekt und damit gar nicht befähigt, Schuld zu tragen. Es sind die Subjekte einer Gesellschaft, die Schuld oder auch Verantwortung tragen können. Mein Leben begann zwar nicht mit dem besten Kurs, dennoch saß der Steuermann, der das Schiff auf dem selbstzerstörerischen Kurs hielt, in mir. Und vielleicht entsprach mein Vollkaskodenken dem allgemeinen Zeitgeist. Ich lebte am Leben vorbei und hoffte, daß da irgendjemand wäre, der mir zu Hilfe eilte, wenn ich Schiffbruch erlitten hatte. Zuviel hatte ich anderen überlassen, was ich selbst hätte tun müssen. Und wie leicht werden aus den Opfern auch Täter. Hatte ich mir nicht immer geschworen, nie so zu werden wie mein Vater? Ich übte keine physische Gewalt gegen Menschen aus, aber wie oft schon habe ich meine Wut an Gegenständen ausgelassen, und die psychische Gewalt, die ich an Susanne abgelassen hatte, war nicht minder schwer. Sicher stehen am Anfang der Entwicklung die Eltern, und wer die Verantwortung für die Kindheit trägt, hat auch die Macht über unsere Gefühle. Aber das Wort Schuld wäre hier relativ zu betrachten, besser wäre von Unvermögen zu sprechen.

Ich erfuhr, daß mein Vater ebenfalls ohne Vater aufgewachsen war und selbst unter Zurückweisung gelitten hatte. Meine Mutter wurde gegenüber ihrem Bruder ständig benachteiligt. So hatten auch meine Eltern schwere Wunden erlitten, und ich behaupte, sie waren schlichtweg unfähig, mir das zuteil werden zu lassen, was mir zustand. Einmal mehr zeigt sich, daß aus Opfern Täter werden, und so ist es um so bedauerlicher, daß meine Eltern diesen Umstand nicht erkannt haben und mir Schaden zugefügt hatten, genauso, wie ich nicht in der Lage war, mir früher Hilfe zu suchen. Ich glaube, das System zieht sich durch Generationen, ähnlich wie das System der Verdrängung.

Während ich das Vertrauen in meine Eltern verlor, hatte ich sehr gute Freunde, die mir mit Rat und Tat zur Seite standen. Wenn es mir schlecht ging, ich verzweifelt und niedergeschlagen war, standen sie an meiner Seite, und Dank ihrer Aufmunterung ging es mir nach einer gewissen Zeit besser. Ich weiß noch sehr genau, wie mein Freund Reinhard nach der Affäre mit Sybille, als ich mich aggressiv verhielt, sehr deutliche Worte gesprochen hat. Ich kannte ihn zu diesem Zeitpunkt bereits elf Jahre, und er hatte viele meiner Höhen und Tiefen miterlebt. Als ich ihm erzählte, wie ich mich gegenüber Sybille verhalten hatte, drohte er mir mit der Kündigung unserer Freundschaft, da er es nicht tolerieren könne, daß einer seiner Freund ein derartiges Verhalten an den Tag legte.

Wenn ich vor Selbstmitleid zerfloß und der Wahrheit ohnmächtig ins Gesicht blickte, bedeutete dies nicht, daß ich den Mut zur Veränderung aufbrachte. Für mein Untätigsein hätte ich beinahe einen hohen Preis bezahlt – mein Leben. Und warum? Weil es so bequem ist, andere für sein eigenes Scheitern zur Verantwortung zu ziehen.

Wenn ich fortfahre, darüber nachzudenken, was alles hätte passieren können und was ich alles hätte tun müssen, bedeutet das Denken im Konjunktiv Imperfekt Selbstquälerei. Leider wurde mir erst durch einen ungeheuren Leidensdruck deutlich, daß ich etwas für mich tun mußte. Es gab eine echte Chance, und ich habe damit angefangen, sie zu nutzen. Trotz aller finanziellen Belastungen und sonstiger Schamgefühle hatte ich bei mir begonnen, und genau das brachte mir die Achtung vor mir selbst wieder zurück. Heute kann ich mich in der Öffentlichkeit zeigen und habe keine Angst vor denen, die mit erhobenem Finger auf mich zeigen. Ich habe nicht nur einen Fehler begangen, sondern viele. Ich kann aber nicht nachträglich alle Fehler wiedergutmachen. Es gibt getanes Unrecht, daß nicht wiedergutzumachen ist.

Mag sich diese Aussage auch banal anhören, es ist eine Möglichkeit, die Vergangenheit auf sich beruhen zu lassen, und zwar in den Momenten, wenn mich das Bedauern überfällt, so lange Zeit ungenutzt verstrichen lassen zu haben. Gegen meine Schuld- und Schamgefühle gab es ein probates Mittel, eine Weisheit, die ich für alle Zukunft zu verinnerlichen hatte:

Irgendwann ist es nicht mehr ausreichend, wenn man alte Muster als Allzweckerklärung benutzt, so stark die Mechanismen auch in einem wirken mögen. Sich ständig auf die Rolle des unschuldigen Opfers zu berufen, nutzt, wie ich es leidvoll erfahren mußte, nichts.

Worauf beruht eigentlich der Wunsch, die große Liebe im Leben zu finden, die einem das Paradies verspricht? Und warum wird die Liebe mit Erwartungen überfrachtet, warum steht am Ende oftmals der berühmte Scherbenhaufen?

Zumindest scheint es eine immense Nachfrage nach dem Gefühl der Liebe und der Romantik zu geben. Die Menschen sind süchtig danach, und sie werden von den Medien bestens bedient. Es werden Millionen von Filmen, Büchern und Liedern konsumiert, in denen die Liebe romantisch verklärt oder falsch dargestellt wird. Überall wird man von falschen Botschaften durchdrungen. Ich hatte meine Wahrheiten darin gefunden, weil es beispielsweise Liedtexte gab, zu denen ich mein krankes Gefühlsleben in Bezug setzen konnte. Die Darstellungen mystifizieren und verherrlichen das Besitzdenken, die Abhängigkeit, den Schmerz als Preis für die Liebe, den Wahnsinn als nicht mehr zu steigernde Lust bis zum Selbstmord, beispielsweise in den Liedtexten wie *I will always love you*, komme was da wolle, *love hurts*, da man es nicht besser weiß, *I need you like the sunshine*, weil man den anderen (miß-) braucht, um Leben zu können und schließlich *can't live if living is without you*, so nach dem Motto, wenn du gehst, kann ich nicht weiterleben. Solche Lieder werden nicht nur aufgrund ihrer Melodie zu Superhits. Es wird eine Normalität suggeriert, die nicht existiert. Ist das Leben wirklich so langweilig und banal, daß man sich mit dieser Form von Liebe betäuben muß, um das Gefühl, lebendig zu sein, zu erfahren, um seine eigene Leere zu übertünchen? Für mich traf das in gewisser Weise zu.

Die Liebe muß den heutigen Ansprüchen genügen, denn alles muß *crazy* und *megageil* sein, damit es als lebenswert erachtet wird. Und wenn das nicht ausreicht, gibt es weitere Möglichkeiten, seinen Voyeurismus, die Gaffersucht und die Lust, sich am Leid anderer zu ergötzen, zu befriedigen. Die Filme, die die Kinokassen klingeln lassen, zeichnen ein düsteres Bild von der Liebe. Da wird erpresst, gedroht, gemordet und die Besessenheit als ultimative Form dargestellt, immer verbunden mit einem Happy-End. Selbst in dem Film *Eine verhängnisvolle Affäre* dauert das Grauen nur anderthalb Stunden, dann ist der ganze Spuk vorüber. Die Wirklichkeit sieht ganz anders aus, und die Angst und das Leid der Betroffenen wird ausgeblendet oder beschönigt, um die Illusion zu wahren.

Es war bei mir nicht allein die Illusion, daß die Liebe als Heil für mein verletztes Inneres dienen sollte, aus diesem Denken leitete sich mein ganzes Weltbild ab. Dadurch, daß ich nie ein inneres Gleichgewicht hatte, das Negative zu stark und das Positive zu schwach bewertete, baute ich um mich herum ein System von falschen Erwartungen, Befürchtungen und Zukunftsängsten auf. Dies hatte auch sehr damit zu tun, daß ich sehr fremdbestimmt lebte, zu sehr auf Meinungen anderer gehört hatte und meinen eigenen Fähigkeiten keinen Raum gegeben hatte. Wenn man nicht mehr an sich selbst glaubt und meint, heute sei alles nur noch von anonymen Mächten gelenkt, dann darf man sich nicht wundern, wenn unsere Zeit als Depressionskultur beschrieben wird. Die anonyme Macht, die einen lenkt, ist man selbst und niemand sonst. Wie soll man das herausfinden, wenn man sich selbst fremd bleibt?

Ich will nicht behaupten, daß das Leben einfach ist. Mag es damals die rauhe Natur gewesen sein, die dem Menschen zu schaffen machte, so ist es heute vielleicht die gefühlsarme Alltagswirklichkeit, die uns verzweifeln läßt. Um einen Weg durch das Leben zu finden, braucht es Mut und Vertrauen in die eigenen Fähigkeiten. Vor allem aber braucht jedes gesunde Leben ein Ziel. Über viele dieser Fähigkeiten hatte ich nie verfügt, und dann mag es nicht verwunderlich sein, wenn ich nach dreißig Jahren meines Lebens den Eindruck gewonnen hatte, verbraucht und ausgelaugt zu sein. Viele Dinge muß ich erst lernen, damit ich ein selbstbestimmtes Leben führen kann. Vor allem wäre es ein wichtiges Ziel, unabhängiger zu leben und für mein eigenes Wohlergehen zu sorgen, anstatt die Quelle des Glücks von einem anderen Menschen abhängig zu machen und andere Menschen für mein Scheitern zur Verantwortung zu ziehen. Ich möchte nicht zu denen gehören, die nach außen den Frieden auf der Welt einfordern, aber im Inneren gegen sich selbst Krieg führen. Für das Wohl der Menschheit kann ich wenig tun, aber für mich selbst doch mehr, als ich glauben mochte. Und die Verantwortung beginnt bei mir selbst, denn zufriedene Menschen stiften Frieden; Unzufriedenheit schafft Unfrieden.

Am Ende meines Buches

möchte ich dem Leser keine falsche Vorstellung vermitteln. Da ich lebe und an diesem System wieder teilnehme, könnte leicht der Eindruck eines Happy-Ends entstehen. Dieses Bild möchte ich ein wenig relativieren. Sehr deutlich will ich zwei weitverbreiteten Gedankengängen eine Absage erteilen. Wer dem Irrglauben verfällt, die Zeit heile *alle* Wunden, liegt gewaltig schief. Fast jeder Mensch hat irgendwo und irgendwann ein Problem, aber wer an die Allmacht der Zeit glaubt, kann damit den Grundstein für einen gefährlichen Selbstbetrug legen; weiterhin zu glauben, man könne alles einfach verarbeiten, wenn man sich ein wenig bemühe. Ich denke, ich werde nie gänzlich die alten Wunden *verarbeiten* können, aber ich kann sie soweit bearbeiten, daß ein lebenswertes Leben möglich ist. Dies geht nicht mit ein paar Therapiestunden oder dem Lesen oder Schreiben eines Buches. Dies ist ein langer, wahrscheinlich lebenslanger Prozeß.

Dennoch bin ich sehr froh darüber, daß ich mich entschlossen habe, professionelle Hilfe in Form einer Therapie angenommen zu haben. Den Beistand meiner Freunde möchte ich in allen Ehren halten, aber die tiefenpsychologischen Zusammenhänge kann nur ein Therapeut erkennen. Anfangs habe ich mich geschämt, und beim Betreten der Praxis schaute ich mich verstohlen um, in der Hoffnung, niemand würde mich sehen. So ist das leider. Vielleicht gibt es mehr kranke als gesunde Menschen in dieser Gesellschaft, nur darf niemand mitbekommen, daß man sich Hilfe sucht. Diese Angst habe ich abgelegt, und ich bekenne mich dazu. Ich hatte auch das Glück, Freunde zu haben, die mich in der schweren Zeit unterstützt haben, die sich trotz allem nicht von mir abgewendet haben. Ohne ihre Hilfe hätte ich mich zu diesem Schritt wahrscheinlich nicht durchgerungen. Denjenigen, die sich von mir abgekehrt haben, weine ich keine Träne nach. Ich kann niemanden zwingen, mit mir befreundet zu sein.

Die Therapie hat mich keinesfalls komplett umprogrammiert. Ich spüre heute ein Selbstvertrauen, die künftigen Aufgaben bewältigen zu können, und ich schaue wesentlich hoffnungsvoller in meine Zukunft. Ich fühle mich frei zu entscheiden, welche Abhängigkeiten ich beibehalte und wo ich Veränderungen vornehme. Diesen Zugewinn an Freiheit kann ich sehr deutlich spüren. Es hat sich also gelohnt. Mein Ziel ist es nicht, das Bild eines perfekten Menschen abzugeben. Ich habe Fehler gemacht und werde auch künftig Fehler begehen. Es wird Rückschläge geben, aber ich glaube, darauf besser vorbereitet zu sein. An etwas glauben kann nicht schaden, sofern sich der Glaube an der Realität messen läßt. Es gibt im Leben keine absolute Sicherheit, so sehr man sich auch von seinem Sicherheitsdenken leiten läßt.

Ich habe ein Gedächtnis, und darin leben Erinnerungen. Ich schließe nicht aus, daß es Zeiten geben wird, in denen ich schwermütig oder traurig werde. Ich akzeptiere es und begegne der Tatsache mit der Gewißheit, daß die Vergangenheit nicht mehr die Macht besitzt, mir das Gefühl des ohnmächtigen Ausgeliefertseins zu vermitteln. Wenn auch die gelebten dreißig Jahre nicht das Gelbe vom Ei waren, so kann ich mir die verbleibende Zeit angenehm gestalten und nicht die Zeit damit verschwenden, den Entbehrungen meiner Kindheit nachzutrauern. Ich möchte mich auch nicht mehr verkleiden und Theater spielen, um akzeptiert zu werden, sondern erst einmal mich, so wie ich bin, annehmen.

Es hat über ein Jahr gedauert, bis ich in der Lage war, meinen Weg alleine zu gehen. In der Rückblende weiß ich nicht, woher ich manchmal die Kraft hatte, diesen Weg zu gehen. Vieles lief so stumpf und mechanisch ab. Ich bin froh, es überstanden zu haben und schaue auf die Aufgaben, die vor mir liegen. Ein Jahr kann ein sehr langer Zeitraum sein, wenn es einem dreckig geht, es waren so viele nicht enden wollende Tage. Der Preis für die neugewonnene Freiheit ist insofern unbequem, als daß ich lernen muß, für mich selbst verantwortlich zu sein, aber diesen Preis lohnt es zu bezahlen.

Einmal las ich über den Fall einer Amerikanerin, die sich das Leben nehmen wollte. Sie stürzte sich von der Aussichtsplattform des Empire State Buildings, wurde von einer Windböe erfaßt und blieb einige

Stockwerke tiefer hängen. Sie deutete dies als Zeichen Gottes, trat einer Glaubensgemeinschaft bei und wurde ein glücklicher Mensch und wenn sie nicht gestorben ist, dann ...

Ich halte von solchen Darstellungen wenig, selbst wenn sie im Einzelfall das erhoffte Seelenheil gebracht haben, denn sie sind zu kurz gegriffen und werden den Lebensläufen von Menschen nicht gerecht. Genau das ist es ja, was ich an dieser Happy-End-Neurose, gerade amerikanischer Kultur, so verachtenswert finde. Die Wahrheit wird selten getroffen.

Die Wahrheit ist, daß ich den Schritt zur Hilfe gern vorher akzeptiert hätte, denn dann hätte ich anderen viel Leid erspart und mir selbst viele Unannehmlichkeiten. Sicher ist mein Überleben auf glückliche Umstände zurückzuführen, aber was wäre passiert, wenn ich wirklich tot gewesen wäre? Dann hätte ich meinen Seelenfrieden damit erkauft, daß ich anderen das Leben zur Hölle gemacht hätte. Diese Tatsache wollte ich damals in meiner Überlegung ausblenden.

Die Erfahrung, wie es ist, tot zu sein, kann man nur *einmal* machen. Und das ist das Tragische beim Selbstmord. Man trifft eine nicht mehr rückgängig zu machende Entscheidung aufgrund einer Situation, die zu verändern wäre. Ich für mich kann behaupten, daß ich noch kurz vor dem Suizidversuch die Hoffnung hatte, gerettet zu werden, und vielleicht wird dieser Umstand vielen Selbstmördern zuteil. Ich wollte verzweifelt leben, aber auch hier wäre ich lieber den bequemen Weg gegangen: Einen Schalter im Gehirn umlegen, und alles wäre schön und wunderbar. Ich kann nicht sagen, wann es eine günstige Gelegenheit gegeben hätte, mich von meinem Vorhaben abzubringen. Das richtige Wort zu richtigen Zeit?

Mein Aufenthalt in Spanien hatte mir einen positiven Nebeneffekt beschert. Nach langer Suche hatte ich endlich einen Berufszweig gefunden, der mir wirklich Freude bereitete, die Tourismusbranche. Eine Beschäftigung, die einem wirklich Spaß macht und für die man sich engagiert, trägt ebenfalls zur Zufriedenheit bei.

Susanne hatte mir Hoffnungen auf eine gemeinsame Zukunft in der Schweiz gemacht. Nun, wenn ich behaupte, die Berge zu lieben, warum versuche ich es dann nicht alleine, meinen Bedürfnissen zu entsprechen? Wenn ich es nicht alleine schaffe, dann wohl erst recht nicht in einer Beziehung.

Ich lebe jetzt in den Schweizer Bergen, und die Arbeitsstelle bietet mir weit bessere Konditionen als diejenige in Spanien. Ich bin zufrieden.

Es gibt sie noch, die Stunden, in denen ich an die Zeit in Sevilla zurückdenke. Ich bin nie wieder dort gewesen, und möglicherweise werde ich niemals wieder dorthin fahren. Warum sollte ich mich quälen und an die Stätten des vergangenen (Schein-) Glücks reisen? Die Gedanken und Gefühle die ich hatte, möchte ich dort begraben lassen.

Ich lebe. Es ist kein zweites Leben, auch wenn ich jetzt bewußter lebe. Damit meine ich nicht, daß ich nur Biokost esse und unsicher vorwärtsgehe, als liefe ich auf rohen Eiern. Ich will damit ausdrücken, daß ich etwas wachsamer lebe. Selbst wenn irgendwann meine heile Welt wieder in Scherben liegen sollte und ich am Leben verzweifle, werde ich mir Hilfe suchen, selbst wenn dies die einzige Lehre ist, die ich aus der ganzen Sache gezogen habe. Immerhin ist es *mein Leben*, das ich leben will.